평생교육경영론

이기원 현영렬 정예진 김정숙 김미경 황세연 공저

LIFELONG EDUCATION MANAGEMENT

양 성 원

머리말

오늘날 인간의 수명이 연장됨에 따라 교육은 학령기 중심의 학교교육에서 평생학습 중심의 평생교육으로 패러다임이 전환되었다. 이러한 평생학습은 노동체계의 변화를 가져오고, 이에 일터는 학습조직으로 구성되고, 지자체는 학습도시를, 사회는 학습사회를 추진하여 분야마다 평생학습의 장으로 변모되고 있다. 하지만 평생교육기관의 수요와 공급의 변화로 인해 경쟁이 심하게 되면서, 공급자(평생교육기관)중심에서 수요자(학습자)중심 접근으로 변화되었고 평생교육기관은 학습자의 요구를 적극적으로 반영하면서도, 교육기관의 이념과 가치(사회적 역할)를 고려해야 하는 딜레마에 빠지게 되었다. 따라서 최근 이러한 시대적 상황에 효과적으로 대처하기 위해 관심을 가지게 된 것이 평생교육경영이다.

평생교육경영은 현대사회의 특징과 변화 양상을 고려한 평생교육기관 및 프로그램 운영의 유연화, 효율화 및 적합성을 강구하는 활동으로, 특히 현대사회의 맥락과 변화 양상에 따라 평생교육에 대한 요구에 부응하는 평생교육기관 및 프로그램 변화를 도모하는 적극적이고 공격적인 경영활동이 요구되고 있다. 따라서 본 책은 이러한 시대적 변화에 적극적으로 대처하기 위해 총 10장으로 구성하였다.

구체적으로, 1장 평생교육경영의 이해에서는 평생교육과 평생교육경영에 대해 소개하였으며, 2장 현대사회와 평생교육경영에서는 현대사회의 특징, 현대사회와 평생교육경영, 평생교육을 위한 지식경영에 대해 기술하였고, 3장 평생교육정책과 제도에서는 교육정책의 이해, 주요 평생교육정책, 평생교육제도 및 평생교육사에 대해 소개하였고, 4장 평생교육기관의 성격과 유형에서는 중앙정부, 지방자치단체 및 평생교육기관의 유형에 대해 기술하였고, 5장 평생교육을 위한 조직이론에서는 평생교육조직의 개념과 유형, 평생교육조직의 형태, 평생교육조직의 특성 및 평생교육조직에 영향을 미치는 요인에 대해 소개하였고, 6장 평생교육기관 경영의 기획과 전략에서는 경영기획 및 평생교육기관과 경영전략에 대해 기술하였으며, 7장 평생교육기관 경영자의 역할과 리더십에서는 평생교육경영자의 역할과 역량, 리더십의 이해, 리더십의 유형과 특징, 리더십 기르기 및 리더십과 평생교육에 대해 소개하였으며, 8장 평생교육기관의 마케팅 및 홍보에서는 마케팅과 평생교육, 평생교육기관의 홍보에 대해 기술하였고, 9장 평생교육기관의 평가에서는 평생교육기관의 평가, 평가모형, 평생교육기관 평가 사례를 소개하였으며, 10장 평생교육 프로그램 개발 및 평가에서는 평생교육 프로그램의 개발 및 평생교육 프로그램의 평가에 대해 기술하였다.

본 책은 평생교육기관의 경영자와 평생교육사가 되고자 하는 예비평생교육사들이 쉽게 이해할 수 있도록 내용을 구성하려고 노력하였으며, 실제 현장업무에서 적용할 수 있는 실천성과 적용성에 중점을 두었다. 따라서 평생교육을 학습하는 학습자와 평생교육을 실천하는 현장의 경영자와 종사자에게 조금이나마 도움이 되기를 희망해 본다.

끝으로 이 책을 출판할 수 있도록 도와주신 양성원의 강철원 대표님과 출판사 관계 직원 여러분께 감사의 마음을 전한다.

2022년 6월

저자 일동

차 례

Chapter 01

평생교육경영의 이해

배울내용

1. 평생교육
2. 평생교육경영

학습목표

1. 평생교육의 의미와 특성을 이해하고 설명할 수 있다.
2. 평생교육 관련 개념을 이해하고 구분할 수 있다.
3. 「평생교육법」의 태동과 현황을 파악한다
4. 「평생교육법」에 의한 평생교육기관의 유형을 설명할 수 있다.
5. 평생교육 학습영역을 구분하고 설명할 수 있다.
6. 평생교육경영의 정의를 이해하고 환경변화를 제시할 수 있다.
7. 평생교육경영의 요소와 내용을 이해하고 설명할 수 있다.
8. 평생교육경영의 원리와 과정을 이해하고 제시할 수 있다.
9. 평생교육경영에서의 체제적 분석 및 사고를 이해하고 설명할 수 있다.

CHAPTER

01 평생교육경영의 이해

1. 평생교육

1) 평생교육의 정의 및 필요성

21세기 교육은 그 과업과 형태 면에서 매우 다양화되고 있으며, 범위적인 측면에서도 유년기에서 노년기에 이르기까지 변화하는 세계와 타인, 그리고 그 자신들에 대한 이해와 지식획득 등 모든 활동을 포함하고 있어 매우 포괄적이기 때문에, 평생교육이란 용어가 학문적으로 발전되기 이전부터 교육은 평생교육의 성격을 지니고 있었다고 할 수 있다.

평생교육은 유네스코(UNESCO)의 성인교육 국장이던 랑그랑(Lengrand)이 1965년 12월에 유네스코의 성인교육 발전을 위한 국제위원회(International Committee for the Advancement of Adult Education)에 평생교육(Education Permanante, Lifelong Education)이라는 보고서를 제출하면서 시작되었다. 랑그랑은 이 보고서에서 인간은 태어나서 죽을 때까지 평생을 통해 교육받을 권리가 보장되어야 하며, 이를 위해 새로운 교육제도들이 만들어져야 한다고 주장하였다. 즉, 랑그랑(1989)은 평생교육을 개인의 출생에서 시작하여 죽을 때까지 계속되는 모든 교육을 총괄하는 원리로 파악하였다. 또한 그는 한 개인의 교육이 학교라는 형식적 기관에 들어서면서부터 시작되고 또 그곳을 떠나면서 끝나는 것이 아니라 일생을 통해 계속되어야 한다는 것을 지적하면서 교육이란 학교에서만 이루어지는 것이 아니라 삶의 모든 과정에서 이루어진다고 강조하였다. 따라서 "사람이 태어나서 죽을 때까지 계속되는 교육의 과정은 통합적인 구조가 필요하며, 그 원리는 '평생교육'이고 그것을 위해 수직적 차원과 수평적 차원에서 교육이 통합되어야 한다"고 주장하였다.

이처럼 랑그랑(1989)이 평생교육의 중요성을 주장하면서, 「평생교육법」을 비롯한 여러 학자들에 의해 평생교육이 강조되어 왔는데, 그 평생교육에 대한 정의를 살펴보면 〈표 1-1〉과 같다.

표 1-1. 평생교육에 대한 정의

구분	내용
Lengrand(1989)	평생교육을 가인의 출생에서 시작하여 죽을 때까지 계속되는 모든 교육과정
「평생교육법」 제2조 제1항	학교교육을 저외한 모든 형태의 조직적인 교육활동
Dave(1976)	개인적 · 사회적 삶의 질을 지속적으로 향상시키기 위해 평생 동안에 걸쳐 이루어지는 모든 학습형태의 형식적 · 비형식적 학습활동
김진영, 김남진(2009)	평생교육은 모든 교육을 포함하는 개념으로 사람은 태어나서 죽을 때까지 배워야 하며 가정, 학교, 사회 등 사람이 살아가는 모든 장소에서 학습이 이루어질 수 있는 통합적인 교육의 최상위 개념으로서 모든 실천적 영역을 포함하는 이념
임봉순(2012)	평생교육을 특정 기간 동안 특정 장소에서 받게 되는 학교교육만으로는 충족시킬 수 없는 성인의 다양한 학습욕구의 충족을 위하여 언제, 어디서나 원하는 교육을 받을 수 있도록 하는 열린교육 체제
차갑부(2014)	평생교육을 개인의 출생에서 사망 전까지의 수직적 통합과 가정과 학교를 포함한 모든 생활공간의 수평적 통합을 통하여 언제, 어디서나 필요할 때 자신의 학습욕구를 충족시킬 수 있는 형식적 · 비형식적 · 무형식적 교육활동
한석주(2015)	평생교육을 인간의 삶의 과정에서 생존능력을 증대시키고 삶의 질을 향상시키기 위한 평생의 과정을 통해서 이루어지는 한 사회의 모든 형태의 형식적 · 비형식적인 학습활동

우리나라「평생교육법」제2조 제1항에서는 평생교육을 '학교교육을 제외한 모든 형태의 조직적인 교육활동을 의미한다'라고 정의하고 있다. 하지만 평생교육에 대한 명확한 정의가 내려지기 이전에는 경우에 따라서 평생교육을 공간적 개념에서 교육이 가정과 학교가 아닌 사회에서 이루어진다고 하여 사회교육이라고 하였고, 교육대상 측면에서 교육의 수혜자가 주로 성인이기 때문에 성인교육, 시간적 측면에서 학교를 졸업한 후에 계속해서 받는 교육이라 하여 계속교육, 또는 평생 동안 받는 교육이라 하여 평생교육이라고 불리게 되었다(권대봉, 2001).

그리고 EU에서는 평생교육이라는 용어를 성인학습으르 사용하고 유럽의 경제 · 사회 발전의 촉진을 위한 기제로서 계속학습의 필요성을 주장하고 있다. 이처럼 평생교육과 관련된 용어는 관점에 따라 다양한 용어로 사용되고 있는데, 평생교육과 관련된 용어를 살펴보면 〈그림 1-1〉과 같다.

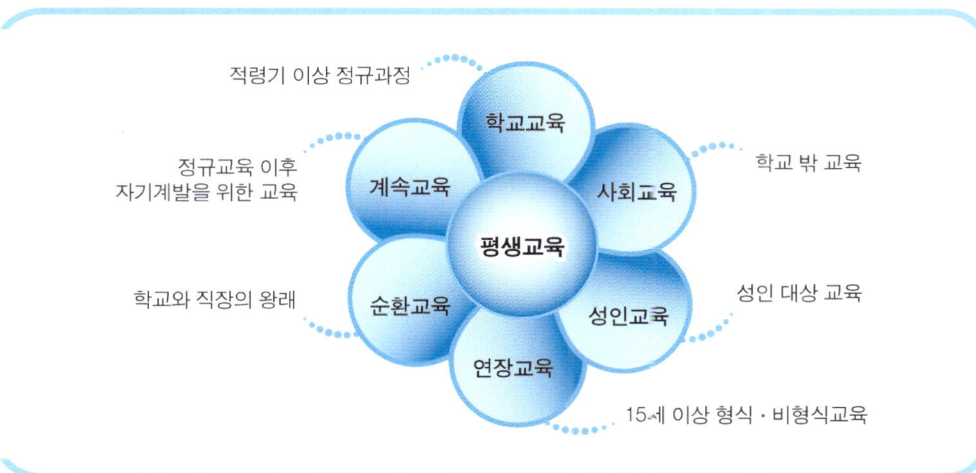

그림 1-1. **평생교육 관련 개념들**

출처: 김진숙 외(2018). 평생교육경영론. 양성원.

지금까지의 평생교육에 대한 정의를 종합해 보면, 평생교육이라는 용어는 매우 다양한 관점에서 기술되고 있지만 일반적으로 평생교육은 삶(life), 평생(lifelong)과 교육(education)의 세 가지 개념이 내포되어 있는 용어로, 개인이 한평생 살아가는 동안 갖게 되는 모든 교육을 의미한다. 랑그랑은 평생교육을 개인의 출생에서 시작하여 죽을 때까지 계속되는 모든 교육을 통합하는 활동으로 보았는데, 즉 평생교육은 수직적이고 수평적 차원이 통합된 특성을 지닌 교육이라고 하였다. 평생교육이 수직적이라는 의미는 평생교육의 대상이 요람에서 무덤까지, 즉 유아, 아동, 청소년, 성인, 노인을 포함한다는 의미하며, 수평적이라는 의미는 인간의 생활공간인 가정, 학교, 사회, 직장, 가상공간 등을 포함한다는 것을 의미한다(김진숙 외, 2018).

이처럼 평생교육이 우리의 일상생활공간에서 평생동안 이루어져야 한다는 교육으로 주장하면서 그 필요성이 강조되었는데, 1973년 UNESCO 한국위원회에서 개최되었던 평생교육의 발전 세미나에서는 평생교육의 필요성을 〈표 1-2〉와 같이 제시하고 있다(OECD, 2006).

표 1-2. 평생교육의 필요성

- 급격한 사회변동에 효과적으로 대처할 수 있고 사회발전을 촉진시킬 수 있는 사회의 교육역량의 증대를 위해서 필요하다.
- 개인이 날로 팽창하는 지식을 시시각각으로 습득하고 새롭게 출현하는 사회가치를 창조적 · 비판적으로 수용하기 위해서 필요하다.
- 점점 전문화되고 특수화되며 조직화되어 가는 현대사회의 체제에서 개인이 기능적으로 적응하기 위해서 필요하다.
- 개인이 그의 잠재적 개발 가능성을 평생 동안 끊임없이 최대한으로 발전시키기 위해서 필요하다.
- 개인이 발달 단계에서 수행해야 할 새로운 역할을 습득하고 새롭게 일어나는 개인적 욕구를 만족시키기 위해서 필요하다.
- 개인이 받는 학교교육의 형식을 보충 · 보완하거나 정기교육의 기회를 놓친 사람에게 자기 발전을 위한 기초교육의 기회를 제공하기 위해서 필요하다.

2) 평생교육법의 태동과 현황

대한민국 「헌법」 제31조[1]는 국민의 교육받을 권리를 제1항으로, 국가의 평생교육진흥 의무를 제5항으로, 학교교육과 평생교육을 포함한 교육제도의 법률주의를 제6항으로 천명하고 있다. 현행 「평생교육법」은 「헌법」 조문에 근거하는데, 「평생교육법」 제1장 제2조에 따르면 평생교육이란 "학교의 정규교육과정을 제외한 학력보완교육, 성인문자해득교육, 직업능력향상교육, 인문교양교육, 문화예술교육, 시민참여교육 등을 포함하는 모든 형태의 조직적인 교육활동"이라고 정의하고 있다.

우리나라에서 평생교육이 체계화된 시기는 「사회교육법」이 1999년 「평생교육법」으로 제정되고, 2007년 이 법을 보완하기 위한 목적으로 새롭게 전부 개정된 이후라고 할 수 있다(박선희, 2020). 평생교육의 이념은 1965년 프랑스 파리에서 개최된 '세계성인교육발전회의(International Committee for the Advancement of Adult Education: ICAE)'에서 의장을 맡은 랑그랑이 제출한 토의 자료 '영구교육(l'education permante)'이라는 조서를 통해 최초로 언급되었다(박선희, 2020). 랑그랑은 조서의 서두에 "교육은 아동기 · 청소년기에 정지되는 것이 아니라, 인간이 태어나는 순간부터 계속되어야 하는 것이다"라고 기술하였다(차갑부, 2014). 이후 유네스코는 1970년을 '세계교육의 해'로 공포하며 평생교육을 기본 이념으로 삼았으며, 이를 통해 평생교육이 세계의 관심을 끌게 되었다. 이듬해 1973년 유네스코 한국위원회가 '평생교육 발전 세미나'를 개최하여 평생교육의 개념이 국내에도 점차 보급되었다.

---

1) 「헌법」 제31조
① 모든 국민은 능력에 따라 균등하게 교육을 받을 권리를 가진다.
② 모든 국민은 그 보호하는 자녀에게 적어도 초등교육과 법률이 정하는 교육을 받게 할 의무를 진다.
③ 의무교육은 무상으로 한다.
④ 교육의 자주성 · 전문성 · 정치적 중립성 및 대학의 자율성은 법률이 정하는 바에 의하여 보장된다.
⑤ 국가는 평생교육을 진흥하여야 한다.
⑥ 학교교육 및 평생교육을 포함한 교육제도와 그 운영, 교육재정 및 교원의 지위에 관한 기본적인 사항은 법률로 정한다.

평생교육에 대한 광의의 개념은 유아부터 노년까지 전 생애에 걸쳐 인간 개인의 성숙과 사회적 성장을 추구하는 교육을 총칭한다. 협의의 개념은 대한민국의 「평생교육법」 제2조[2])에서 정의하는 바와 같이 정규교육과정을 제외한 성인을 대상으로 하는 교육활동을 의미한다. 대한민국에서 평생교육은 성인교육 및 지역사회 개발에 중추적인 역할을 담당하여 왔다. 교육부는 2002년에 '평생교육진흥기본계획'을 처음 시행한 이후, 총4차례에 걸쳐 5개년 계획을 시행해 성인의 학습 기회 확대와 평생교육 기능의 강화를 위해 노력해 왔다(이경아, 2008). 또한 2015 세계교육포럼에서는 '인천선언'을 통해 변혁적 교육과 모두를 위한 평생학습기회 진흥이라는 2030년까지의 교육 비전을 제시하였다. 개인 차원에서도 성인들은 전 생애에 걸쳐 학력보완, 직업역량개발, 문화향유 등을 목적으로 평생학습에 참여하여 왔다(김진화 외, 2010).

2) 「평생교육법」 제2조(정의)

이 법에서 사용하는 용어의 정의는 다음과 같다[개정 2014.1.28., 2021.6.8.][[시행일 2021.12.9.]].

1. "평생교육"이란 학교의 정규교육과정을 제외한 학력보완교육, 성인 문자해득교육, 직업능력 향상교육, 인문교양교육, 문화예술교육, 시민참여교육 등을 포함하는 모든 형태의 조직적인 교육활동을 말한다.
2. "평생교육기관"이란 다음 각 목의 어느 하나에 해당하는 시설 · 법인 또는 단체를 말한다.
   가. 이 법에 따라 인가 · 등록 · 신고된 시설 · 법인 또는 단체
   나. 「학원의 설립 · 운영 및 과외교습에 관한 법률」에 따른 학원 중 학교교과교습학원을 제외한 평생직업교육을 실시하는 학원
   다. 그 밖에 다른 법령에 따라 평생교육을 주된 목적으로 하는 시설 · 법인 또는 단체
3. "문자해득교육"(이하 "문해교육"이라 한다)이란 일상생활을 영위하는 데 필요한 문자해득(文字解得)능력을 포함한 사회적 · 문화적으로 요청되는 기초생활능력 등을 갖출 수 있도록 하는 조직화된 교육프로그램을 말한다.
4. "평생교육사업"이란 국가 및 지방자치단체가 국민과 주민의 평생교육을 위하여 예산 또는 기금으로 조직적인 교육활동을 직 · 간접적으로 지원하는 사업을 말한다.
5. "평생교육이용권"이란 평생교육 프로그램을 이용할 수 있도록 금액이 기재(전자적 또는 자기적 방법에 따른 기록을 포함한다)된 증표를 말한다.

이처럼 끊임없이 배우고자 하는 자기계발 시대에 도입하면서 한국 성인의 평생학습 참여율은 꾸준히 증가했으며, 2020년 기준 평생학습 참여율은 42.1%로 성인 10명 가운데 4명이 평생학습에 참여하고 있는 것으로 나타났다〈그림 1-2〉.

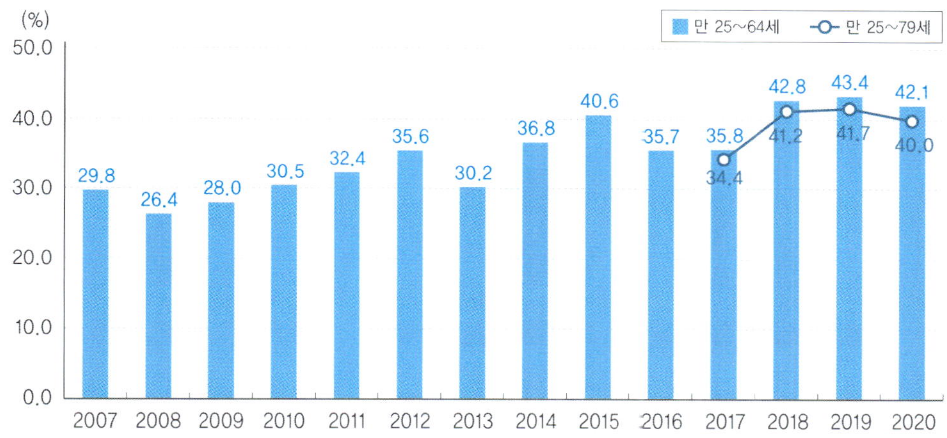

그림 1-2. 성인(만 25세~79세) 평생학습 참여율 추이

출처: 교육부, 한국교육개발원(2021). 한국 성인의 평생학습실태.

평생학습 참여자들을 구체적으로 살펴보면〈그림 1-3〉, 2020년 만 25세~79세 성인의 평생학습 참여율은 40%로 나타났다. 성별에서는 여성이 40.3%, 연령별에서는 25세~34세가 50.2%, 학력별에서는 대졸이상이 51.5%, 월 가구소득별에서는 500만 원 이상이 45.4%, 고용형태별에서는 임금근로자(상용근로자)가 53.4%, 거주지역별에서는 서울 및 광역시가 40.8%로 높게 나타났다.

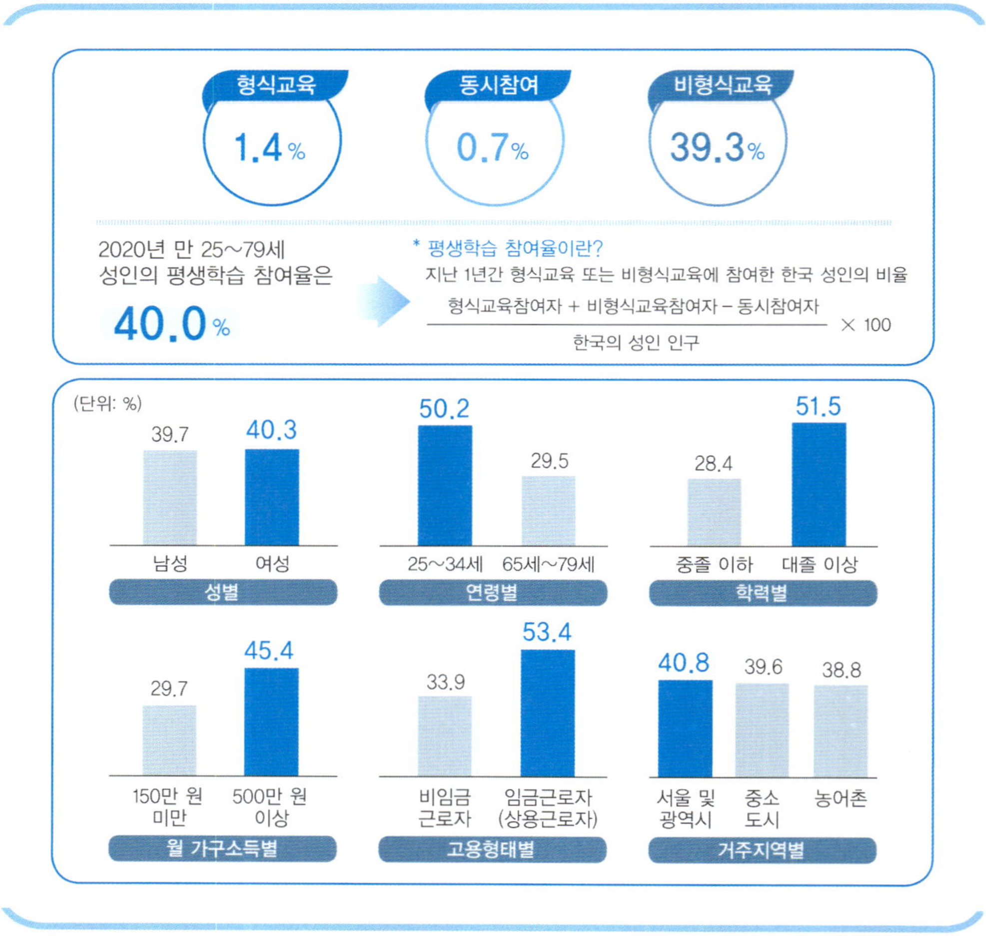

그림 1-3. 평생학습 참여율

출처: 교육부, 국가평생교육진흥원(2021). 2020 평생교육백서. 국가평생교육진흥원.

3) 평생교육법에 의한 평생교육기관 유형

평생교육기관은 여러 가지 기준에 따라 구분할 수 있지만 1999년 제정된 「평생교육법」 제2조 제2항은 평생교육기관의 유형을 크게 세 가지로 구분하고 있다. 첫째, 「평생교육법」에 따라 인가 · 등록 · 신고된 시설 · 법인 또는 단체이다. 둘째, 「학원의 설립 · 운영 및 과외교습에 관한 법률」에 따라 학원 중 학교교과교습학원을 제외한 평생직업교육을 실시하는 학원이다. 셋째, 그 밖에 다른 법령에 준거하여 평생교육을 주된 목적으로 하는 시설 · 법인 또는 단체이다.

그중 평생교육시설은 다시, 첫째, 학교 형태 평생교육시설, 둘째, 사내대학 형태 평생교육시설, 셋째, 원격대학 형태 평생교육시설, 넷째, 사업장 부설 평생교육시설, 다섯째, 시민단체 부설 평생교육시설, 여섯째, 학교 부설 평생교육시설, 일곱째, 언론기관 부설 평생교육시설, 여덟째, 지식 · 인력개발사업 평생교육시설, 아홉째, 평생교육을 주 목적으로 하는 법인 · 단체로 분류할 수 있다. 2019년 「평생교육법」이 개정된 후 교육부에서 발간한 『평생교육백서』에 기재되어 있는 각 기관의 유형을 살펴보면 〈표 1-3〉과 같다.

표 1-3. **「평생교육법」상의 평생교육기관의 분류**

구분	관계법	기관 구분	유형
「평생교육법」에 의해 인가 · 등록 · 신고된 시설	제31조	학교형태	교육감 지정 학력인정시설(각종 학교, 기술학교 등)
	제32조	사내대학형태	사내대학
	제33조	원격대학형태	원격대학 및 원격교육 형태
	제35조	사업장 부설	산업체, 백화점 문화센터 등
	제36조	시민사회단체 부설	법인, 주무관청 등록, 회원 300인 이상 시민단체
	제30조	학교 부설	대학/전문대 부설 평생교육원 등
	제37조	언론기관 부설	신문, 방송 등의 언론기관
	제38조	지식 · 인력개발사업	산업교육기관, 학교실습기관
	제2조	평생교육을 주목적으로 하는 법인단체	

출처: 교육부(2020). 2019 평생교육백서.

4) 평생교육 학습영역의 구분

평생교육의 학습영역에 대해서는 EU의 성인교육조사(Adult Education Survey: AES)를 바탕으로 KEDI 평생학습실태조사에서 평생교육의 학습영역을 크게 형식교육, 비형식교육 및 무형식학습으로 구분하고 있다〈그림 1-4〉.

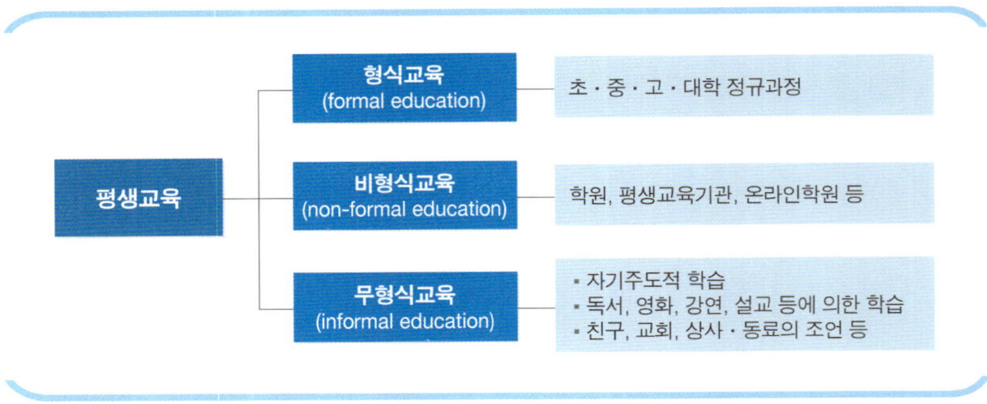

그림 1-4. **평생교육 학습영역**

출처: 김진숙 외(2018). 평생교육경영론. 양성원.

첫째, 형식교육이란 국가학력체계(National Framework of Qualification: NFQ)에 포함되는 교육으로서 학교 안에서 이루어지는 졸업장과 학위 취득이 가능한 정규교육과정을 의미한다(교육부, 한국교육개발원, 2019). 따라서 초 · 중 · 고등학교, 대학 및 대학원, 고등학력보완교육(학점은행제, 독학학위제), 방송통신대학교 등이 이에 해당된다.

둘째, 비형식교육이란 평생교육기관에서 이루어지는 정규교육 이외의 구조화된 학습활동을 의미하며, 공식적인 학위나 졸업장 취득을 우선 목적으로 하지 않는 것을 전제로 한다(교육부, 한국교육개발원, 2019). 따라서 직장에서의 직무연수나 특강, 평생교육원, 평생학습관, 주민자치센터, 백화점 문화센터, 복지회관 등의 프로그램이 이에 해당한다. 그리고 「평생교육법」에서는 교육활동을 여섯 가지 영역으로 구분하고 있으나, 2019년부터 학력보완교육이 형식교육으로 분류되면서 비형식교육 프로그램은 성인문자해득교육, 직업능력향상교육, 인문교양교육, 문화예술교육, 시민참여교육의 다섯 개 영역으로 구분되고 있다. 비형식교육의 각 영역이 포함하는 구체적인 강좌는 〈표 1-4〉와 같다.

표 1-4. **비형식교육 프로그램의 분류**

영역	프로그램
성인기초 및 문자해득교육	문해교육(저학력, 비문해대상 한글교실, 한문교실, 어르신컴퓨터, 산수교실 등)
직업능력향상 교육	• 외국어 자격증(토익, 토플 등) • 컴퓨터 자격증(컴퓨터 활용능력, 워드프로세서 등) • 자격증인증과정(평생교육사, 공인중개사, 요리기능사, 피부관리사 등) • 취업 및 창업 준비과정(공무원 시험 대비반 등) • 직무능력 향상교육과정(직무연수, 경력개발 등)
인문교양교육	• 경제 · 경영강좌(펀드, 재무설계, 부동산 등) • 외국어강좌(생활 외국어 등) • 컴퓨터강좌(정보 인터넷 소양 교육 등) • 종교교육강좌(성경/불경 모임 등) • 인문교양강좌(역사강좌, 철학강좌, 미술사강좌, 문학강좌 등) • 가정생활강좌(요리, 유아 · 아동 · 청소년교육, 꽃꽂이, 예절교육 등) • 건강 및 의료강좌(보건교육, 금연교육, 생활의료교육 등)
문화예술 스포츠교육	• 음악강좌(피아노, 플루트, 노래교실, 가야금, 사물놀이 등) • 미술강좌(풍선아트, 사진, 공예, 천연염색 등) • 스포츠강좌(수영, 댄스, 에어로빅, 요가, 배드민턴 등)
시민참여교육	• 지도자과정(마을리더, 주민자치위원 교육 등) • 시민참여교육강좌(시민교육, 인권교육, 평화교육 등) • 환경생태강좌(자연과학, 환경, 생태강좌 등)

출처: 교육부, 한국교육개발원(2019). 한국 성인의 평생학습실태.

셋째, 무형식학습은 학습자가 강사의 지도 없이 자기주도적으로 학습하는 것을 의미한다(교육부, 한국교육개발원, 2019). 무형식학습이 형식·비형식교육과 구분되는 기준은 '교수과정에 의한 학습(taught-learning)'으로, 학습자의 자발적이거나 우연한 활동을 통해 배우게 되는 경험을 포함한다. 따라서 가족, 친구 등 타인의 도움이나 조언을 통한 배움, 인쇄매체 혹은 컴퓨터나 인터넷을 활용한 학습 등이 해당된다.

2. 평생교육경영

1) 평생교육경영의 정의

교육경영은 교육기관에서 이루어지는 교육과정, 교수학습 및 생활지도 등 교육활동을 효과적이고 효율적으로 지원하기 위한 활동으로 정의된다(김규태 외, 2016). 교육경영의 정의를 적용하면 평생교육경영은 평생교육기관에서 이루어지는 교육활동을 위한 효과적이고 효율적인 지원 활동이라고 할 수 있는데, 이 개념 속에는 다음과 같은 세 가지 의미를 내포하고 있다. 첫째, 평생교육경영은 평생교육 프로그램이 효과적이고 효율적으로 이루어질 수 있도록 인적·물적·재정적 조건 마련과 운영 방법을 강구하는 활동이다. 둘째, 평생교육경영은 한정된 자원을 효율적으로 사용하여 공동의 목표를 효과적으로 달성할 수 있도록 계획, 집행 및 평가하는 활동이다. 셋째, 교육목표를 달성할 수 있도록 교육구성원 간에 이루어지는 협동적 활동이다.

따라서 평생교육경영은 평생교육목표를 효과적으로 달성하기 위해 인적·물적·재정적 조건과 운영 방법을 계획, 집행, 평가하고, 평생교육기관의 구성원의 협동적 행위를 촉진하는 활동이라고 할 수 있다(김진숙 외, 2018).

2) 평생교육기관 경영의 환경변화

지난 10여년에 걸쳐 한국의 평생학습시스템의 메커니즘은 매우 복잡해졌다고 할 수 있다. 이러한 배경에는 1990년대 말 아시아 외환위기를 비롯한 경제적 국제화 등 국내·외 정치·경제적 변화가 그 원인으로 작용하였다. 이로 인해 노동시장이 유연해지면서 평생직장에서 평생직업으로 고용문화가 바뀌고, 이로 인해 평생학습에 대한 관심이 더욱 커지게 되었다. 즉, 평생교육의 중요성이 더욱 강조되면서 교육과 훈련에 대한 개인의 책임이 증가하게 되었다. 그 결과 개인들은 각자의 필요에 따라 평생학습에 적극적으로 참여하게 되었고, 이로 인해 평생교육에 대한 수요는 증가하게 된 것이다 (강경애, 2019).

이와 같은 상황 속에서, 국가경쟁력을 확보하기 위해, 인적자원을 효과적으로 개발하기 위한 교육의 역할이 중요해지면서 국가적인 차원에서 평생교육이 더욱 중요하게 되었다. 따라서 정부는 1999년 「평생교육법」이 개정한 이래 지속적으로 국가차원에서 평생교육 인프라를 구축하고, 각종 평생교육기관의 적극적인 시설 및 프로그램 관리를 강조하여 왔다. 더불어 지방자치단체, 시(市), 구(區)뿐만 아니라, 학교, 일반기업, 백화점, 언론사, 시민, 종교 단체 등 다양한 주체가 각자의 목적을 가지고 평생학습 시장에 진입하게 되었다.

이러한 평생교육 시장에서 수요와 공급의 변화로 인해 평생교육기관의 경영 관점에서 새로운 변화가 크게 두 가지로 나타나게 되었는데, 첫째, 평생교육기관 간의 심화된 경쟁의 결과로, 평생교육기관의 교육 내실화와 경영에 대한 관심과 중요성이 증가하게 되었다. 이로 인해 영리기관이든 비영리기관이든 평생교육에 대한 경제 개념과 경제 논리가 확산하게 되면서, 기존의 평생교육기관의 역할을 침해할 위험에 놓이게 되었다. 따라서 평생교육기관의 교육이념과 가치를 효과적으로 실현하기 위한 전략이 무엇보다 필요하게 되었다.

둘째, 학습 선택 혹은 결정권과 관련된 힘의 이동이다. 평생교육기관의 증가는 기관 간의 경쟁을 심화시켰고, 더불어 TV, 인터넷 매체 등에 의한 원격교육은 교육과 학습방식에서도 큰 변화를 가져왔으며 결과적으로 학습자 선택의 폭을 넓혀 주게 되었다. 그 결과 고객으로서 학습자들의 요구에 맞는 교육 콘텐츠를 개발하고 서비스를 제공함으로써 평생교육기관의 경쟁력을 확보해야만 하는 상황에 놓이게 되면서 학습자의 요구를 충족시키지 못하는 경우 프로그램 등록생 수가 줄어들고, 결과적으로 그 특정 프로그램은 폐강되는 경우가 많아지게 되었다. 즉, 과거 공급자인 교육기관에 주어졌던 주도권이 이제는 교육의 수요자인 학습자에게로 넘어가게 되었다(강경애, 2019).

평생교육기관의 경영 관점의 변화를 요약하면, 수요와 공급의 변화로 인한 경쟁의 심화로 공급자(평생교육기관)중심에서 수요자(학습자)중심 접근으로 변화되면서 평생교육기관은 학습자의 요구를 적극적으로 반영하면서도, 교육기관의 이념과 가치(사회적 역할)를 고려해야 하는 딜레마에 빠지게 되었다. 따라서 이러한 상황 모두를 효과적으로 실현하기 위한 전략이 필요하게 되었고, 결과적으로 평생교육에 경제적 관점의 마케팅이라는 경영전략 개념을 불러오게 하는 계기가 되었다(권두승, 최운실, 2009; 남정걸, 2007).

3) 평생교육기관의 자원환경과 경영요소

(1) 평생교육기관의 자원환경

국가정책에서 평생교육의 필요성의 증대는 평생교육기관의 증가로 이어지고 있다. 그 결과 평생교육기관의 양적 팽창으로 평생교육기관 간 경쟁이 심화되어 경제적 효율성과 이익을 위한 경영에 관심을 가지게 되었다(오혁진, 2015). 만일 평생교육기관이 충분한 인적 · 물적 자원을 가지고 있다면 학습자의 요구와 기관이 하고자 하는 모든 프로그램을 개발하여 운영하면 된다. 그러나 현실적으로 모든 프로그램을 개발하고 운영할 수 있을 만큼 충분한 자원을 가지고 있는 기관은 많지 않다. 따라서 평생교육기관은 보유한 자원을 최대한 활용하여 기관이 설정한 평생교육 목적과 목표를 효과적이고 효율적으로 달성해야 한다는 필요성이 제기되었다. 즉, 평생교육기관은 기관 운영에 필요한 학습고객의 자원, 훌륭한 교수자의 확보가능성, 사용가능한 시설, 사용가능한 장비, 사용가능한 재정 등을 확보해야 한다(김진화, 2012).

평생교육은 제공주체에 따라 공공 평생교육과 민간 평생교육으로 구분한다. 공공평생교육은 국가, 지방자치단체, 정부출현기관, 법인 등이 제공하는 평생교육이다. 이러한 공공 평생교육은 국가평생교육정책을 기반으로 운영되고 있으며, 각 정부의 평생교육정책과 정부의 정책기조에 따라 변화한다. 이에 비해 민간영역은 제공주체가 다양하다. 개인, 민간단체, 법인이 주체되어 운영하며, 비영리와 영리형으로 구분된다. 평생교육영역이 확대되고 조직화 · 체계화되면서 보다 효율적인 평생교육기관 운영의 필요성이 증대되고 있다. 즉, 평생교육기관은 환경자원의 분석을 통한 적절한 활용이 전개되어야 한다.

평생교육기관의 경영은 궁극적으로 기관의 사명과 비전에 기초하고 있지만 현실적으로 기관 외부의 환경〈표 1-5〉과 내부의 경영자원〈표 1-6〉에 의해 통제를 받는다고 할 수 있다(오혁진, 2015; 양흥권, 2017).

표 1-5. 환경자원의 외부요인

구분	내용
평생교육기관의 운영에 영향을 주는 기관과의 근접성	평생교육기관 경영에 직접적이고 구체적인 영향은 학습자의 참여율이다. 평생교육기관의 입지적 환경은 학습자의 접근성에 영향을 준다. 또한 기관 주변의 문화 환경, 주변지역의 인구밀도, 경쟁 기관의 근접 등은 평생교육기관 프로그램 개발과 운영에 영향을 준다. 평생교육기관은 주변에 새로운 평생교육기관의 등장과 다른 기관에서 새로운 프로그램을 운영하거나 비슷한 프로그램을 저렴하게 운영하게 되는 경우 동형화현상이 나타날 수 있다. 동일한 프로그램을 제공하는 동일한 유형기관

구분	내용
	간의 경쟁과 유사한 프로그램을 제공하는 다른 유형기관 등 기관에 영향을 주는 기관의 근접은 동형화에 순응과 불응을 선택하는 데 영향을 줄 수 있다.
평생교육기관이 보유하고 있는 인적 · 물적 자원의 한계	대다수의 평생교육기관은 장기적인 목표를 구상할 만한 안정적인 재원을 확보하지 못하고 있는 실정이다. 평생교육기관은 조직이 보유한 자원과 능력을 파악하여 자원들을 적재적소에 활용하는 과정에서 장점과 단점을 파악해야 한다. 평생교육기관의 자원으로 먼저 물적자원은 강의시설과 편의시설, 교육기자재, 금전적 자원(수강료, 기금, 보조금, 후원금 등)이다. 다음으로 인적자원은 교육활동을 수행하거나 지원하는 직원과 강사, 자원봉사자 등이다. 따라서 평생교육기관이 보유하고 있는 자원의 적절한 배분과 부족한 자원을 보완하는 일은 평생교육기관의 성장과 발전을 위해 중요한 일이다.

표 1-6. **환경자원의 내부요인**

구분	내용
평생교육기관의 추구 가치와의 일치	평생교육경영은 교육의 민주성, 자율성, 교수자의 전문성 존중, 학습자 만족증진, 학습자의 전인적 성장 등 평생교육의 가치를 추구해야 한다. 평생교육은 공공과 민간기관, 영리와 비영리기관에 따라 추구하는 가치에 다소 차이는 있지만 공통적으로 교육적 가치와 학습자의 성장, 교육목표 달성의 효율성과 효과성, 국가와 지역사회 발전 등 공동체의 가치를 추구하고 있다. 특히 지역기반 평생교육기관은 학습자를 중심으로 지역사회의 자원을 활용하여, 지역사회와 관련된 내용을 교육하고, 지역주민의 역량을 강화하는 역할을 담당하고 있다. 평생교육기관은 각 기관만의 특정한 가치를 추구한다. 따라서 이러한 특정한 가치의 추구는 평생교육기관의 다양성과 고유성에 영향을 주고 있다.
의사결정권의 독립	평생교육기관은 사람들에 의해 움직이는 조직으로 다양한 구성원들이 참여하고 있다. 실무자와 강사, 학습자, 자원봉사자, 회원, 지방자치단체 등이 연결되어 있다. 평생교육기관 운영은 기관에게 주어진 상황에서 최선의 대안을 합리적인 의사결정을 통해 목적을 달성해야 한다. 평생교육기관의 책임자는 부족한 자원을 확보하여 적절하게 분배하고 기관의 설립목적에 맞게 운영하고 직원들에게 성취동기를 부여하여 경영하는 과정에서, 리더십의 발휘는 평생교육 조직의 효과성을 실현에 영향을 준다는 점에서 중요하다. 따라서 기관에서 의사결정권을 누가 가지고 있느냐는 기관운영의 독립성에 영향을 미친다. 의사결정의 결과에 따라 이해를 갖는 다양한 집단들이 영향을 준다.

평생교육기관을 효율적으로 경영하기 위해서는 기관이 보유한 자원의 한계를 명확하게 인식하는 것이 중요하다. 기존 성공한 프로그램도 학습자의 욕구와 정책의 변화로 대체할 프로그램 개발이 요구되기도 한다. 평생교육기관은 경제적 이윤이 발생하지 않아도 학습자의 성장과 조직, 사회, 국가의 발전을 위해 교육서비스를 제공하고 있다. 조직이 상황에 맞게 변화하지 않으면 조직은 도태될 수밖에 없다(박경권 외, 2011). 따라서 평생교육기관도 사회적 정당성을 확보하여 조직을 둘러싸고 있는 환경과 상호작용을 하면서 변화해 나가야 한다.

(2) 평생교육기관의 경영요소

평생교육영역은 초기에는 비형식적인 사설형태로 이루어지다가, 평생교육의 제도화가 급격히 전개되면서 공공영역으로 평생교육이 확대되고 있는 실정이다. 우리나라는 「평생교육법」이 제정된 이후 소규모 형태에서 평생교육영역의 확산과 평생교육기관 규모의 증대에 따라 평생교육에 참여하는 기관들이 급속히 확산되고 있다. 공공영역의 평생교육기관들이 학교교육체제와 유사하게 업무분장이 명확해지고 전문적으로 체계화되고 있다. 평생교육기관의 경영활동을 구성하는 요소는 기관의 경영자와 실무자가 수행해야 할 직무와 과업과 경영활동에 필요한 기능이라고 할 수 있다. 평생교육기관이 평생교육목적을 실현하기 위한 운영요소로는 조직구즈, 프로그램, 마케팅 및 성과관리가 있다(강경애, 2019).

① 조직구조

경영조직은 그 목적을 효율적으로 달성하기 위하여 일반적으로 4단계에 따라 조직하며, 각 단계에 따른 일정한 원칙이 있다. 그러나 그 원칙은 경영의 상황에 따라 적용의 효과가 달라질 수 있다. 조직화를 위한 단계는 다음과 같다.

가. 1단계: 일의 분할

조직의 목표를 달성하기 위하여 필요한 전체적인 업무 활동을 파악하고 논리적 · 체계적으로 분류하여 업무를 세분화한다. 일의 분할과 관련된 조직화의 원칙에는 전문화의 원칙이 있다. 전문화의 원칙은 관련된 업무끼리 묶어서 분업화하여 전문적으로 수행함으로써 업무의 효율을 향상시키려는 원칙이다. 조직체 내의 업무를 세분화하여 조직구성원에게 배정하면 조직의 능률과 생산성이 향상되고 사회도 발전할 수 있다.

그림 1-5. 일의 분할과 전문화의 원칙

나. 2단계: 부문화

일의 분할이 끝나면 확정된 업무 수행을 위한 부서를 정하는데, 이를 부문화 또는 부서화라고 한다. 부문화를 통해 각 구성원이 특정 업무에 전념함으로써 업무의 효율성을 높일 수 있다. 부문화는 제품, 지역, 고객, 기능, 공정 등을 기준으로 채택할 수 있다. 부문화와 관련된 원칙에는 직능화의 원칙이 있다. 직능화의 원칙은 업무를 수행할 때 필요한 일을 중심으로 조직화하는 원칙이다. 직무를 할당할 때에는 사람 때문에 일자리를 만들지 않고 일 때문에 사람을 채용하여야 한다.

그림 1-6. **직능화의 원칙**

다. 3단계: 책임과 권한의 부여

경영자는 조직이 커지면 조직구성원에게 업무 중 일부의 권한을 위임한다. 책임과 권한의 부여와 관련된 조직화의 원칙에는 권한과 책임의 원칙, 권한 위양의 원칙, 감독 한계의 원칙, 명령 일원화의 원칙 등이 있다〈표 1-7〉.

표 1-7. **책임과 권한의 부여의 원칙**

구분	내용
권한과 책임의 원칙	조직의 구성원은 그가 분담하고 있는 직무와 똑같은 범위의 책임과 권한을 가져야 한다는 원칙이다. 조직의 원칙에는 직무 3면 등가의 원칙이 있다. 이는 직무를 명확히 하기 위해서는 직무의 책임 · 권한 · 의무를 같게 해야 한다는 것이다. 즉, 권한(결정권, 명령권, 행위권), 책임(업무 집행 방법과 결과에 대한 책임), 의무(일정 행위가 요청되는 것)를 동등한 가치를 갖도록 하는 것이다.

구분	내용
권한 위양의 원칙	조직의 규모가 확대되면 상위자는 하위자에게 직무에 따르는 권한을 위임해야 한다는 원칙이다. 권한 위양이 적정화되면 상위자는 보다 더 중요한 업무에 전념할 수 있게 되고, 하위자는 위양을 받은 범위 내에서 창의성, 잠재적 능력 등을 발휘할 수 있다.
감독 한계의 원칙	한 사람의 상사가 직접 지휘 · 감독할 수 있는 부하의 수에는 한계가 있다는 원칙이다. 능률적인 감독을 하기 위해서는 한 사람의 상사가 통제할 수 있는 부하의 수가 정해져야 한다는 것이다. 감독의 범위가 너무 넓으면 의사소통이 어려워져서 조직의 능률이 떨어지고, 반대로 관리의 범위가 너무 좁으면 지나친 감독으로 부하의 창의성이 떨어지게 된다.
명령 일원화의 원칙	조직의 구성원은 한 사람의 상사로부터 명령과 지시를 받아야 한다는 원칙이다. 만일 한 사람이 두 사람 이상의 상사로부터 명령을 받는다면 명령에 중복과 마찰이 생기고 조직의 질서가 유지될 수 없으며, 책임 회피의 경향이 생겨 경영 능률이 떨어진다.

그림 1-7. **명령 일원화의 원칙**

라. 4단계: 조정

부서마다 책임과 권한을 부여받아 업무를 수행하는 과정에서 갈등과 충돌이 발생할 수 있다. 조정은 부서 간의 마찰을 원활하게 조절하는 것이다. 조정과 관련된 조직화의 원칙에는 조정의 원칙이 있다. 조정의 원칙은 조직이 추구하는 전문화와 부문화로 인한 마찰을 최소화함으로써 조직의 효율성을 높여야 한다는 것이다. 즉, 조직의 각 구성원이 담당하는 업무의 중요성이 잘 조절되어 상호 통합되어야 한다는 원칙이다.

그림 1-8. 조정의 원칙

평생교육기관은 하나의 조직이다. 평생교육기관을 성공적으로 운영하기 위해서는 기관 내부의 조직을 적절하게 구성해야 한다. 조직은 세계화, 정보화, 기술의 변화, 정책의 변화, 조직내부의 통폐합, 조직개편, 새로운 사업 분야 확장 등으로 조직구조가 변경될 수 있다. 조직구조는 조직의 목표달성을 위하여 조직을 구성하는 각 부분의 위치와 역할 등을 합리적으로 배열한 구조적 틀이다. 따라서 조직구조는 조직효과성에 영향을 미치는 각종 변수가 무엇인지 파악하는 데 도움을 주며, 구성원의 행동방식이나 구성원 간 상호작용의 형태를 결정하는 데 매우 중요한 역할을 한다. 이러한 평생교육기관 조직화의 유형으로는 기능별 조직화, 사업부별 조직화, 매트릭스형 조직화, 팀 조직화 등으로 구분할 수 있다(오혁진, 2015).

표 1-8. 평생교육기관 조직화의 유형

구분	내용
기능별 조직화	기능별 조직화는 기능적으로 서로 관련이 있거나 동일한 작업이나 업무를 담당하는 사람들을 한 부서에서 일하게 하는 것이다. 예를 들어, 프로그램 운영부, 관리부, 총무부 등으로 나누는 것이다. 따라서 해당업무와 관련한 대부분의 사항을 책임지고 관리하게 되며, 개별 기능관리자들이 최고 경영자에게 업무를 보고하게끔 설계되어 업무의 효율성을 극대화한다. 조직의 규모가 크지 않을 때 적합하다. 단점으로는 모두 자기 역할완수에 일차적인 초점을 두기 때문에 고객중심의 사고를 하기에는 부적합하다는 것이다.
사업부별 조직화	사업부별 조직화는 평생교육기관의 규모가 증대되고 프로그램이 복잡해짐에 따라 지역이나 프로그램의 종류를 기초로 부분화하여 만들어지는 조직형태이다. 예를 들어, 노인교육사업부, 여성 교육사업부, 청소년 교육사업부 등으로 나누는 것이다. 사업부별 조직화는 해당 사업부문의 책임자에 의해 이루어진다. 사업부의 책임자는 자주적이고 독립적인 지위를 갖게 되어 대부분의 권한을 보유하고 행사한다. 장점은 사업단위별로 권한과 책임을 부여함으로써 환경의 변화에 빠르게 대응할 수 있다는 점이다. 그러나 단점으로는 중복된 부서가 있어 낭비를 초래하거나 사업부 간 지나친 경쟁으로 기관 전체의 목표달성을 방해할 수 있다는 것이다.
매트릭스형 조직화	매트릭스형 조직화는 한쪽에는 프로그램 개발, 재무, 마케팅, 인사 등과 같은 전통적 기능별 조직과 다른 한쪽에는 사업부별 조직을 결합한 형태이다. 사업부제 조직의 장점을 취하는 한편 단점(기능영역의 중복으로 인한 비용발생 문제)을 해결하기 위해 시도된 것으로서, 조직의 한 방향으로는 전통적인 기능별 또는 업무별 조직을 배치하는 한편 다른 방향에서는 프로젝트별, 제품별, 지역별 조직부문을 배치하여 종횡으로 엮어 구조를 형성한다. 따라서 조직의 각 구성원들은 기능 위주의 업무와 프로그램 위주의 업무를 동시에 담당하게 된다. 장점으로는 인적 자원을 효율적으로 활용하고 새로운 변화에 융통성 있는 대처를 할 수 있다는 것이다. 그러나 단점으로는 조정의 문제이기도 하면서 권한이나 주도권에 대한 갈등이 발생할 수 있다는 것이다. 즉, 서로 다른 명령을 받을 경우 혼란이 발생할 수 있다.
팀 조직화	팀 조직화는 특정한 과업의 계획과 집행을 위해 비교적 소수의 구성원으로 구성된 기동성이 있는 조직을 의미한다. 기존의 조직구성원 가운데 프로젝트 수행에 필요한 사람들

구분	내용
	로 팀을 구성하며 임무가 수행되면 팀은 해산하게 된다. 장점으로는 불필요한 부서 간의 장벽을 없앨 수 있고 신속한 의사결정체계를 갖출 수 있다는 점이다. 단점으로는 구성원들의 능력에 의존할 수밖에 없으므로 유능한 팀원을 구하지 못하면 효과가 떨어질 수 있다는 점이다.

평생교육기관을 성공적으로 경영하기 위해서는 조직내부의 조직화, 권한과 임무부여 등의 조직관리가 이루어져야 한다. 조직화는 평생교육기관의 목표를 달성하는 데 합리적, 효율적이어야 한다. 조직구조는 평생교육기관의 본질적인 기능을 수행할 수 있도록 인적, 물적 자원을 조달하고 기관이 추구하는 목표를 달성할 수 있도록 기획, 조정, 집행하는 역할을 한다. 따라서 평생교육기관이 추구하는 목표가 다르고 자원을 조달하는 방법이 다르기 때문에 조직구성도 이에 따라 달라져야 한다.

② 프로그램

평생교육 프로그램은 학습자를 평생교육의 장으로 이끌어 내는 유인체이며, 학습자에게 학습경험을 제공하는 매개물이다(양흥권, 2017). 즉, 기관의 목적을 실현하기 위해 프로그램의 목적, 프로그램의 내용, 교수학습 방법, 프로그램의 전개과정, 교육시설 등의 요인들을 매체의 특성에 맞게 체계화시켜 놓은 최종 결과물이 프로그램이다. 평생교육 프로그램은 학습자들을 교육목표에 이르도록 실제적이고 구체적인 학습경험 제공을 위해 합리적으로 기획되고 체계적으로 개발되며, 전문적으로 운영되어야 한다. 평생교육 프로그램은 평생교육기관의 정체성을 담아 내는 것으로 교육과정에 비해 다양하고 창의적이다.

평생교육기관의 프로그램 개발방식은 크게 세 가지로, 비통합적 프로그램 개발방법과 선형프로그램 개발방법, 비선형프로그램 개발방법으로 구분할 수 있다(윤옥한, 2014).

표 1-9. **평생교육기관의 프로그램 개발 방식**

구분	내용
비통합적 방법	비통합적 방법은 지역사회 내 다른 평생교육기관의 프로그램을 그대로 모방, 또는 답습하는 방법으로 지역사회 내 다른 평생교육기관의 프로그램에서 유용한 것을 발견하여 사용하는 접근법임
선형프로그램 방법	선형프로그램 방법은 개발과정을 단계별로 세분화되어 있음. 즉, 기획, 설계, 준비, 운영, 평가, 사후관계를 절차에 따라 진행됨. 실패 가능성을 최소화하고 비전문가의 이용이 용이하고 유용성이 높은 반면, 환경변화에 대처하지 못한다는 단점이 있음
비선형 프로그램 방법	비선형 프로그램 개발방법은 자율성과 경험을 최대한 발휘하는 방법으로 창조적인 프로그램을 개발할 수 있음. 환경변화에 유연하게 대응하여 잠재적 학습자의 요구, 기관의 상황과 환경요인 등을 기반으로 프로그램을 개발하여 시간과 자원배분을 개발자의 재량에 의해 조정할 수 있다는 장점이 있음. 그러나 전문적 기획기술을 가진 인적자원이 필요하여 평생교육사의 역할이 중요한 요인으로 작용될 수 있어 전문가의 역량에 의해 영향을 받을 수 있음

그리고 평생교육 프로그램은 개발 주체에 따라 독자적 개발, 내용전문가와 공동개발, 내용전문가에게 위탁, 공모를 통한 개발로 구분할 수 있다(윤옥한, 2014). 첫째, 개발자의 독자적 프로그램 개발로 자신이 확보하고 있는 인적자원, 정보자원, 아이디어 등을 활용하고 독자적으로 선택한 프로그램을 개발한다. 둘째, 내용전문가와 프로그램 개발자의 공동 프로그램을 개발하는 방법으로 담당자가 학습자 정보의 제공과 시장분석 등을 담당하고 내용전문가가 내용을 구성하는 방법이다. 셋째, 내용전문가에게 위탁하여 프로그램을 개발하는 방법이다. 넷째, 공모를 통한 프로그램 개발로 특정한 개발 영역을 설정한 후 강사 및 기관을 대상으로 공모, 내용, 구성, 운영방법 측면에서 검토한 후 개설여부를 결정하는 방법이다.

또한 평생교육기관의 프로그램은 학습자의 관심과 참여가능성에 의해 결정된다. 따라서 평생교육 프로그램은 학습자들이 요구하는 목적 달성과 프로그램 참여를 통해 얻을 수 있는 결과의 성과가 제시되어야 한다.

평생교육 프로그램은 평생교육기관의 비전에 따라 학습자의 성장과 발전을 돕기 위해 체계적으로 개발되어 기관의 자원과 경험을 바탕으로 학습자에게 전달되어야 한다. 그리고 평생교육기관은 각종 다양한 프로그램 운영을 통해 개별 기관이 제공하는 프로그램과 경쟁기관이 제공하는 프로그램을 파악하여 가장 효율적으로 학습자에게 제공하여야 한다.

③ 마케팅

평생교육기관에서의 마케팅 개념의 적용은 짐머리 등(Smerly & Associates, 1989)의 연구에서 시작하였으며, 우리나라는 1990년대 중반 이후 학습자 지향적 마케팅 전략에 관한 연구를 통해 평생교육기관 마케팅의 중요성이 부각되었다. 초창기 평생교육기관 마케팅의 개념은 평생교육 프로그램을 잠재적 학습자에게 알리고 그들의 참여를 적극적으로 유도하고 촉진하고, 홍보하는 데 목적이 있었다. 그러나 최근에는 평생교육기관 간의 경쟁이 심화되면서 평생교육기관의 마케팅은 교육환경, 평생교육 강사와 담당자, 평생학습자들의 커뮤니티 활동지원 등으로 확대되고 있으며, 평생교육기관의 마케팅이 경영전략으로 강조되고 있다(권인탁, 임영희, 2011).

평생교육기관 마케팅은 잠재적 학습자들에게 평생교육의 목적과 내용이나 프로그램, 방법과 절차 등을 알리고 지역사회와 일반 대중과의 우호적이고 친밀한 관계를 추구하는 과정이다. 따라서 평생교육기관에서 효과적인 마케팅 전략수립은 다양한 매체를 활용하여 기관에 대한 정보를 제공하며, 평생교육기관의 홍보는 공익성과 신뢰성을 학습자들에게 전달하여 프로그램 지속에 영향을 주는 것으로 학습자들이 알고 싶어 하는 정보를 빠르게 전달해야 한다(황선영, 2015). 또한 평생교육기관의 마케팅은 잠재적 학습자 고객들과 지속적인 상호작용을 통해 그들이 원하는 것을 파악하고 이를 프로그램과 서비스로 개발하는 것을 연결해야 한다.

마케팅 핵심전략 결정을 위해서는 시장세분화, 표적시장 선택, 경쟁적 포지셔닝을 결정해야 한다(오혁진, 2015). 시장세분화(segmentation)는 프로그램 목표에 기초해 대상자들의 연령, 성별, 라이프스타일, 교육 프로그램 참여 경험 등을 고려하는 것이고, 표적시장 선택(targeting)은 시장세분화를 거쳐 파악된 잠재적 학습참여자들 중 누구를 주요 학습자 대상으로 보고 접근할 것인지를 결정하는 것이고, 포지셔닝(positioning)은 동일한 표적시장 내에 제공되는 교육 프로그램이 다른 기관의 프로그램과 뚜렷하게 구별되는 차별화된 강점을 인식하도록 함으로써 경쟁력을 발휘할 수 있도록 하는 것이다.

④ 성과관리

평생교육기관에서 성과관리는 조직관리, 인사관리, 재무관리, 프로그램 관리, 학습자관리 등을 포함한다. 공공영역의 성과관리는 조직이 업무를 추진함에 있어서 조직의 임무와 중·장기 목표, 연도별 목표 및 성과지표를 수립하고, 그 집행과정 및 결과를 경제성·능률성·효과성 등의 관점에서 관리하는 일련의 활동으로 정의된다(「정부업무평가기본법」, 2006). 성과나 결과는 약속을 정하는 것이 아니라 약속을 이행하는 것으로, 성과측정은 조직이 사전에 설정한 목표 등을 실제 결과와 비교하여 측정하고, 평가한 결과를 토대로 조직에 대한 공헌도에 따라 성과배분을 결정하는 활동이다.

평생교육기관은 기업체나 공공기관이 지향하는 가치인 효율성, 효과성, 이윤증대, 합리성, 적법성을 달성해야 하며, 평생교육이 가져야 할 교육의 가치, 학습의 가치, 평생교육의 가치를 추가로 전개한다. 공적영역과 사적영역이 성과관리에 있어 다소의 차이는 있을 수 있다. 평생교육을 운영하고 있는 기관들 중에 많은 부분을 차지하고 있는 비영리조직들은 다양한 단체들이 비영리분야에 진입하고 있어 과거 '시장 독점적' 지위에서 벗어나 양질의 서비스를 제공하지 못하면 경쟁에서 도태될 수밖에 없는 상황이다. 이러한 어려움을 해결하기 위해 비영리조직들은 성과를 강조하는 조직문화로 바뀌고 있으며, 정부의 자금을 지원받음으로써 공공자금에 대한, 책무성에 대한 사회적 요구가 증대하고 있다(오혁진, 2015).

평생교육기관의 독특한 내·외부상황을 고려한 경영전략과 연계할 수 있는 기관 차원의 성과관리의 차이가 발생하고 있는데, 일반적으로 평생교육기관에서의 성과관리 영역을 조직관리, 인사관리, 재무관리, 프로그램 관리, 학습자 관리로 세분화할 수 있다〈그림 1-9〉.

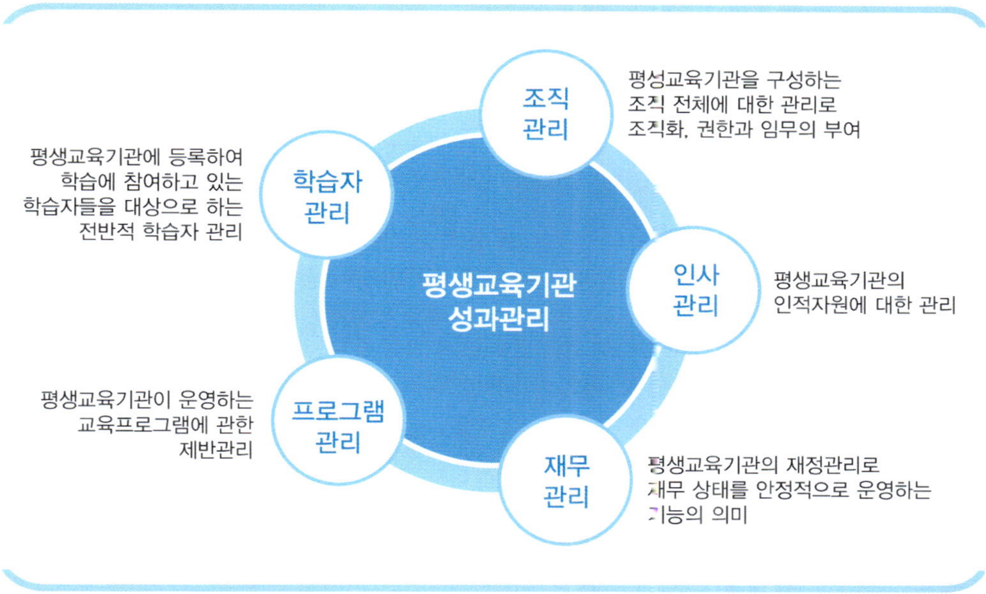

그림 1-9. **평생교육기관에서의 성과관리 영역**

첫째, 조직관리는 평생교육기관을 구성하는 조직 전체에 대한 관리로 조직화, 권한과 임무의 부여 등으로 각 부서에 업무를 배당하고, 각 부서에 자원을 조달하여, 각 부서가 한 역할을 성공적으로 수행하도록 조력하고, 지원하고, 감독하는 활동이다. 둘째, 인사관리는 평생교육기관의 인적자원에 대한 관리로 기관에 근무하는 평생교육 전문 직원, 행정직원, 외부강사, 자원봉사자 등이 포함된다. 셋째, 재무관리는 평생교육기관의 재정관리로 부족한 자원과 자금을 조달할 수 있는 방안을 강구하여 기관의 재무 상태를 안정적으로 운영하는 기능을 의미한다. 넷째, 프로그램 관리는 평생교육기관이 운영하는 교육프로그램에 관한 제반관리로 평생교육기관 프로그램의 전반전인 운영계획을 수립하고, 프로그램을 운영하고, 프로그램에 대한 학습자의 요구와 반응에 대한 정보를 체계적으로 수집하여 프로그램의 품질을 지속적으로 개선해 가는 활동이다. 다섯째, 학습자 관리는 평생교육기관에 등록하여 학습에 참여하고 있는 학습자들을 대상으로 하는 전반적 학습자 관리이다.

4) 평생교육경영의 원리 및 과정

평생교육은 국가 및 지방자치단체 또는 개인 및 법인이 설립한 평생교육기관을 통해 이루어지고 있으며, 그 운영원리는 〈표 1-10〉과 같이 법치행정의 원리, 기회균등의 원리, 자주성 존중의 원리, 타당성 원리, 민주성 원리, 능률성의 원리, 적응성의 원리 및 안정의 원리가 적용된다.

표 1-10. **평생교육경영의 원리**

구분	내용
법치행정의 원리	평생교육은 법에 의하여 법이 정하는 범위 안에서 이루어져야 한다는 원리
기회균등의 원리	평생교육은 모든 사람에게 균등한 기회를 제공하여 개인의 능력을 최대한 발휘할 수 있도록 해야 한다는 원리
자주성 존중의 원리	평생교육기관의 관리 운영에 관하여 필요한 기준을 자주적으로 설정 집행하며, 조직 발전에 필요한 제반 정책을 독자적으로 결정할 수 있다는 원리
타당성 원리	평생교육의 목표달성을 위해 부합되는 교육 및 운영 계획을 수립 실시해야 한다는 원리
민주성 원리	평생교육에 관한 중요한 정책을 수립하고 집행하는 데 있어서 다양한 교육 관련 집단들의 참여와 의사결정을 보장해야 한다는 원리

구분	내용
능률성의 원리	경제성 또는 효율성의 원리로서 평생교육활동에 있어서 최소한의 노력과 경비를 투입하고 최대한의 효과를 얻고자 하는 원리
적응성의 원리	평생교육 활동이 사회 변화를 고려하여 교육 환경과 전략 및 수단을 유연하게 조정해 나가야 한다는 원리
안정성의 원리	일단 결정된 평생교육정책을 일정 기간 시행함으로써 행정 시책의 일관성을 유지할 필요가 있다는 원리

그리고 평생교육경영의 과정은 평생교육기관의 목표달성을 위해 수행하는 경영 또는 부서 업무 수행 경로라고 할 수 있다. 평생교육 경영자는 효과적인 업무 수행을 위하여 경영과정에 대한 이해와 적절한 적용이 필요하다. 평생교육경영의 과정은 주로 계획, 조직, 명령, 조정, 통제과정을 통해 이루어진다.

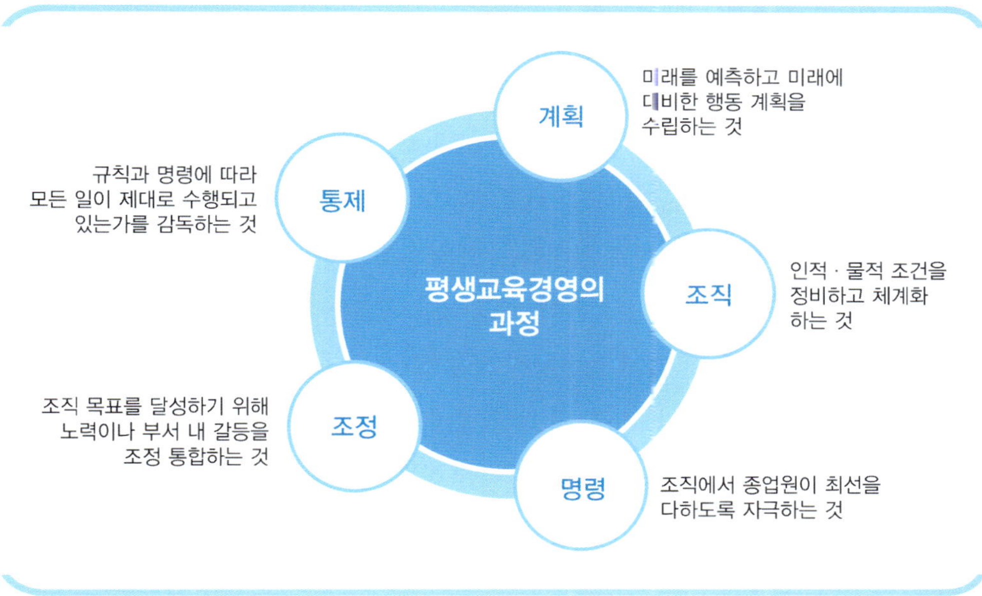

그림 1-10. **평생교육경영의 과정**

5) 평생교육경영과 체제적 분석

평생교육경영을 위해서는 평생교육 운영전반에 대한 체제적 종합적 분석이 필요하다. 이러한 접근은 평생교육조직 내·외부 구성요소와 환경 간의 상호 연계된 것들을 탐색하여 조직의 목표달성에 영향을 미치는 요인들을 탐색할 수 있다는 점에서 유용하다. 그리고 분석된 조직의 하위 요소들에 의해 발생하는 문제 및 대안에 대한 합리적 총체적 분석을 통해 조직 내부의 프로세스, 구조 및 문화 등을 개선하는 데 유용하다. 또한 조직과 관련된 외부 환경과 관계자들의 요구를 파악하거나 조직에 대한 환경적 변화와 적응 방안을 탐색하는 데 유용하다(김규태 외, 2016; 김진숙 외, 2018).

평생교육경영자는 이러한 체제적 접근을 통해 교육행정 현상을 분석, 비판하면서 새로운 대안을 탐색하여 체제의 유지와 변화를 도모해야 한다. 이를 위해서는 무엇보다도 체제적 사고가 요구된다. 체제적 사고는 교육조직의 내부 요인들의 상호 연계성과 그것들에 대한 환경적 변화와 영향력 등을 종합적으로 사고하는 것을 말한다. 체제적 사고를 위해서는 〈그림 1-11〉과 같은 분석적 사고, 비판적 사고, 창의적 사고를 필요로 한다.

분석적 사고(analytic thinking)는 조직 내·외부 요인, 요인 간, 환경 및 그 영향에 대해 논리적이고 합리적으로 사고하며 분석하는 것을 말한다. 비판적 사고(critical thinking)는 조직 내·외부 요인, 요인 간 상호관계, 환경 및 그 영향에 대한 가치와 효과(순기능과 역기능)를 객관적이고 균형 있게 판단하는 것을 말한다. 창의적 사고(creative thinking)는 조직 내·외부 요인, 요인 간, 환경 및 그 영향에 대한 가치와 효과를 종합적으로 분석한 결과를 바탕으로 기존의 조직 정책, 절차나 방법을 수정 보완하거나 새로운 것으로 대체하는 것을 말한다(김규태 외, 2016; 김진숙 외, 2018).

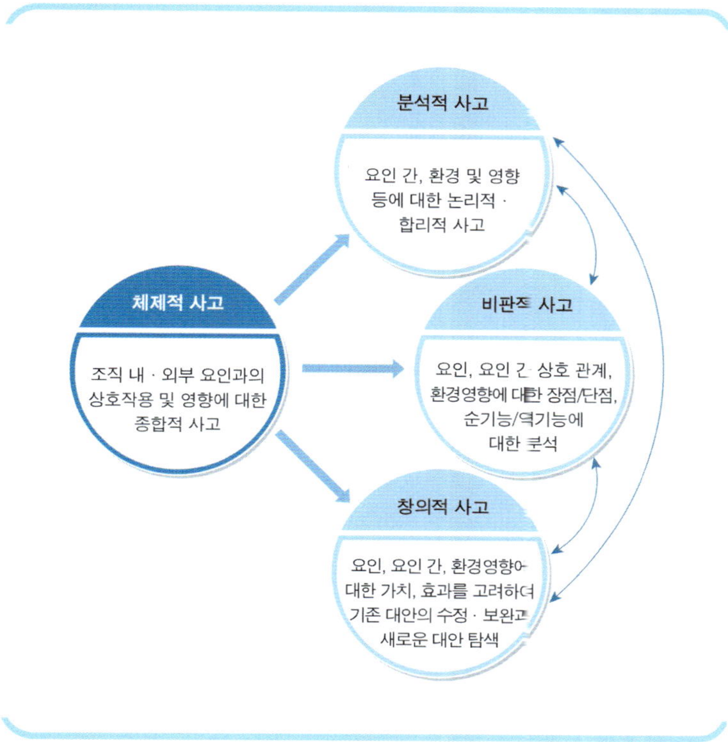

그림 1-11. **체제적 사고유형과 관계**

출처: 김진숙 외(2018). 평생교육경영론. 온성원.

Chapter 02

현대사회와 평생교육경영

배울내용

1. 현대사회의 특징
2. 현대사회와 평생교육경영
3. 평생교육을 위한 지식경영

학습목표

1. 산업혁명에 따른 인재상을 숙지한다.
2. 4차 산업혁명 시대의 특징을 설명할 수 있다.
3. 세계화 사회의 특징과 문제점을 설명할 수 있다.
4. 저출산 고령사회의 현황과 문제점을 설명할 수 있다.
5. 현대사회의 특징을 바탕으로 앞으로의 평생교육경영을 설명할 수 있다.
6. 평생교육을 위한 지식의 구조 및 지식경영을 설명할 수 있다.

CHAPTER

02 현대사회와 평생교육경영

1. 현대사회의 특징

1) 산업혁명에 따른 인재상의 변화

현대사회는 4차 산업혁명 시대라고 흔히들 말을 한다. 인류에게 닥친 산업혁명이라는 거대한 변화는 수차례 반복되어 왔다. 즉, 농업 · 산업혁명을 거치면서 인류는 사회적 · 경제적 · 문화적 발전을 지속해 왔다. 이 과정에서 인류가 추구하는 인재상도 끊임없이 변화해 왔고, 이는 4차 산업혁명 시대에도 마찬가지이다. 인류가 경험해 온 산업혁명의 흐름과 각 시대가 요구해 온 인간상에 대한 내용은 〈표 2-1〉과 같다.

표 2-1. **농업 · 산업혁명의 흐름과 인재상의 특징**

구분	시기	핵심기술	특징	인재상
농업혁명	BC 12,000	정착농업	인구증가, 도시의 출현	육체노동형 인재
1차 산업혁명	1784	증기기관	기계화	규율화된 인재
2차 산업혁명	1870	전기기관	노동의 분화, 대량생산	
3차 산업혁명	1969	정보통신	자동화	지식역량형 인재
4차 산업혁명	2016년 이후	사이버 물리 시스템, 인공지능	노동의 종말	융합 · 하이퍼형 인재

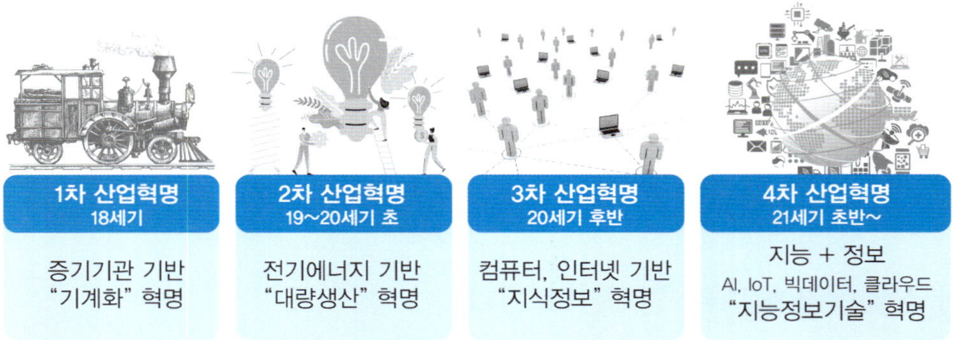

(1) 농업혁명 시대의 육체노동형 인재

약 12,000년 전 인류는 여러 곳을 돌아다니며 수렵과 채집 생활을 통해 생활을 하던 것에서 밀을 경작하고, 동물들을 가축으로 키우는 농업혁명 시대로 변화하게 되었다. 기원전 9,500~8,500년경 터키 남동부, 이란 서부, 에게해 동부 지방에서 인류의 생활이 수렵에서 농업으로 변화해 온 흔적들이 발견되었다. 구체적으로 기원전 9,000년경에는 밀을 재배하고 염소를 가축화하기 시작하였으며, 기원후 1세기쯤 대부분의 사람들은 농업에 종사하게 되었다. 이 시기를 농업혁명이라고 한다. 이 시기에는 농업에 대한 기술을 요구하였고, 농사를 짓기 위해 인구가 증가하고 도시가 출현하게 되었다. 따라서 농업혁명 시대에서 요구하는 인재는 '육체노동형 인재'였다. 왜냐하면 수렵을 포기하고 밀을 경작하거나 가축을 키우기 위해서는 인간의 노동력이 필요했기 때문이다.

출처: 김은영 외(2021). 4차 산업혁명 시대 인성과 리더십. 양성원.

농업혁명 이후 농사를 짓는 기술의 발달로 인간은 더 이상 수렵을 통해 식생활을 할 필요성이 없어졌다. 즉, 인간은 식물과 동물을 자신의 사용 목적에 맞도록 길들임으로써 동물의 포식자에서 주변 세계의 관리자로 자신을 승격시키게 되었다. 특히 인간에게 많은 이익이 되고 기르고 길들이기 쉬운 밀, 옥수수, 벼, 보리, 수수 등 12가지 식물과 양, 염소, 소, 돼지, 말 등의 5가지 동물이 그 대상이었다.

인간은 농업혁명을 통해 극단적인 식량 공급의 고갈로부터 벗어날 수 있었기 때문에 인간은 안정적인 삶과 활발한 종족 번식이 가능해지면서 공동체가 발달하게 되었다. 또한 소비하고 남은 여분의 식량을 거래하게 됨으로써 시장이 형성되고 사유 재산이 형성되었다. 따라서 농업혁명 시대 이전의 사냥을 잘하기 위한 민첩함은 더 이상 중요한 덕목이 아니었으며, 정해진 시기에 게으름을 피지 않고 열심히 일하는 것을 중요하게 인식하게 되었다.

농업혁명 시대에는 농사를 잘 짓는 사람이 인재로 여겨졌고, 농사를 잘 짓기 위해 필요한 여러 자질을 지닌 사람을 인재로 간주하는 경향이 있었다. 이를 바탕으로 농업혁명 시대에 추구되었던 인재상을 유추해 보면 육체노동형 인재, 근면 · 성실한 인재, 절약 · 인내하는 인재, 협동형 인재 등이라고 할 수 있다.

(2) 1 · 2차 산업혁명 시대의 수동적 · 규율화된 인재

1차 산업혁명이란 18세기 중반부터 19세기 중반 사이에 영국에서 일어난 수공업에서 기계공업으로의 생산방식의 전환을 의미한다. 이러한 전환에는 석탄을 이용하여 물을 끓여 발생하는 증기의 사용, 기계적 도구들의 발달, 공장 체계의 발전이 포함된다. 이와 같은 발달과 더불어 경제적 측면에서는 국내 시장과 해외 식민지를 바탕으로 광범위한 자본축적이 이루어지고, 사회적 측면에서는 산업자본가와 임금노동자를 중심으로 한 계급사회를 형성하게 되었다(김성동, 2018; 송성수, 2017). 이 시기에 생산의 중심이 농업에서 공업으로 이동하였기 때문에 영국에서 농업에 종사하는 인구의 비중은 1759년에 48%였던 것이, 1841년에는 25% 수준으로 감소하게 되면서 농업에 종사하던 사람들은 일자리를 찾아 도시로 이동하게 되었고, 공장 운영자들은 공장을 운영하는 데 필요한 인력을 요구하게 되었다. 따라서 이 시기에 추구한 인간상은 시골에서 밀려난 농민, 제대군인, 빈민 등 지위나 개인의 능력에 상관없이 공장에서 할당된 자리와 임무를 잘 수행할 수 있는 사람이 우수한 인재로 간주되었다.

19세기 말에서 20세기 초까지 이어진 제2차 산업혁명 시대에는 전기와 생산 조립라인이 출현하게 되면서, 이러한 변화로 대량생산을 가능하게 되었다(Schwab, 2016). 즉, 제2차 산업혁명은 화학역료, 전기 등의 새로운 산업을 기반으로 전개되었으며, 가

장 큰 특징은 최초로 과학에 기반을 둔 기술(science-based technology) 혁신이 일어났다는 사실이다. 또한 시스템 질서 · 컨트롤 등의 개념이 핵심 가치로 등장하였고, 기술지향주의에 대한 믿음도 더욱 힘을 얻게 되었다(김지원, 2017). 또한 이 시기에 공장 운영자들이 대량생산을 위해 표준화와 이동조립법을 고안하게 됨으로써 인간은 기계와 같이 완전히 자동화 및 부품화되었으며, 정해진 작업을 오랜 시간 계속해야만 했다. 정해진 시간 안에 주어진 작업량을 채우지 못하는 노동자 한 명이 공장의 운영 자체를 멈출 수도 있는 방식이었기 때문에, 공장 운영자들은 시간표를 만들어 노동자들이 그에 따라 작업할 것을 요구하였다(공영일 외, 2015; 이참슬, 2020)

1 · 2차 산업혁명은 에너지 전환의 혁명이며, 그에 따른 기계의 발전이 핵심이다. 이 시기에는 기계적 기술을 바탕으로 대량생산체계가 만들어지고, 정해진 시스템에서 반복적인 작업을 하는 공장 노동자들의 역할이 중요했기 때문에 오랫동안 기술을 익히기 위한 훈련이 요구되었으며, '근면'과 '성실한 태도'가 주요 덕목이었다. 중요한 것은 노동자가 지닌 능력이나 기술이 아니라 집단 노동에 적합한지 여부였다. 집단 노동에 적합한 노동자가 되기 위해서는 단일한 목적을 위한 규칙적 작업과 정확한 동작을 수행할 수 있는 인간기계로 탈바꿈해야 한다. 따라서 이 시대에는 사고력이나 판단력이 뛰어난 사람보다는 근면 · 성실한 사람이 인재로 간주되었다.

출처: YouTube(세계경제포럼 회장 클라우스 슈밥 '제4차 산업혁명'의 시대를 선언하다!).

요약하면 1 · 2차 산업혁명 시대에는 새로운 기술과 산업구조의 변화 속에서 근면 · 성실하고 수동적이며 규율화된 사람을 높게 평가하는 경향이 있었다. 즉, 육체노동에 의존하던 일들을 각종 기계가 대신하게 되면서 인간은 육체적 힘을 사용하는 역할이 약화되었고, 그 대신 기계들과 협력하여 작업을 효과적으로 수행할 수 있는 인간이 중요한 인재로 부상하게 되었다.

(3) 3차 산업혁명 시대의 지식역량형 인재

일반적으로 3차 산업혁명은 1960년대부터 최근까지 진행된 '정보통신기술 혁명'을 의미한다. 또한 반도체와 메인프레임 컴퓨팅(1960년대), PC(1970년대와 1980년대), 인터넷(1990년대)이 발달을 주도했기 때문에 '컴퓨터 혁명' 혹은 '디지털 혁명'이라고도 말한다(Schwab, 2016). 왜냐하면 컴퓨터는 아날로그 전기기술을 디지털 전기기술로 전환시켰으며, 컴퓨터와 컴퓨터를 연결하기 위해 인터넷이 생겨났고 컴퓨터의 개발이 인간의 두뇌를 확장시켰다면 인터넷은 신경망을 확장시킨 것과 같다고 볼 수 있기 때문이다.

1 · 2차 산업혁명이 큰 발전소와 공장 그리고 대기업을 중심으로 하는 집권적 경제모델이었다면, 3차 산업혁명 시대에는 수평적 분산성과 협업성이 중시되면서 대기업 이외에 벤처기업이 중요한 혁신 주체로 등장하였다. 참신한 아이디어와 기술을 바탕으로 사업에 도전하는 기업이 생겨났으며 기업가 정신을 가진 사람이 인재로 부각되었다(송성수, 2017). 따라서 이 시기는 다른 사람이 시도하지 않았던 새로운 것을 생각해 사업에 적용하는 유연성이 중요하였으며, 1 · 2차 산업혁명 시대처럼 수동적으로 시키는 일을 하는 사람은 주목받지 못했다.

3차 산업혁명 시대에는 인터넷이 삶의 방식을 가장 크게 변화시켰다. 인터넷은 새로운 형태의 상호접촉 방식을 개발하고 확대하였으며, 이를 바탕으로 온라인 쇼핑은 지역을 벗어나 광범위한 판매시장을 개척하게 되었다. 인터넷상에서의 기업 간 거래와 금융서비스는 전체 산업계에 걸쳐 연쇄적인 생산 및 공급 과정에도 영향을 끼치고 있다.

이렇듯 인터넷으로 촉발된 급격한 변화를 겪으면서, 1 · 2차 산업혁명 시대의 노동자는 더 이상 3차 산업혁명 시대가 추구하는 바람직한 인재가 아니었다. 즉, 컴퓨터로 촉발된 정보화 사회에서는 지식과 정보가 사회의 가장 핵심적인 자원이었으며, 각 분야의 지식을 습득하고 효과적으로 활용하는 능력을 무엇보다 중요시하게 되었다(공영일 외, 2015).

3차 산업혁명 시대에는 인간을 대신하여 많은 일을 하게 된 컴퓨터 대문에 가능해진 다품종 소량생산 체제로 인해, 유연한 생산에 적합한 인재를 필요로 하게 되었다. 또한 다양한 상황과 각각의 회사들을 조율하고 함께 일해야 하기 때문에 협업능력이 무엇보다 중요하게 여겨졌다. 즉, 이 시기에 추구되었던 인간상은 지식역량형 인재였다.

(4) 4차 산업혁명 시대의 도래

3차 산업혁명과 맞물려 논의되기도 하는 4차 산업혁명은 여러 방면에서 다양하게 정의되고 있다. 세계경제포럼(World Economic Forum, 2016)에 의하면, 4차 산업혁명이란 '사물 인터넷(IoT), 로봇(Robot), 인공지능(AI), 빅데이터(Big Data) 등의 기술이 나노기술(NT), 바이오기술(BT), 정보기술(IT), 인지과학(CS)의 융합기술로 발전하고, 이로 인해 지능형 사이버 물리 시스템(Cyber Physical System)이 생산을 주도하는 사회 구조로의 대변혁'을 의미한다. 기획재정부(2019)에서는 4차 산업혁명을 '물리적 세계, 디지털 세계, 그리고 생물적 세계가 융합되어 경제와 사회의 모든 영역에 영향을 주는 새로운 산업시대'로 정의하고 있다. 또한 한국정보통신기술협회(2019)는 4차 산업혁명을 "인공지능(AI), 사물인터넷, 빅데이터, 모바일(Mobile) 등 첨단 정보 통신기술이 경제 · 사회 전반에 융합되어 혁신적인 변화가 나타나는 차세대 산업혁명"으로 정의하고 있다.

4차 산업혁명의 근원지 중의 하나로 꼽히는 독일은 일찍이 2011년 미래의 급격한 변화에 대응하는 산업 차원에서의 대응책을 밝히며, 이를 '산업 4.0(Industrie 4.0)'으로 명명하였다. 하지만 실제로 '4차 산업혁명'이라는 구체적인 용어는 2016년 1월 스위스 다보스에서 열린 세계경제포럼(WEF)의 '4차 산업혁명의 이해(Mastering the Fourth Industrial Revolution)'라는 주제의 연차 회의에서 소개되었다.

세계경제포럼(WEF)의 창립자이자 회장인 클라우스 슈밥(Schwab)은 제4차 산업혁명을 '물리적 영역, 디지털 영역, 생물학적 영역의 경계가 허물어지는 융복합 산업혁명'으로 보았다. 그에 따르면, 4차 산업혁명 시대는 사람과 사물, 그리고 공간이 인터넷으로 초연결되어 있는 시대이다. 즉, 4차 산업혁명이란 초연결과 초지능의 혁명이라고 할 수 있으며, 핵심에는 인공지능(AI), 사물인터넷, 로봇, 드론(Drone) 등이 자리한다. 4차 산업혁명의 도래로 스마트 공장과 3D 프린팅을 활용한 맞춤 생산이 늘어나면서 종전의 대량생산체제가 다품종소량체제로 더욱 가속화되고 있다.

출처: YouTube(세계경제포럼 회장 클라우스 슈밥 '제4차 산업혁명'의 시대를 선언하다!).

2016년 다보스 포럼의 연설에서 슈밥은 4차 산업혁명의 대표적 특징을 다음과 같이 제시하고 있다(Schwab, 2016). 첫째, 4차 산업혁명 시대의 속도는 선형적인 방식이 아니라 기하급수적으로 진행된다는 것이다. 둘째, 4차 산업혁명의 범위는 매우 포괄적으로 특정 분야에 국한되는 것이 아니기 때문에 모든 국가적 · 기업적 산업 등이 포함될 것이다. 셋째, 4차 산업혁명의 영향은 산업구조 일부만이 아니라, 산업 시스템 전반, 예를 들어 생산, 관리, 거버넌스 등 모든 분야에 영향을 준다는 것이다.

4차 산업혁명의 특징을 이야기하면서 슈밥은 이 혁명이 이전과는 달리 인간의 정신적 · 육체적 활동에만 영향을 주는 것이 아니라 인간의 정체성 그 자체마저 바꾸어 갈 것이라고 주장하였다.

스위스 세계경제포럼의 창립자이자 회장인 클라우스 슈밥은 『제4차 산업혁명(2016)』이란 저서에서 4차 산업혁명 시대의 인재는 상황맥락지능(정신), 정서지능(마음), 영감지능(영혼), 신체지능(몸) 등의 4가지 지능을 갖추어 한다고 주장하고 있다. 구체적으로 상황맥락지능(정신)은 인지한 것을 잘 이해하고 적용하는 능력을 의미하고, 정서지능(마음)은 생각과 감정을 정리하고 결합해 자기 자신 및 타인과 관계를 맺는 능력을, 영감지능(영혼)은 변화를 이끌고 공동의 이익을 꾀하기 위해 개인과 공동의 목적, 신뢰성 및 여러 덕목 등을 활용하는 능력이며, 신체지능(몸)은 개인에게 다가올 변화와 구조적 변화에 필요한 에너지를 얻기 위해 자신과 주변의 건강과 행복을 구축하고 유지하는 능력을 의미한다고 주장한 바 있다.

출처: YouTube(세계경제포럼 회장 클라우스 슈밥 '제4차 산업혁명'의 시대를 선언하다!).

2) 4차 산업혁명의 시대

(1) 4차 산업혁명의 개념

18세기 후반, 영국에서 인간의 노동력을 대신하는 기계가 발명된 이후로 인간 사회는 농업 중심사회에서 산업 중심사회로 전환되기 시작하였다. 기술의 발달은 인류의 물질적 생활 수준을 향상시켰고 정치 · 사회 구조에 커다란 변화를 가져왔다. 증기기관과 기계의 결합으로 1차 산업혁명이 본격적으로 시작되었고, 전기에너지와 컨베이어 벨트 시스템을 기반으로 2차 산업혁명이 발달하였다. 3차 산업혁명은 컴퓨터의 개발과 정보통신 기술을 바탕으로 한 정보화혁명이었다. 그리고 4차 산업혁명은 디지털혁명을 기반으로 디지털적, 물리적, 생물학적 공간의 경계를 허무는 기술의 융합이다. 초연결과 초지능, 대융합을 특징으로 하는 4차 산업혁명은 사물인터넷과 인공지능, 빅데이터, 바이오, 로봇 등의 혁신 기술들이 선도하고 있다. 정보통신기술을 기반으로 한 혁신 기술의 발전으로 인해 기계는 인간을 이해하는 방향으로 진화하게 되어 인간과 기계의 간격이 줄어들게 되고, 이러한 기술들의 융합이 가속화될 것으로 예상하고 있다. 또한 4차 산업혁명의 대표기술인 빅데이터의 확산으로 인해 기존에 인간이 정보를 보관하던 방식뿐만 아니라 기록, 저장, 접근, 평가 등의 방식이 달라지고 있다. 빅데이터 기반의 자동화로 인한 연결과 융합은 개인 콘텐츠의 가치를 증대시키고 있다. 이로 인해 개방과 공유, 그리고 협업이 핵심가치로 부각되고 있다(김현철, 2017).

(2) 4차 산업혁명의 특징

① 인공지능

인공지능(Artificial Intelligence)은 인간의 지능으로만 할 수 있었던 사고와 학습 등을 컴퓨터가 할 수 있도록 연구하는 컴퓨터 공학 및 정보기술의 한 분야로서, 컴퓨터가

인간의 지능적인 행동을 따라 할 수 있도록 하는 것을 인공지능(AI)이라고 한다. 따라서 인공지능(AI)은 기술 그 자체로 실재하는 것이 아니라, 컴퓨터 과학의 다른 분야와 직접적, 간접적으로 많은 관련을 맺고 있다. 인공지능(AI)을 구현하기 위한 대표적 분야로는 머신러닝(machine learning)이 있는데, 컴퓨터가 학습하기 위한 알고리즘이나 기술을 개발하는 분야이다. 현대에는 정보기술의 여러 분야에서 인공지능적 요소를 적용하여 특정 분야의 문제해결에 활용하려는 시도가 매우 활발하게 이루어지고 있다.

② 빅데이터

빅데이터(Big Data)는 오늘날 정보통신 분야에서 관심을 집중시키고 있는 분야이다. 빅데이터는 기존 데이터보다 규모가 매우 방대하여 기존의 방법이나 도구로는 저장·수집·분석 등이 어려운 정형 및 비정형 데이터들을 의미한다. 1분 동안 구글(Google)에서는 200만 건의 검색, 유튜브(YouTube)에서는 72시간의 비디오, 트위터(twitter)에서는 27만 건의 트윗이 생성된다. 이러한 다양한 종류의 대규모 데이터는 현대사회의 변화 방향에 대해 예측하여 효율적으로 대응할 수 있도록 하고, 개인에게는 맞춤형 정보를 제공한다. 세계적인 컨설팅 기관인 맥킨지(Mckinsey)는 빅데이터를 기존 데이터베이스 관리도구의 데이터 저장, 수집, 관리, 분석하는 역량을 넘어서는 규모로서 그 정의는 주관적이며 앞으

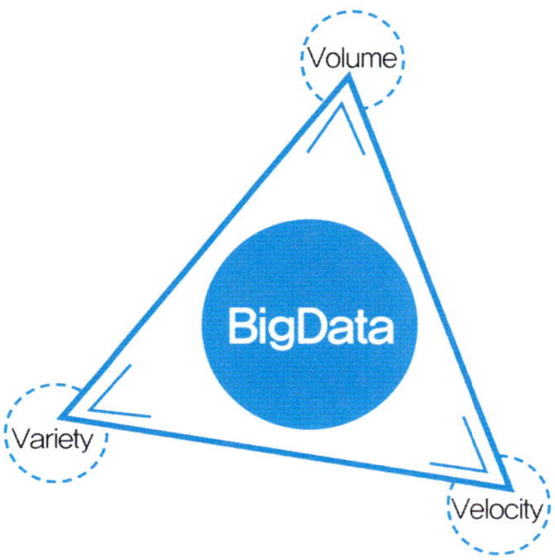

로도 계속 변화될 것이라고 언급하고 있다.

빅데이터의 특징으로는 크기(Volume), 속도(Velocity), 다양성(Variety)을 들 수 있다. 크기는 일반적으로 수십 테라 바이트 혹은 수십 페타 바이트 이상 규모의 데이터 속성을 의미한다. 속도는 대용량의 데이터를 빠르게 처리하고 분석할 수 있는 속성이다. 융복합 환경에서 디지털 데이터는 매우 빠른 속도로 생산되므로 이를 실시간으로 저장, 유통, 수집, 분석처리가 가능한 성능을 의미한다. 다양성(Variety)은 다양한 종류의 데이터를 의미하며 정형화의 종류에 따라 정형, 반정형, 비정형 데이터로 분류할 수 있다.

③ 가상현실과 증강현실

가. 가상현실(Virtual Reality)

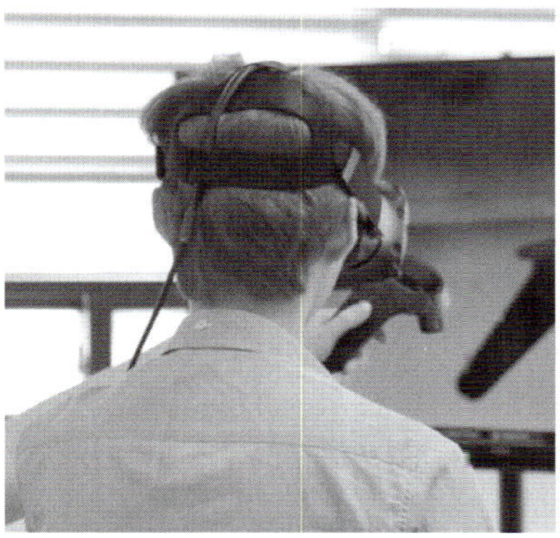

가상현실은 실제에 없는 무엇인가를 컴퓨터에 의해 다양한 환경이나 상황을 만들어 가상세계의 현실감을 더한 입체를 현실에 구현하는 것이다. 일반 화면에서 보는 것과 달리 실제 주변의 환경과 상황이 상호작용하여 마치 실제인 것처럼 컴퓨터와 사람 사이의 간접적인 연결을 해 준다. 대표적으로는 안경형 모니터를 머리에 착용하는 형식의 디스플레이 장치를 사용하여 가상현실기술과 접목하여 사용한다. 장치를 이용한 가상현실의 활용 목적은 경험하기 어려운 3차원 공간의 객체를 인지할 수 있도록 하기 위한 것이다. 실제 환경과 유사하게 구성하여 그 환경 안에서 동작을 하는 것이다. 안경형 모니터를 이용한 응용 분야는 설계에 필요한 건축과 더불어 교육, 게임, 국방, 의료, 인공위성을 이용한 탐사 자료 분석 등 다양한 분야에서 사용되고 있다.

나. 증강현실(Augmented Reality)

증강현실은 3차원 가상의 객체를 영상과 겹쳐 현실 세계에 출력하는 기술을 말한다. 사용자의 실시간 실제 영상에 3차원을 겹쳐 새로운 이미지를 출력하여 마치 실제환경에 존재하는 사물처럼 보이도록 하는 기법이다. 이러한 특성 때문에 완전한 가상세계를 전제로 하는 가상현실과는 다르게 현실을 기반으로 하여 현실환경에 필요한 정보를 컴퓨터 그래픽을 통해 추가적으로 제공하는 역할을 한다. 증강현실의 대표적인 사용 분야는 스마트폰, 내비게이션이 있으며, 스마트폰의 카메라를 사용한 가상영상 초점인식, 얼굴인식, 추적인식 등의 고급기능을 통해 일반 사용자도 어렵지 않게 보정된 사진을 촬영할 수 있다. 오래전부터 국방 및 항공기에서 기술을 접목하여 고도와 좌표를 안개 속에서도 안정적으로 이용하고 있으며, TV에서 날씨를 알려 줄 때, 기상 캐스터가 기상도를 설명하는 장면이 대표적이다.

④ 사물인터넷

사물인터넷(Internet of Things)은 세상에 존재하는 유형 혹은 무형의 객체들이 다양한 방식으로 상호 연결되어 개별로 존재하는 객체들이 기존에 제공하지 못했던 새로운 형태의 서비스를 제공하는 것을 말한다. 사물인터넷은 단어의 뜻 그대로 '사물들(things)'이 '서로 연결된(Internet)' 것 혹은 '사물들로 구성된 인터넷'을 말한다. 기존의 인터넷은 컴퓨터 또는 무선 인터넷을 사용하는 것이 가능했던 휴대전화들이 서로 연결되어 구성되었다. 그러나 사물인터넷은 책상, 칠판, 자동차, 가방, 창문 등 현실에 존재하는 모든 사물이 연결되어 구성된 인터넷이라고 할 수 있다. 사물인터넷은 연결되는 대상을 자동차나 책상처럼 단순히 유형의 사물에만 국한하지 않으며, 교실, 버스정류장, 카페 등의 공간은

물론 상점의 결제 프로세스와 같은 무형의 사물까지도 그 대상에 포함한다.

⑤ 3D 프린팅

출처: 다음(https://search.daum.net/).

3D 프린팅이란 2D 혹은 3D의 이미지를 2차원 평면에 3차원의 형태로 인쇄하는 것을 의미한다. 2D 프린터는 앞뒤(x축)와 좌우(y축)로 작동하지만 3D 프린터는 상하(z축) 운동을 추가적으로 작동하여 입력한 3D 도면을 바탕으로 입체적인 물품을 만들어 낸다. 3D 프린터는 입체 프린터, 3차원 프린팅으로도 불리며, 입체적인 형태를 만드는 방식에 따라 크게 두 가지 방식으로 구분한다. 첫째는 파우더나 플라스틱 실과 같은 재료로 0.01~0.08mm의 층으로 겹겹이 쌓아 입체 형상을 만들어 내는 적층형(첨가형 또는 쾌속조형 방식)이고, 둘째는 커다란 덩어리를 조각하듯이 깎아 내어 입체 형상을 만들어 내는 절삭형(컴퓨터 수치제어 조각 방식)이다. 3D 프린터는 본래 기업의 시제품을 만들어 내기 위한 용도로 개발되었다. 그러나 현재는 플라스틱 소재에 국한되었던 초기 단계에서 발전하여 나일론, 금속 등과 같은 소재로 범위가 확장되었고, 산업용 시제품뿐만 아니라 여러 방면에서 상용화 단계로 발전하게 되었다. 대표적인 예로, 의료계에서 인공관절이나 인공 장기를 만드는 등 환자에게 딱 맞게 만들어야 하는 정밀도가 요구되

는 분야에서 3D 프린터를 활용하고 있다.

(3) 4차 산업혁명 시대가 요구하는 인재

세계경제포럼(WEF, 2016)은 '직업의 미래 보고서'에서 2020년에 요구되는 능력, 고용 상황과 직업에 대해 예측하여 발표하였다. 그중 가장 중요하다고 강조한 능력은 〈표 2-2〉에서와 같이 현실세계에서 정의되지 않은 복잡한 문제를 해결할 수 있는 문제해결 능력으로, 이 능력이 가장 높게 나타났다. 또한 다른 사람들과 협업하고 설득하는 기술, 교육하는 능력인 사회적 기술, 그리고 효율적으로 얻은 정보를 통해 합리적으로 추론하는 능력인 프로세스 기술 등이 주요 능력으로 나타났다.

표 2-2. **세계경제포럼(WEF)의 2020년에 요구되는 능력의 정의**

직무	내용	요구정도(%)
복잡한 문제해결능력	실세계에서 정의되지 않은 문제해결능력	36
사회적 기술	다른 사람들과 협업하고 설득, 교육하는 능력	19
프로세스 기술	적극적으로 정보를 얻어 합리적으로 추론하는 능력	18
시스템 기술	시스템을 파악해서 가장 좋은 조건을 찾는 능력	17
인지 능력	서로 다른 규칙들을 관찰해서 창조적으로 결합하는 능력	15
자원 관리 기술	목적을 위해 자금, 시간 등의 효율적 사용 능력	13
기술적 능력	기기를 관리, 검사하고 프로그래밍 하는 능력	12
콘텐츠 기술	말하기, 쓰기, 디지털 콘텐츠를 통해 표현하는 능력	10
육체적 능력	물건을 정교하게 다루거나 힘을 쓰는 능력	4

한국컴퓨터교육학회(2018)에 따르면, 4차 산업혁명 시대는 사회 · 경제 · 산업 · 직업과 일상의 삶의 모습에 이르기까지 큰 변화가 있을 것으로 예측되므로 이러한 환경에 대비할 수 있는 새로운 역량이 요구되고 있다고 주장하고 있다〈표 2-3〉.

표 2-3. **4차 산업혁명 시대에 필요한 역량**

구분	요구되는 역량
직업의 미래와 인적자원개발 전략(2016)	창의성, 전문성, 혁신
기술변화에 따른 일자리 영향 연구(2016)	의사결정, 창의성, 사회적 기술(의사소통, 협력), 복잡한 문제해결능력
4차 산업혁명에 대비한 SW 융합 인재 양성 방안(2017)	정보적 사고, 창의융합적 사고, 공유와 협어적 사고, 글로벌 사고, 공익적 사고, 변화 적응력

그리고 미국교육협회(National Education Association; NEA)는 50년 전 좋은 교육으로 간주되었던 교육은 21세기의 대학, 직업 및 사회에서의 성공을 위해서는 충분하지 않다고 주장하고 있다. 따라서 미국교육협회(NEA)가 제시하는 『4C에 대한 교육자 지침서(An Educator's Guide to the Four Cs)』는 '글로벌 사회를 위한 21세기 학생들의 준비(Preparing 21st Century Students for a Global Society)'에 어떤 요소가 필요한지를 제시하고 있다. 앞으로 21세기 학습자들이 갖추어야 할 역량은 4C로, 4C란 4가지 역량의 C를 뜻하는 말이며, 비판적 사고와 문제해결능력(Critical Thinking & Problem Solving), 창의력(Creativity), 협업(Collaboration), 의사소통(Communication)을 의미한다.

① 비판적 사고와 문제해결능력

비판적 사고(Critical Thinking)와 문제해결능력(Problem Solving)은 어휘 그대로 비판적 사고를 통해 복잡한 문제를 해결하는 역량이다. 다양한 관점에서 정의된 비판적 사고에 대해 살펴보면, 첫째, 효과적인 이유를 만드는 것이다. 즉, 상황에 적절하게 다양한 추론을 사용해야 한다. 둘째, 시스템적 사고를 사용하는 것이다. 서로 간의 전반적 결과를 산출하기 위해 복잡한 시스템이 어떻게 전체적으로 상호작용하는지 분석해야 한다. 셋째, 판단과 결정을 내리는 것이다. 주장과 신념과 증거를 효과적으로 분석하고 평가해야 하고, 대안적 관점에서 분석하고 평가해야 하며, 정보와 논의 사이에서 융합하고 연결하고, 분석을 바탕으로 정보를 해석하고 결론을 도출해 내고, 학습경험과 프로세스에 비판적으로 반영하는 것이다. 넷째, 문제를 해결하는 것이다. 기존의 방식과 혁신적인 방식으로 다양한 종류의 생소한 문제를 해결해야 하고, 다양한 의견을 명확하게 하고 더 나은 해결책을 이끌어 내기 위해 중요한 문제를 식별해 내고 질문해야 한다.

② 창의력

창의력(Creativity)은 대량 생산의 차별화, 디자인 기술 등에 있어서 현재와 미래에 걸쳐 요구되는 역량이다. 왜냐하면 오늘날 우리는 모두 디자이너가 되어야 하기 때문이다. 창의력은 브레인스토밍과 같은 다양한 창작 기술을 사용하여 창조적으로 생각하는 것이다. 즉, 새롭고 가치 있는 아이디어를 만들고, 창조적 노력을 극대화하기 위해 정교하게 수정하고 분석하고 평가하는 것이다. 또한 창의력은 다른 사람들과 창의적으로 일하는 것으로 정의되기도 한다. 아이디어를 다른 사람들에게 효과적으로 전달하는 것, 피드백에 개방적으로 반응하는 것, 현실의 한계를 이해하는 것, 실패를 학습의 기회로 간주하는 것 등을 말한다.

③ 협업

협업(Collaboration)은 개인적인 노력보다 더 많은 지식을 생성하거나, 현명한 결정을 내리기 위해 필요한 역량이다. 협업은 다른 사람들과의 공동작업으로 정의될 수 있다. 협업은 다양한 팀과 효과적으로 일하는 능력이며, 공통의 목표를 달성하기 위해 유연하게 타협하는 것이다. 협업은 개인으로서 기여하고 팀으로서 책임을 공유하는 것이다.

④ 의사소통

의사소통(Communication)은 언어적 · 문화적으로 효율적인 청취, 공감을 위해서 필수적인 역량이다. 의사소통은 여러 가지 방법으로 정의할 수 있는데, 첫째, 의사소통은 명확하게 의사를 전달하는 것이다. 둘째, 생각과 아이디어를 효과적으로 표현하기 위해 말하기, 쓰기, 비언어적 의사소통능력을 사용하여 다양한 형태와 문맥을 나타내는 것이다. 셋째, 의사소통은 지식, 가치관, 태도 등에 대한 의미를 분명히 듣는 것이고, 정보를 제공하고 동기를 부여하기 위해 사용하는 것이기도 하다. 마지막으로 다문화와 같은 환경에서 효과적으로 의사를 전달하는 것이다.

3) 세계화 사회

세계화의 과정은 단선적이고 일면적 과정이 아닌 중층적이며 복합적인 과정으로 이해될 수 있다. 즉, 세계화는 다양한 영역 간 · 지역 간 · 인종 간에 상이한 전개과정 속에서 진행된다. 세계화의 특징에 대해 살펴보면 다음과 같다(조미영, 2020).

(1) 사회의 지식화 · 정보화

정보기술 부분의 비약적인 발전은 자본 · 자원을 기반으로 한 문명에서 지식 · 정보를 기반으로 한 문명으로의 전환을 가속화시키고 있다. 이와 같은 지식기반 문명(knowledge-based civilization)에서 인간의 생활은 크게 변화한다. 뿐만 아니라 고도의 정보통신 네트워크를 통하여 사회의 모든 관계들도 혁신적인 변화를 유발하고, 정보통신 혁명은 시간과 공간을 결정적으로 압축시키고 있어 국경을 초월하여 모든 분야의 사람들을 직접 연결시키고 서로 소통할 수 있게 만드는 쌍방향적 통신 시대를 가능하게 하고 있다(이재기, 2004). 이전과는 비교할 수 없을 정도로 정보의 양과 속도가 거대해지고 또 신속해지고 있다. 그러므로 우리 생활의 거의 모든 부분이 정보화에 의하여 변화되고 있다고 할 수 있다.

이처럼 정보통신기술과 교통수단의 발달로 인해 세계는 점차 하나의 생활단위가 되어 가고 있다. 과거에 존재했던 지역들 간의 공간적 거리와 시간적 격차는 급속도로 압축되고 있다. 즉, 인적 · 물적 자본의 이동과 생활과 문화의 전파가 빠른 속도로 이루어지고 있고 지구촌이 하나의 공동체가 되어 가고 있다는 것이다.

(2) 경제 · 기술의 초국적화

세계가 시장경제로 통합되면서 기업들의 초국적화도 급속하게 진행되고 있다. 세계경영체제를 구축한 기업들은 각 기업의 조직을 고도로 분화시켜서 최적의 투자지역을 찾아 전 세계 곳곳에 진출하고 있다. 따라서 세계화 시대의 기업들에게 있어 중요한 것은 국적이 아니라 수익성, 안정성, 성장성 측면에서의 최적의 투자지역이 된다. 상품에 있어서도 무국적 상품들이 대세를 이루며 인력 · 정보 · 상품 · 자본이 최적의 조건을 찾아 전 세계 각국을 자유로이 드나들고 있다. 과거에는 경제가 국제화한다고 해도 경제적 영토주권이 국가에 귀속되어 있었으나, 세계화 시대에서는 이러한 개념이 크게 희석되고 있다(이재기, 2004). 이러한 추세는 국민경제 상호 간에 통합성과 상호의존성을 증대시키는 방향으로 진행된다.

이처럼 교통, 정보, 통신기술의 급격한 발달은 각 나라의 국경을 넘어서는 활발한 경제적 교환을 가능하게 해 주었다. 이는 세계무역의 증가와 지구적 자본주의 또는 세계화 자본주의의 확산을 초래하였고, 초국적 기업에 의하여 계속 확장되고 있다. 기업 간의 전략적 제휴, 국제적 아웃소싱, 전속공급업자 선정, 초국적 합병 등 새로운 기업형태가 생겨나고 이들은 생산 및 통제의 집중을 가능하게 해 주었다(장신근, 2007). 이와 같이 경제적 세계화는 지구적 경제활동의 가속화로 인하여 지구촌에 거주하는 사람들 간의 경제적 삶이 향상되고, 상호 연관성에 의존하게 하는 특성을 지닌다.

(3) 문화적 세계화

문화는 끊임없이 창조되고 있다. 문화 창조는 어떤 문화에 대한 동일화와 차별화를 동시에 가능하게 해 주는 여러 제품, 가치, 실천들을 개인이 조합함으로써 이루어진다. 세계화는 문화 산물들을 전파함으로써 도시인들이 자기 자신의 하위문화를 창조하게 하고 이를 통해 다양한 소비 그룹과 소속 그룹들 내에서 자기를 구별할 수 있게 해 준다. 문화적 세계화는 개개인이 자기표현이나 소비함에 있어 무제한적으로 접근할 수 있는 공통되면서도 차별화된 가치, 스타일, 그리고 취향에 따라 선택 가능한 기회 등을 창조하는 것을 뜻한다. '하나의 문화'는 정치적 영역에 의해 형성된 물리적 영역을 점유하고 개별적 의미구성을 한정된 사회적·정치적 공간으로 엮어 주는 구획된 실재로서의 '하나의 사회'라는 개념과 유사하다.

전 세계의 이동성과 정보통신 기술(ICT)의 혁명으로 세계화가 진행됨에 따라 세계화의 문화적 측면은 다원성에 큰 도전을 받고 있다. 당연히 받아들여지는 전통을 깨고 믿음, 가치, 그리고 선행에 대한 여러 가지 선택을 할 수 있다. 이 문화적 세계화는 전통과 집단에 대한 개인의 자율성을 향상시키는 유망한 세계적 문화의 출현으로 이어질 수 있다. 그러나 세계화는 전 세계 이동성과 미디어 및 기술의 확산을 통해 현대 문화의 다양성 속에서 단일 위협이 될 수도 있다.

(4) 세계화의 문제점

세계화는 근대화의 긍정적 효과를 교통과 통신 그리고 과학기술의 혁명적 발전을 통해 지구적으로 확산시키는 반면, 동시에 '위험사회(risk society)'의 여러 측면들을 전 지구적인 차원으로 파급시키는 부정적인 요인으로 작용할 수 있다. '위험'은 산업사회가 진행됨에 따라 풍요와 부를 획득함에 있어서 단지 하나의 부수적이거나 예외적인 것이 아니라 체계적으로 확대되고 재생산되었다. 그 결과 인류의 역사에서 거대한 풍요를 가져왔던 근대산업 사회의 구조와 원리가 이제는 반대로 인류를 파괴와 멸망으로 이끌어 갈 수 있는 재앙의 사회적인 근원으로 변질되어 버렸다. 세계화의 문제점에 대해 살펴보면 다음과 같다(조미영, 2020).

① 불평등과 빈곤으로 인한 양극화

지구상에 존재하는 60억 명의 인구 중에 거의 절반에 해당하는 인구(26억 명 정도)는 생계를 위해 하루에 2달러도 안되는 돈을 벌고 있고, 5분의 1은 1달러에도 미치지 못하는 돈을 벌고 있다. 세계 전반에 걸쳐, 세계화는 여전히 생활수준을 높이지 못하고 있다. 지금까지의 지표들을 보면, 앞으로도 생활수준을 높이기는 쉽지 않아 보인다. 세계 자본주의는 일반적으로 다수를 위한 장기적인 사회이익을 위한 것이라기보다는 오히려 소수에게 이익이 되는 단기간의 이윤을 지향하는 경향이 있기 때문이다.

오늘날 한국사회는 불평등과 경제 양극화로 인한 총체적 위기를 맞이하고 있다. 신자유주의 세계화라는 격랑에 휘말린 한국사회는 심각한 경제 양극화와 이로 인한 사회적 갈등이 심화되어 가고 있다(장윤재, 2016). 특히 심각한 저출산, 고령화로 인해 인구구조가 변화하면서 양극화의 문제는 더욱 심해질 것으로 우려되고 있다. 이와 같은 한국사회의 급속한 양극화는 정치 갈등을 유발하며 사회통합의 걸림돌로 작용하고 있다. 무엇보다 양극화로 인한 경제문제는 자살, 실업, 청소년 문제, 범죄, 이혼, 계급 재생산 등의 여러 사회문제에 영향을 끼칠 수 있고 정치적으로는 민주주의의 사회적인 기반을 약화시킬 수 있으므로 심각한 문제라고 할 수 있다. 세계화를 단지 경제적인 현상으로만 이해할 수 없는 것은, 세계화가 한 국가의 경제, 사회, 문화, 정치 등의 거의 모든 영역에 영향을 주고 있기 때문이다.

② 무한경쟁의 심화

경쟁이라는 단어는 어의적으로 '함께 추구한다'라는 뜻을 내포하고 있다. 경쟁의 논리가 기술적인 진보와 생산성의 향상을 가져오는 데 큰 기여를 했다는 것은 인정할 수밖에 없는 사실이다. 인간의 욕구 수준을 지속적으로 높여 감으로써 새로운 창조와 진보를 가능하게 한 것이다. 정치적인 측면에서도 그러한데, 경쟁 심리는 민주주의 발전에 있어 핵심적인 동인이었다. 정치적 의지를 관철시키고자 하는 이익집단이나 정당 간의 열띤 경쟁을 통하여 민주주의가 뿌리내릴 수 있었다.

그러나 나라마다 사회와 경제의 상호의존적 측면과 불평등한 권력구조가 강화될 수록 경쟁의 파급효과는 더욱 확산되어, 특정 분야에 국한되지 않고 전 분야에 걸쳐 경쟁 관계가 형성되었다. 이 같은 추세가 심화되면서 경쟁을 통한 범세계적 패권 지배의 가능성이 더욱 커지고 있다. 시너지 효과를 위해 '함께 추구한다'라는 의미의 경쟁 개념이 '승자가 모든 것을 지배한다'라는 개념으로 변질된 것이다.

이처럼 경쟁자본주의가 지배 이데올로기로 부상하게 될 때, 시장 규제완화와 자유화 추세 속에서 개별 민족국가의 정부는 더 이상 금융·산업 분야의 역동성을 통제하지 못하게 된다. 또한 금융·산업 분야에서 독점구조가 점차 확산되는 추세를 보이며, 노동보호법이나 사회보장제도가 와해된다. 빈익빈 부익부가 심화되고 절대 빈곤층이 갈수록 증가할 것이며, 환경보호를 위한 정부 간 규제가 연기되거나 무효화가 될 수 있다.

③ 문화의 균질화와 다문화

세계화의 진전에 따라 문화의 중요성이 더욱 커지고 있다. 근로시간이 단축되면서 근로자의 여가시간이 증가하고 자아실현에 대한 개인적 욕구와 문화 활동에 대한 요구가 확대되면서, 문화는 개인적 삶의 부차적인 영역이 아닌 중심적인 영역이 되어 가고 있다. 즉, 문화생활의 영위가 개인적 삶의 질(quality of life)을 결정하는 핵심적인 요소가 되고 있다고 할 수 있다.

한국사회의 다문화성은 어느 다문화사회와 마찬가지로 인종적, 문화적, 종교적 다양성을 가진 외국인의 국내 유입으로 본격화되었다. 한국 내의 미군주둔으로 인한 미국인의 유입과 한국 경제가 발전함에 따라 외국인 투자자들의 국내 방문과 거주가 늘어나고 영어교육의 과열로 인한 영어 원어민의 국내 유입이 가속화되는 등 외국인의 증가가 이루어지고 있었다. 1990년대 중반부터 결혼 이민의 증가로 인해 다문화 가구 혹은 가족에 대한 관심이 점차 높아지기 시작하였다. 2017년 12월 12일 통계청의 발표에 의하면, 국내 거주 외국인 규모가 빠른 속도로 증가하고 있고 외국인 거주자의 유형도 다양화되는 추세이다.

오늘날 한국사회는 다양한 분야에서 '세계 속의 한국'을 지향하면서 많은 노력들을 기울이고 있다. 그러나 동시에 이주민의 형태로 현재 우리 안에 들어와 있는 다양한 세계인들에 대해서도 주의 깊게 살펴볼 필요성이 있다. 그리고 이러한 다문화 상황에서 사회의 구성원들에게 새롭게 요구되는 과제가 무엇인지 고민하고 대안을 모색하며, '단일민족으로서의 우리'만이 아닌 '세계시민으로서의 우리'로 살아가기 위해 관련 주체들의 내부적 사회통합에 대한 노력도 이루어져야 한다. 그런 의미에서, 사회의 통합과 안정을 유지하면서도 내부의 다양성을 인정하고 상생의 관계로 발전하기 위한 다문화 교육의 필요성은 자연스러운 일이다.

④ 지구환경의 위기

세계화로 인해 경제를 비롯하여 정치, 사회, 문화 등 모든 영역에서 다양한 행위주체 간에 상호의존성이 심화되고 있는 가운데, 그에 따라 더불어 풀어야 할 공통의 문제도 점점 더 많아지고 있다. 가장 절박한 문제가 바로 환경문제인데, 지구 온난화, 오존층의 파괴, 생태계 파괴와 생물종의 감소, 그리고 이상기후의 만연 등 고도의 산업화 과정에서 생겨난 지구환경의 위기는 현대문명과 인류의 생존자체를 위협하고 있다.

이처럼 '환경적으로 건전하고 지속가능한 발전'이 세계화 시대에 있어 전 세계적 과제가 되고 있다. 이러한 과제의 달성을 위해서는 각국의 생산시스템을 포함한 전반적인 경제시스템과 각 개인의 소비양식이 효과적으로 에너지를 소비하면서 환경 친화적으로 전환되어야 한다. 더불어 지식정보문명의 성과를 환경문제의 해결에 있어 폭넓게 이용하는 것이 중요하다. 예를 들어, 공해를 유발하지 않는 깨끗한 기술과 녹색환경산업의 중요성을 부각하며 각국은 이를 장려하기 위해 전력을 기울이는 것이다. 이러한 노력들이 이루어지기 위해서는 환경문제에 대한 경각심도 필요하지만, 더 근본적으로는 자신이 살아가고 있는 터전에서 어떻게 평화롭게 관계할 것인가에 대한 질문과 고민이 함께 이루어져야 할 것이다.

4) 저출산 고령사회

인구변천에 관한 세계적인 문제는 1960년을 전후로 발생한 인구의 빠른 증가이다. 조선 말까지 한국의 인구는 높은 사망률과 높은 출생률로 안정되어 있었다. 그러나 1920년 이후 과학과 의학의 발전은 사망률을 낮추었고 인구는 급격히 증가했다. 특히 한국전쟁을 전후로 미루어졌던 결혼의 성사로 '베이비 붐(baby boom)' 현상이 일어나 출생률은 더욱 증가했다. 한국전쟁 당시 먹을 것이 부족했던 시절 전통적인 남아선호 사상 때문에 여아보다는 남아에게 먹을 것을 더 챙겨 주고, 장남에 대한 차별이 강했기 때문에 남녀 구성비는 많은 차이가 있었으며 여아의 사망률 또한 높았다.

그리고 정부의 가족계획 사업도 인구 변천의 한 요소로 작용하였다. 1950년대까지만 해도 가족계획운동은 '각자 알아서 알맞은 수의 자녀를 낳자'였으나 가족계획협회가 창립되면서부터 산아제한이 시작되었다. 1962년에는 '덮어놓고 낳다 보면 거지꼴을 못 면한다'는 슬로건이 등장했고, 1966년에는 '3 · 3 · 35운동'이라고 해서 3명을 3살 터울로 35세 이전에 낳자는 운동이 전개됐다. 이것은 점차 출산 감소를 나타내는 데 큰 역할을 했다. 1970년대에는 '아들 딸 구별 말고 둘만 낳아 잘 기르자'라는 표어로, 1980년대에는 '하나씩 낳아도 삼천리는 초만원', 1982년에는 '둘도 많다. 하나 낳고 알뜰살뜰'이라는 캠페인 아래 피임기구 사용의 확대로 산아제한에 대한 사회적 인식이 확산되었다.

그러다가 2004년에는 '아빠! 하나는 싫어요, 엄마! 저도 동생을 갖고 싶어요'(보건복지가족부, 2008)로 출산을 장려하는 내용으로 전환하게 되었다. 이와 같은 국가정책에도 불구하고 2020년 발표에 따르면, 우리나라의 출산율은 0.92명으로 OECD 국가 중에서 최하위로 나타났다〈그림 2-1〉. 이러한 사회문화적 변동은 현재 저출산과 고령사회라는 현대사회의 가장 중요한 쟁점이 되었다.

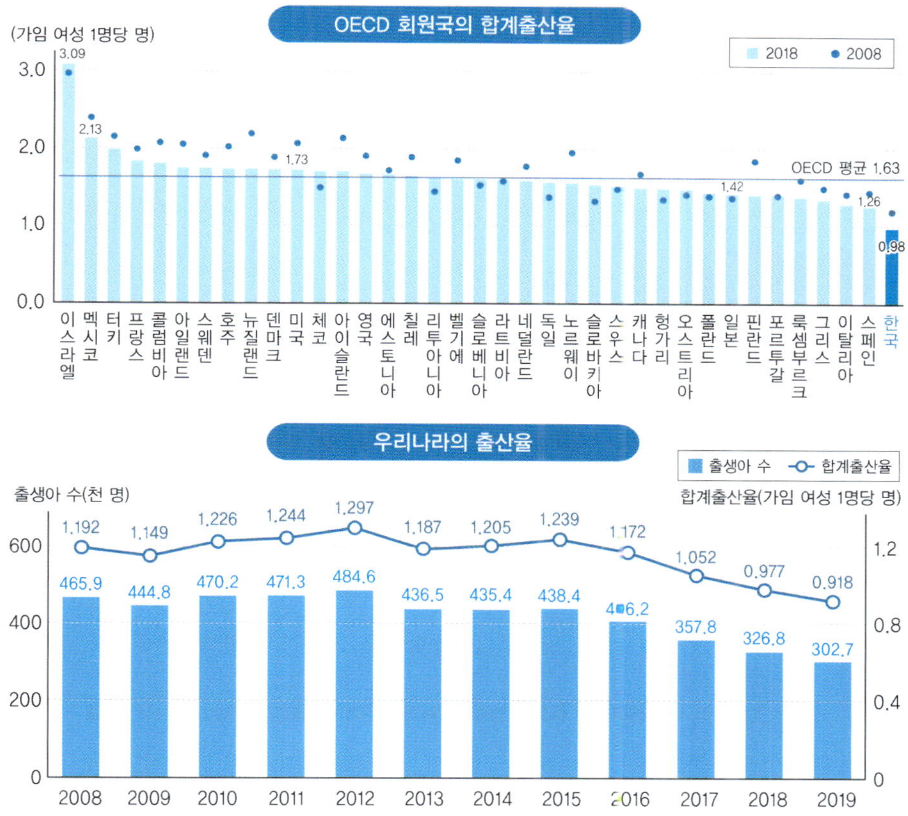

그림 2-1. 우리나라의 출산율

출처: 통계청(2020). 2019년 출생 통계.

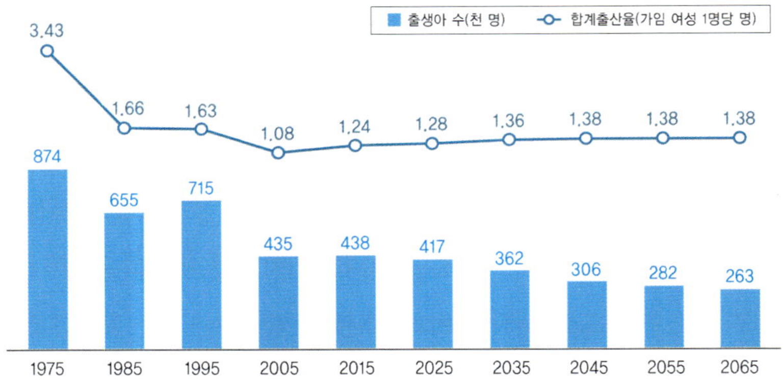

그림 2-2. 출생아 수와 합계출산율

출처: 통계청(2017). 인구로 보는 대한민국.

〈그림 2-2〉에서 보는 것과 같이 1975년 출생아 수는 87.4만 명이 넘었지만 2005년에 약 43.5만 명으로 급격하게 감소하였고 2065년까지 점차적으로 감소할 예정이다. 그리고 여성 한 사람이 가임기간 동안 낳을 것으로 예상되는 평균 출생아 수를 의미하는 합계출산율(%)은 2001년 이후 최저출산율(1.3명 이하) 수준이 지속되고 있는 상황으로 보고되고 있다.

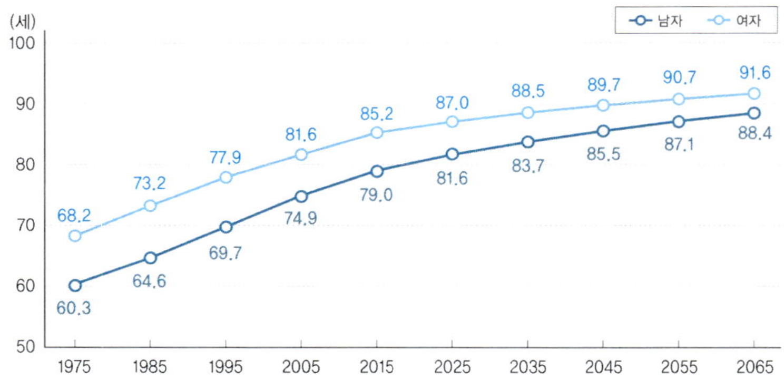

그림 2-3. 기대수명

출처: 통계청(2017). 인구로 보는 대한민국.

출생아 수와 합계출산율은 점차 줄어들고 있지만, 반대로 기대수명은 증가할 것으로 예상되고 있다〈그림 2-3〉. 2065년에는 여자는 91.6살, 남자는 88.4살로 최근에는 증가 추세가 크게 둔화되고 있지만, 전반적으로 평균수명이 길어지는 것을 볼 수 있다. 따라서 고령화는 더 심해질 것으로 판단된다〈그림 2-4〉.

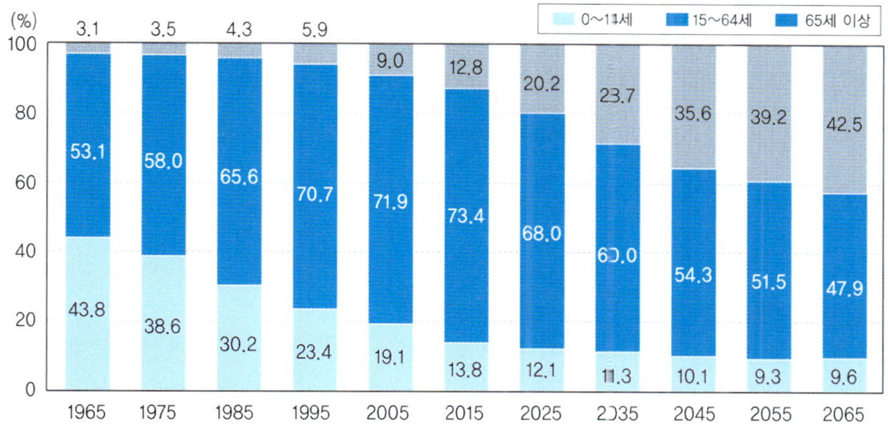

그림 2-4. **연령계층별 인구구성비**

출처: 통계청(2017). 인구로 보는 대한민국.

앞에서 살펴본 〈그림 2-2〉와 〈그림 2-3〉을 통해서 연간 출생아 수는 줄어드는 반면, 평균 기대수명이 길어지면서 고령화 문제가 심해질 것을 유추해 볼 수 있다. 실제로 전체 인구 중 연령별 비중이 어떻게 달라지는지 연령계층별 인구구성비 자료를 보면, 그 차이를 쉽게 확인할 수 있는데, 2015년 대비 2065년 고령인구 비중은 4배 정도 증가하고 유소년인구 비중도 2015년 대비 59% 수준으로 감소할 것으로 예측된다〈그림 2-4〉. 생산 가능한 인구 비중이 줄어드는 것은 국가의 생산력, 경제력이 낮아지고 유소년과 고령인구 복지에 대한 부담이 커지는 것을 의미한다.

우리나라는 일본에 이어 세계에서 두 번째로 노인이 많은 나라이다. 2019년 현재 우리나라는 노인인구비율이 15% 정도(고령사회)인데 2050년에는 38%로 높아질 것으로 예상되고 있다. 한국은 이미 인구 고령화 현상을 경험하고 있는데, 저출산과 결혼률의 감소가 그 원인이다. 산업화, 도시화 정책은 저출산율과 저사망률로 노인 인구의 증가 등 인구 변천을 나타내 가족구성원에도 변화를 가져왔다.

이와 같이 인구변천은 사회, 경제, 정치적인 상황들과 연결되어 소가족, 핵가족, 해외 이민 등 가족구성 체계에도 변화를 가져왔다.

2. 현대사회와 평생교육경영

평생교육경영은 현대사회의 특징과 변화 양상을 고려한 평생교육기관 및 프로그램 운영의 유연화, 효율화 및 적합성을 강구하는 활동이라고 할 수 있다. 특히 현대사회의 맥락과 변화 양상에 따라 평생교육에 대한 요구에 부응하는 평생교육기관 및 프로그램 변화를 도모하는 적극적이고 공격적인 경영활동이 요구된다(교육부, 국가평생교육진흥원, 2021; 김진숙 외, 2018).

지금까지 현대사회의 특징으로 4차 산업혁명 시대, 세계화 사회 및 저출산 고령사회에 대해 살펴보았다. 이런 현대사회의 특징을 기반으로 앞으로의 평생교육경영에 대해 살펴보고자 한다(국가평생교육진흥원 2021).

첫째, 교육에서의 디지털화와 교육의 변화 속도를 높여야 한다. 인류의 번영은 교육과 기술 간의 경주에 달려 있다. 교육이 기술에 뒤지면 고통으로, 앞서면 번영으로 간다.

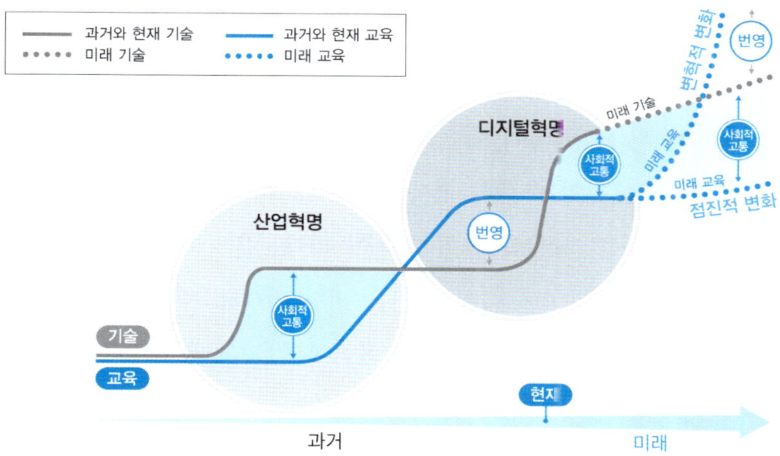

그림 2-5. **교육과 기술 간의 경주**

출처: OECD(2019). OECD Future of Education and Skills 2030 OECD Learning Compass 2030.

〈그림 2-5〉에서 보듯이 산업혁명으로 기술혁명이 일어났지만 교육은 제자리였기에 1차 사회적 고통이 발생했다. 1800년대의 산업혁명은 혁명의 혜택을 받은 사람들과 그렇지 않은 사람들 사이에 분열을 만들었다. 그 결과 사회 차원에서 '사회적 고통'의 시기가 있었다. 하지만 보편적이고 의무적인 공립학교의 출현으로, 교육에 대한 접근이 향상되어 더 많은 사람들이 산업혁명에 기여하고 혜택을 누린 '번영'의 시대가 왔다. 그런데 이어서 디지털혁명이 일어났으나 교육혁명은 일어나지 않아서 사회적 고통이 확대되고 있다. 즉, 기술 세계는 디지털 전환(digital transformation) 시대로 가는데 교육은 '19세기의 교실에서 20세기의 교사가 21세기의 학생들을 가르치는 상황'에 비유된다. 우리의 교육은 기로에 서 있다. 미래교육은 점진적 변화가 아닌 변혁적 변화를 해야 하며, 변화의 속도를 높여서 디지털 전환으로 대표되는 미래기술의 변화를 추월해야 한다. 그래야 우리 사회는 번영으로 갈 수 있다. 즉, 디지털 뉴딜을 교육에 접목해

야 할 필요성을 말해 준다.

둘째, 세계화 및 다문화사회에 접어들면서 평생교육기관은 어학교육, 한국어교육, 다문화 이해 및 지원을 위한 프로그램 등 여러 프로그램이 개발 운영되고 있다. 예를 들어, 각종 어학원에서의 외국어 학습, 학점은행제를 통한 한국어 교사자격증 취득, 대학 또는 교육청 등에서의 다문화 평생교육 프로그램 등이 운영되고 있다. 따라서 어학교육, 한국어교육 및 다문화 관련 교육이 확대·운영되어야 한다.

셋째, 고령화사회를 지향함에 따라 노인을 위한 평생교육기관 및 프로그램에 대한 관심도 증가하고 있다. 노인을 위한 평생교육은 노인복지관, 대학평생교육원, 평생학습관, 종교기관 등에서 여러 형태로 실시되고 있다. 그 내용은 교양, 취미, 사회 참여, 웰빙 및 웰다잉 등에 걸쳐 다양하다. 따라서 노인 관련 교육이 확대·운영될 필요성이 있다.

넷째, 인문학이 각광받고 있는 시대에서 평생교육도 도서관, 대학, 관광서, 기업 등 여러 공공 및 민간 기관에서 다양한 인문학 강좌나 아카데미를 개설하여 운영하고 있다. 따라서 인문학 강화, 교육 프로그램이 개발·운영될 필요성이 있다.

다섯째, 그린 뉴딜과 지속가능발전목표4(SDG4)인 양질의 평생교육과 관련하여 생태주의 교육을 강화해야 한다. 이 분야의 권위자인 최재천 교수는 최고의 백신은 화학백신이 아니라 생태백신이라고 한다. 생태백신, 행동백신은 교육백신이며, 이는 인류 발전의 귀결점인 지속가능발전목표(SDGs)와 통한다. 교육 면에서 가장 중요한 SDG4는 '포용적이고 공평한 양질의 교육 보장과 모두를 위한 평생학습 기회 증진'을 목표로 한다는 점에서 생태백신과 생태교육 차원에서 SDG4를 교육목표로 추구해야 할 것이다.

여섯째, 디지털 대전환 시대의 도래에 따른 사회적 양극화를 줄여야 한다. 요즘 디지털 대전환과 함께 디지털 문해(digital literacy), 디지털 격차(digital divide), 디지털 뉴딜이란 말이 회자되고 있다. 우리 사회에는 여전히 디지털로 커버되지 않은 영역, 또 디지털로 살아갈 수 없는 계층이 상당히 존재한다. 이러한 디지털에 접촉이 어려운 대상은 더 어려운 상황에 직면할 수 있다.

일곱째, 현대사회는 인터넷, SNS, 스마트폰 등에서 만들어지는 빅데이터를 경영, 교육, 금융, 공공관리 등에 적용하여 효과적이고 적시적인 문제 진단과 의사결정을 강조하고 있다. 이에 따라 평생교육도 데이터 처리와 분석을 감당하는 빅데이터 전문인력 양성이나 그것을 증명하는 자격증 취득 등을 강조하는 프로그램이 개발 운영 중에 있다. 예를 들어, 한국데이터베이스진흥원(http://www.dbguide.net/index.db), 경기도(http://www.dbguide.net/bigfi.db)에서 실시하는 빅데이터 전문인력 양성과정과 한국경제신문이 실시하는 경영빅데이터 분석사 자격증 시험과 그와 관련된 전문 교육 과정 등을 예로 들 수 있다.

여덟째, 평생학습의 장으로서 가정을 활성화해야 한다. 코로나 때문에 '저녁이 있는 삶, 가정이 있는 삶'이 가능하게 되었다. 산업화와 도시화와 함께 빼앗기고 분화된 가족의 기능이 복구되고 회복되고 있다. 재택근무와 재택교육으로 가족의 생산기능과 교육기능이 어느 정도 돌아오면서 가족이 사회 제도 가운데 중심의 위상을 차지해 가고 있다. 가정은 기본적으로는 의식주 기능을 담당하는 곳이지만, 나아가 가정이 학교이고, 직장이고, 놀이터이고, 체육관이다. 이제 교육은 제약적 학교교육에서 벗어나 언제 어디서 누구나 누리는 열린 평생학습으로 전환하고 있다. 그 중심에 가정이 있다. 따라서 가정 평생학습에 정책적 관심을 보일 필요가 있다.

3. 평생교육을 위한 지식경영

지식정보사회를 지향하면서 경영에서 지식경영과 관리를 강조하고 있다. 지식경영은 조직에서 구성원들이 갖고 있는 지식과 정보를 공유하고, 새로운 지식을 창조하도록 장을 만들어 주는 것을 말한다. 다시 말해 지식경영은 기업 가치 향상을 위한 경영 전략으로서 조직 내에 존재하는 다양한 조직의 총체적 지식 자본을 정보 기술을 활용해 추출하고, 조직 내에서 공유하고, 공유한 지식을 활용해서 기업이 봉착한 문제를 해결하고, 기업 경쟁력을 제고하며, 이를 통해 기업의 가치를 향상시키는 경영전략을 말한다(노규성, 2014).

1) 지식의 개념

지식의 사전적 정의는 사물을 아는 마음의 작용, 알고 있는 내용이나 알려진 일, 인식을 통해 얻어진 성과를 의미한다. 찰스 등(Charles et al., 1994)은 그들의 저서인 『Future Work(1994)』를 통해 지식이 지녀야 할 특성 6가지에 대해 〈표 2-4〉와 같이 주장하고 있다.

표 2-4. **지식이 지녀야 할 특성**

구분	내용
응용성 (실용성)	지식은 응용할 수 있거나 실용적이어야 한다는 것이다. 이는 지식은 이전에 응용되어 왔던 특성들을 수반하는 정보이며, 큰 노력 없이 곧 바로 응용 가능함을 의미한다.
전후관계	지식은 전후관계(contextual)가 있다. 즉, "지식은 그 자체로 창조되어 존재하는 것이 아니라 전후관계 속에서 특별한 단편적인 지식에 적절한 학습과 경험이 있을 것이다"라고 추정한다는 것이다.
경험	지식은 경험적(experiential)인 것이다. 즉, 지식은 정보를 가지고 실생활의 문제에 실제로 부딪힘으로써, 그리고 이것을 테스트함으로써, 재(再)정의 함에 의해 얻어지는 것이다.
역사성	지식은 역사적인 것이다. 지식은 기억을 지닌 정보, 즉 역사를 가지고 있으며 시간을 더하며 개발되어 왔고 토론되어 왔다는 것을 말한다.
공공성	지식은 공공적인 것이다. 이는 상호활동 안에서 공동으로 일을 행하는 방법, 말하는 방법, 신념, 가치를 개발하고 나누는 비공식적 집단을 실행의 공동체라 할 때 이러한 조직체 안에서 대화를 통한 지식의 획득과 교환이 중요하게 되었다는 것이다.

구분	내용
개인성	지식은 개인적인 것이다. 학습은 행위 안에서, 공동체 사람들과의 상호 작용 안에서 발생한다. 그러나 마지막에도 지식은 일을 수행하는 근로자의 생활 안에서 차이점을 만들어야 한다는 것이다.

21세기는 지식의 중요성이 더해 가며 지식이 모든 부를 창출하는 원천이 되며 권력은 자본 소유자가 아니라 지식 소유자로 넘어가고 있다. 토플러(Toffler, 1989), 드러커(Drucker, 1997), 투로우(Thurow, 1997) 등의 미래학자들은 21세기의 무형자산, 특히 '지식'이 경제활동 전면에 부각될 것임을 강조했고 물질적 유형자산을 중심으로 이루어졌던 과거의 경제 및 산업구조는 이제는 인간의 창의적 아이디어와 상상력을 매개로 창출되는 지식중심으로 바뀌어 갈 것이라고 주장하고 있다. 즉, 앞으로의 시대는 단순한 정보화의 시대가 아니라 기존의 정보에 새로운 아이디어나 상상력을 첨가하여 새로운 지식을 창출하고 적용하는 시대가 될 것이다. 한마디로 지식사회로의 변화가 도래되고 있는 것이다.

2) 지식경영

이런 관점에서 지식경영이라는 개념이 국제사회에 등장한 것은 1986년 유엔 국제노동기구(International Labor Organization: ILO)가 후원해서 열린 유럽 경영컨퍼런스에서 '지식경영: 새로운 기회의 전망(management of knowledge: perspectivesa new opportunity)'을 주제로 선택하면서이다. 지식경영이란 전혀 새로운 개념이 아니라 과거에도 여러 분야에서 사용되어져 왔으며 시간이 흐르고 시대가 변하면서 지식을 가장 중요한 경영자원으로 활용하고자 하는 움직임이라고 할 수 있다.

지식경영은 조직이 지니는 지적 자산뿐만 아니라 구성원 개개인의 지식이나 노하우를 체계적으로 발굴하여 조직내부의 보편적인 지식으로 공유하고, 이의 활용을 통해 조직혁신을 촉진하고 성과를 제고하며 조직 전체의 경쟁력을 향상시키는 경영이론이라고 할 수 있다.

지식경영은 연구자들이 강조하고 있는 측면에 따라 크게 네 가지로 분류할 수 있는데, 첫째가 지식의 창조 및 활용의 측면이고, 둘째가 프로세스를 통한 지식의 관리적 측면, 셋째가 지적 자본의 활용 측면, 넷째가 정보 기술의 관리 측면이다(조영복, 2005).

지식경영은 조직의 구성원들이 새로운 지식을 끊임없이 창출하거나 기존 지식을 축적하며 공유하는 과정으로 볼 수 있는데, 이는 지식을 조직의 자원으로 관리하는 단순한 프로세스가 아니라 조직의 핵심 경쟁역량을 제고하기 위한 여러 조직관리 구성요소, 즉 핵심요인이 복합적으로 연계된 전략적 관리체계로 이해하는 것이 바람직하다(황운순, 2001).

따라서 지식경영은 지식경영 핵심요인(Core Factor)들이 상호 긴밀하게 연관되어야 조직 내에 성공적으로 정착할 수 있다. 실제 기업들에서는 조직의 특성과 역량에 따라 핵심요인이 달라질 수 있다. 특히 조직의 외적·내적 상황과 지식경영 전략에 따라 구현되는 지식경영 핵심요인과 수준이 달라질 수 있다(김대홍, 염택선, 1998; 유영만, 1999; 이범홍, 한인구, 1998; 이용균, 하형태, 2000).

표 2-5. 지식경영을 위한 구성요소

구분	내용
인적 자산	인적 자산이란 조직구성원이 보유하고 있는 지식과 개인적인 능력, 경험, 스킬, 노하우 등의 결합체이고 구성원들이 공유하고 있는 조직의 경영철학과 가치관 등의 문화적인 요소도 인적자산에 포함된다. 인적 자산과 관련하여 중요하게 고려해야 할 요소는 단순히 지식을 보유하고 있느냐 보다는 변화하는 환경에 대한 역동성을 갖추었는가 하는 것이다. 즉, 조직구성원이 자신의 기술을 향상시키고 향상된 기술이나 노하우가 조직 전체적으로 공유되고, 조직 자체가 지식의 습득을 장려하는가가 중요하며, 좋은 인적 자산이란 창의성과 혁신성을 갖춘 자산이다. 여기에는 자기계발을 하는 정도, 업무능력, 대인관계 능력이 주요 요인으로 간주된다.

구분	내용
구조적 자산	구조적 자산은 인적 자산을 뒷받침하고 지지해 주는 간접자산의 역할을 한다. 구조적 자산에는 조직의 구조와 경영시스템, 정보기술시스템의 질적 수준과 범위, 특허, 등록상표, 판매상의 각종 노하우, 고객정보를 담고 있는 데이터베이스, 다양한 업무 관련 매뉴얼, 저작권과 같은 지적재산권이 포함되며 이에 대한 소유권은 조직이 가지게 된다. 구조적 자산의 목적은 지식의 흐름을 저장하고 그것을 개선하는 것이다. 구조적 자산은 조직이 업무를 수행하고 혁신하는 데 도움을 주는 경우에 자산이 되나 업무수행을 방해한다면 부담이 될 뿐이므로 정보의 홍수를 일으키지 않도록 '밀어 넣은' 정보와 '끄집어 낸' 지식을 구별하는 것이 필요하다. 구조적 자산이 효율성을 극대화하기 위해서는 어디에 누구에게나 정보를 뿌려 대기보다는 필요할 때 끄집어낼 수 있는 곳에 정보를 두도록 설계되어야 한다. 구조적 자산에는 공유문화, 정보기술, 지식경영전략, 프로세스가 포함된다.

Chapter 03

평생교육정책과 제도

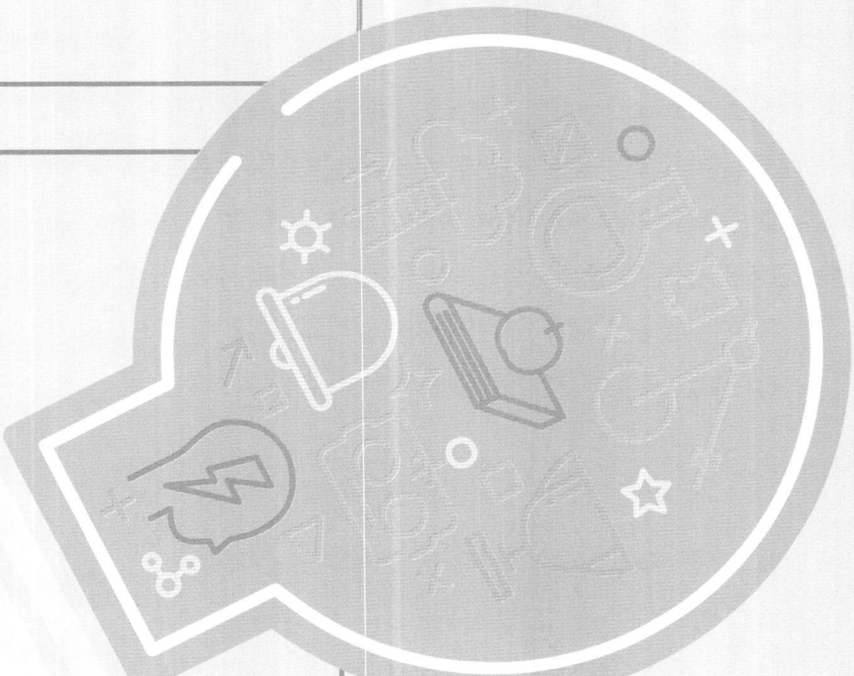

배울내용

1. 교육정책의 이해
2. 주요 평생교육정책
3. 평생교육제도
4. 평생교육사

학습목표

1. 교육정책의 개념과 모형을 숙지한다.
2. 교육정책결정의 과정을 파악한다.
3. 주요 평생교육정책의 특징들을 파악한다.
4. 평생교육제도의 변천사를 이해한다.
5. 「평생교육법」에 대해 이해한다.
6. 평생교육사의 개념과 등급 및 자격요건을 파악한다.

CHAPTER

03 평생교육정책과 제도

1. 교육정책의 이해

1) 교육정책의 개념과 모형

(1) 교육정책의 개념

일반적으로 정책에 대한 정의는, 첫째, 대부분의 사회구성원과 관련 있는 시급한 문제들을 권위적으로 해결함으로써 생활의 질과 공익을 향상시키고자 하는 정부 및 공공기관의 미래 지향적인 활동지침 또는 활동목표로 정의되고 있으며(유훈, 1990), 둘째, 정책이란 바람직한 사회 상태를 이루려는 정책목표와 이를 달성하기 위해 필요한 정책수단에 대해 권위 있는 정부기관이 공식적으로 결정한 기본 방침이며(정정길, 2000), 셋째, 정책은 권위 있는 정부기관이 당위성에 입각해 의도적으로 사회문제의 해결이나 공익을 달성하기 위해 정책목표를 세우고, 정책대안을 탐색해 공식적인 정치·행정적 과정을 거쳐 최선의 대안을 선택한 행동지침 혹은 행동방침으로 정의되고 있다(채경석 외, 1996).

이와 같은 정책의 정의를 종합해 보면, 정책은 공적으로 인지된 문제해결을 위한 정부의 지속적인 의사결정이라고 할 수 있으며, 이와 같은 정책은 〈표 3-1〉과 같은 구성요소를 가지고 있다(류지성, 2007).

표 3-1. 정책의 구성요소

구분	내용
정책의도	정책의도(policy intentions)는 정책집행을 통하여 성취하고자 하는 실질적 목적이다. 정책의도와 정책목표의 구별은 중요하다. 왜냐하면 정책의 성패는 정책목표의 성취 정도에 따라 달라지기 때문이다.
정책목표	정책목표(policy goals)는 정책을 통해 성취하고자 하는 공식화 과정을 거쳐 문서로 표명된 정책산출을 뜻한다. 여기서 공식화 과정이란 정부에 의해 발의된 정책이 입법부에 의해 비준되는 것을 의미하며, 이것은 정부의 행정 업무 수행, 즉 정책집행의 포괄적 지침이 된다. 따라서 정책의도와는 구별된다.
정책제안	정책제안(policy proposals)이란 정책목표를 성취시키기 위한 구체적 수단을 정책결정 집단에게 추천하는 것을 말한다. 일반적으로 정책제안은 정책대안의 검토와 비교를 통해 최선의 문제해결 방안을 찾아내는 것이다. 정책제안이 타당하려면 논리적이며 체계적이고 비판적이어야 한다.
정책수단	정책수단(policy instruments)은 공식화 과정을 거친 정책목표를 성취시키기 위해 고안된 프로그램이나 프로젝트를 뜻한다. 즉, 정책수단이란 정책목표를 성취시키고자 구체화되고 세분화된 실행계획이며 이것은 프로그램이나 프로젝트의 형태를 가지게 되고, 세분화된 정책수단들은 우선순위에 의해 집행된다.
의사결정	의사결정(decisions-making)은 정책을 구성하는 중요한 요소로서 정책목표를 성취시키기 위한 구체적인 대안을 최종 결정하는 것이다. 의사결정은 정책결정뿐만 아니라 결정된 정책을 실현시키기 위한 계획을 수립하는 과정, 정책을 집행하는 과정, 정책을 평가하는 과정에서도 지속적으로 나타난다.
정책효과	정책효과(policy effects)는 결정된 정책을 집행해 나타난 결과이므로 의도한 결과, 의도하지 않은 결과, 혹은 본질적 효과, 부수적 효과 등으로 나눌 수 있다. 따라서 정책은 얼마나 의도한 결과를 초래했는지를 평가를 통해 측정하며 의도하지 않는 결과는 정책의 수정, 보완의 대상이 된다.
정책대상 집단	정책대상 집단(policy target groups)은 특정 정책에 의해 영향을 받는 부류의 집단이나 사람을 말한다. 정척대상 집단은 정책연구에 매우 중요한 부분을 차지한다. 일반적으로 정책목표가 설정되면 정책수단이 결정되며, 이 과정에서 정책대상 집단이 구체적으로 명시

구분	내용
	된다. 정책대상 집단은 특정 정책의 집행에 영향을 받는 만큼 정책이 전개되는 모든 과정에 매우 민감할 뿐 아니라 정치적 영향력을 행사해 자신들의 이해관계를 극대화하려고 한다.

이와 같이 정책은 현상의 문제를 해결하거나, 현재의 상태를 이상적 상태로 전환하기 위해 실시하는 것이다. 이때 문제를 문제로 인식하거나 현재의 상태에서 이상적 상태를 구체화하는 것은 가치, 이념 등이다. 이러한 가치, 이념 등에 기반하여 구체적으로 문제를 해결하고 이상적 상태로 전환하기 위한 법과 제도 등을 구축하게 된다. 정책의 의미와 구성 등은 평생교육의 개념, 평생교육 관련법과 제도, 평생교육 사업과 프로그램의 선순환 체제분석에 시사점을 제공한다.

(2) 교육정책 결정모형

평생교육정책 결정모형은 정책목표 달성을 위해 여러 대안 중 최선의 대안을 선택하고 결정하는 접근 관점과 절차 및 방식을 제시한다. 이러한 교육정책 결정모형을 합리적 모형, 만족화모형, 점증모형, 혼합관조모형, 최적모형, 쓰레기통모형으로 구분하여 살펴보면 〈표 3-2〉와 같다.

표 3-2. **교육정책 결정 모형**

구분	내용
합리적모형	이 모형은 의사결정이 합리적이어야 한다고 가정하는 고전적 모형이다. 즉, 정책목표 달성을 극대화시키기 위한 최선의 대안을 추구함으로써 최적화 전략을 탐색하고자 하는 접근이다. 이 모형에서 제시한 정책결정 과정은 문제확인, 목적과 세부목표 설정, 모든 가능한 대안 마련, 각 대안의 결과 고려, 최선의 대안 선택, 정책결정, 집행 및 평가 등으로 구분한다.
만족화모형	이 모형은 제한적 합리적 모형이라고도 한다. 즉, 인간의 비합리성, 한계성, 상황의 제약 등으로 최적의 대안을 선택할 수 없으므로 일단 만족할 수 있는 정도의 일정 수준을 정해 두고 대안을 탐색해 가면서 결정하는 것이다.

구분	내용
점증모형	이 모형은 각 상황에 맞게 정책결정을 하는 것이 중요하다고 보는 입장이다. 따라서 문제가 복잡하고 불확실하며 갈등이 많을 때 효과적이다. 또한 현재의 상황과 유사한 매우 제한된 몇 가지 대안에 대하여 의사결정자가 상당한 수준까지 동의를 하게 될 때까지 그 결과를 지속적으로 비교함으로써 결정하는 것이다.
혼합관조모형	이 모형은 합리적모형과 점증모형을 혼합한 절충 모형이다. 이것은 기본적인 방향설정과 같은 것은 합리성 모형에 의해, 기본방향이 설정된 후의 특정문제는 점증모형에 의해 결정하는 것이다.
최적모형	이 모형은 정책결정이 합리적인 고려만으로 이루어지지 않고 초합리적인 것, 예를 들어 직관, 판단, 창의와 같은 사고의 개입으로 결정하는 것이다. 따라서 이 모형은 정책결정의 방법, 결정 후의 평가, 피드백 등에 의한 결정능력의 향상을 위해 계속적으로 노력한다면 최적의 수준에 이를 수 있다고 가정한다.
쓰레기통모형	이 모형은 문제, 해결책, 참여자, 선택기회가 독립적으로 서로 다른 시간에 통 안으로 흘러들어와서 하나의 산물로 될 때 결정된다는 입장이다. 즉, 문제와 해결책이 섞여 있다가 우연히 하나의 해결책이 선택되어 결정이 이루어지는 것을 강조하는 것이다.

2) 교육정책 결정의 과정

도르(Dror)는 정책과정을 크게 정책 결정 전 단계(meta-policy making stage)와 정책 결정 단계(policy making stage), 그리고 정책 결정 후 단계(post-policy making stage)로 나누고 이들을 다시 각각 18개의 국면(局面)으로 나누어 설명하고 있다. 즉, 도르의 적정화(適正化) 모형은 정책과정 전체를 투입−과정−산출의 관점에서 정책과정의 합리성을 추구하고 있는 종합적인 모형이다〈표 3-3〉.

표 3-3. 도르의 정책과정의 모형

정책 결정 전 단계	→	정책 결정 단계	→	결정 후 단계
• 가치 처리 • 현실 처리 • 문제 처리 • 조사, 처리 및 자원개발 • 정책 구안, 평가, 재구안 • 문제, 가치 및 자원할당 • 정책결정 전략 결정	→	• 자원의 재할당 • 목표 설정 • 주요가치 설정(우선순위) • 대안 작성 • 대안의 효과 및 비용 예측 • 대안의 효과 및 비용 비교 • 대안의 평가 및 최적안 선정	→	• 정책집행 동기화 • 정책의 집행 • 정책집행 결과 평가

그리고 존슨(Johns)도 정책과정을 거시적(巨視的)인 관점에서 국가의 정책수립에 초점을 맞추고 다섯 가지 단계를 제시하고 있다〈표 3-4〉. 먼저 문제규명 단계에서는 문제상황과 국민의 욕구를 파악하여 문제해결을 위한 대책을 수립하는 기반을 형성하는 활동이 포함되며, 둘째 단계에는 정책 내지 프로그램 개발 단계로서 문제를 해결할 수 있는 행동지침을 마련하고 채택하는 단계이다. 셋째, 정책 내지 프로그램 집행단계로서 형성된 정책을 문제상황에 실제로 적용하는 단계이며, 넷째 단계는 정책평가 단계로서 정책의 효과를 측정하고 측정 자체의 가치를 파악하는 활동을 수행하는 단계이다. 마지막은 정책의 종결단계로서 문제의 해결이나 욕구의 충족이 이루어지거나 다른 변화를 일으켜 활동이 종료되는 단계이다.

표 3-4. 존슨의 정책과정

체 제	기능적 활동	정부에서의 구분	산 출
문제확인	지각, 정의, 통합, 조직, 대표	정부의 문제	요구에 대한 문제
정책개발	형성, 합법화, 예산 충당	정부의 활동	예산 신청
정책집행	조직, 해석, 응용	정부의 실천	서비스, 지출, 시설
정책평가	상세화, 평가, 분석	정부의 정책	정당화, 추천 등
정책종결	해결(종결)	문제해결 또는 변화	해결 또는 사회변화

이상에서 살펴본 바와 같이, 정책과정은 정책의 형성과 집행 평가과정을 통해 합리적으로 문제를 해결하는 절차라고 할 수 있다. 다시 말해 교육목표를 달성하기 위해 적정한 대안을 창출하고, 선택하여 이를 실천하고 그 성과 내지 목표달성 정도를 평가하는 일련의 과정이라고 할 수 있다.

2. 주요 평생교육정책

현재 우리나라에서 실시되고 있는 주요 평생교육정책에 대해 국가평생교육진흥원(2021)이 소개하고 있는 내용을 중심으로 살펴보면 다음과 같다.

1) 평생학습도시

평생학습도시는 개인의 자아실현, 사회적 통합증진, 경제적 경쟁력을 제고하여 궁극적으로 개인의 삶의 질 제고와 도시 전체의 경쟁력을 향상시킬 수 있도록 언제, 어디서, 누구나 원하는 학습을 즐길 수 있는 학습공동체 건설을 도모하는 총체적 도시 재구조화(restructuring) 운동이며, 동시에 지역사회의 모든 교육자원을 기관 간 연계, 지역사회 간 연계, 국가 간 연계시킴으로써 네트워킹 학습공동체를 형성하려는 지역시민에 의한, 지역시민을 위한, 시민의 지역사회 교육운동이다.

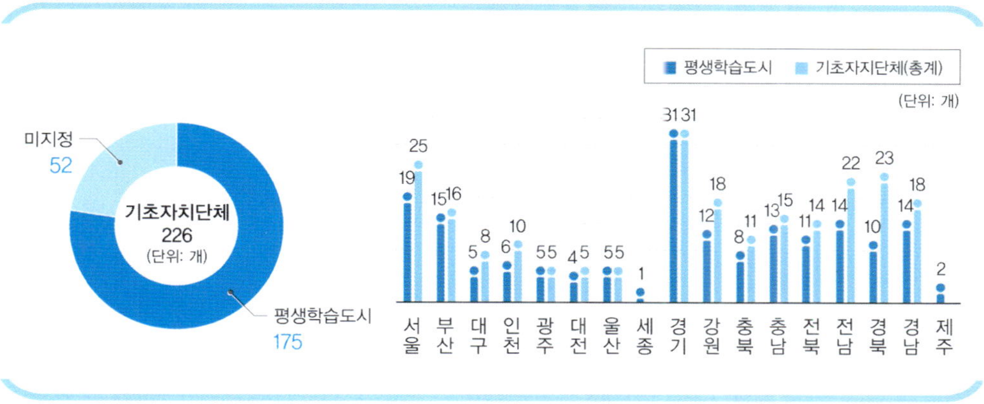

그림 3-1. 2020년도 평생학습도시 현황

출처: 국가평생교육진흥원(2021). 2020 평생교육백서.

2020년 현재 평생학습도시로 지정된 기초단체는 226개의 기초자치단체 중 175곳으로 77.43%의 현황을 보이는 것으로 나타났다(국가평생교육진흥원, 2021).

2) 평생학습계좌제 운영

평생학습계좌제는 「평생교육법」 제23조에 따라 국민의 다양한 학습경험을 온라인 학습계좌에 누적 관리하고, 이를 학력자격인정과 연계하거나 고용정보로 활용함으로써 학습이수 결과에 대한 사회적 인정 및 활용 기반을 확대하기 위한 제도이다. 평생학습계좌제 이용방법은 〈그림 3-2〉와 같다.

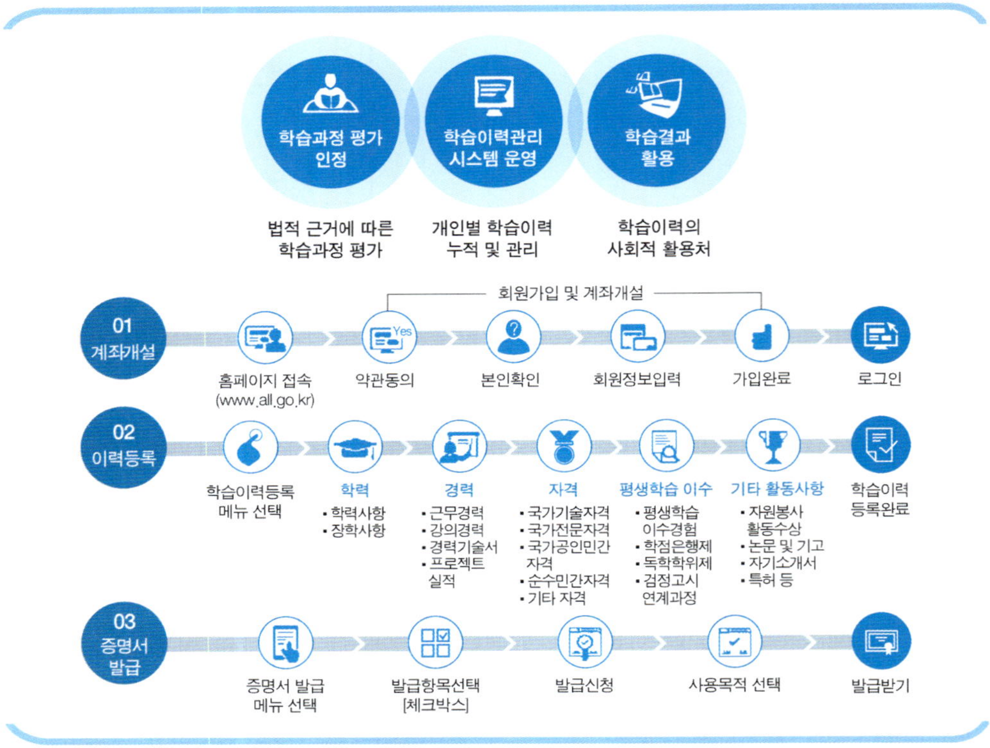

그림 3-2. 평생학습계좌제 이용방법

출처: 국가평생교육진흥원(2021). 2020 평생교육백서.

3) 초중등학력인정제

학력인정 평생교육시설은 1945년 해방 후, 학령기 학생을 정규학교에 수용할 수 있는 인프라가 조성되어 있지 못한 상태에서 해방 후 천막학교, 야학, (고등)공민학교 등 여러 형태의 시설로 운영되었다. 이는 1946년 미군정이 공민학교 설치 요령을 제정하여 공민학교를 설치한 것에 기원한다. 특히 1950년 한국전쟁으로 인하여 생겨난 전쟁고아를 이들 시설에서 수용하면서 급격히 늘어났다. 초창기 공민학교는 초등학교뿐만 아니라 다양한 공간에서 운영되어 초등학교 수보다 많았다. 공민학교는 소년과, 성년과, 보수과가 있었으며, 보수과는 1948년 고등공민학교 구정에 의해 고등공민학교로 개편되었다. 1949년 제정된 「교육법」에 의하여 공민학교와 고등공민학교도 학교의 유형으로 포함되었다. 또한 산업체 근로 청소년을 위하여 1977년 대통령령에 의거 산업체 부설 중·고등학교와 특별학급이 설치되었다.

이와 같이 다양한 형태로 존재하던 학교보완 교육시설은 1982년 「사회교육법」 제정으로 사회교육시설 설치 근거를 마련한 이래 2000년 「평생교육법」 발효로 평생교육시설로 명칭을 변경하였다.

학력인정 평생교육시설의 입학 자격은 초·중학교 과정은 해당 단계 교육을 받지 못하고 취학연령을 넘은 자로, 고등학교 과정은 고등학교 입학 자격이 있는 자로 규정하고 있다. 고등학교 과정에 입학이 가능한 자는, ① 만 16세를 넘은 자, ② 고등학교 입학 후 퇴학 등의 사유로 학업을 중단한 자, ③ 산업체에 근무하는 청소년으로 한정하고 있다.

학력인정 평생교육시설에 재학하고 있는 학생 수〈표 3-5〉는 2021년 4월 1일 현재 초등학교 892명, 중학교 5,097명, 고등학교 12,081명 등 총 18,070명이다. 이 중 24세 이하 청소년은 4,912명, 성인은 13,149명이다(국가평생교육진흥원, 2021).

표 3-5. 학력인정 평생교육시설 학생 수 (2021년 4월 1일 현재/단위: 명)

구분	재적생 수	성별		연령	
		남	여	24세 이하 청소년	성인
초	892	51	841	0	892
중	5,097	507	4,590	9	5,088
고	12,081	3,288	8,793	4,912	7,169
계	18,070	3,846	14,224	4,921	13,149

출처: 사)학력인정초중등고등학교전국연합회(2021). 내부자료.

4) 방송통신중 · 고등학교

방송통신중 · 고등학교는 방송 · 정보통신을 통한 수업을 중심으로 운영되는 정규 학교의 한 유형으로, 성인학습자와 사회 · 경제적 이유로 교육기회를 보장받지 못했던 교육 소외계층에게 중학교 또는 고등학교 학력을 취득할 수 있는 기회를 제공하기 위하여 설치되었다. 이는 「초 · 중등교육법」 제43조의 2(방송통신중학교) 및 동법 시행령 제75조의 2(방송통신중학교의 설치 · 운영)와 「초 · 중등교육법」 제51조(방송통신고등학교) 및 동법 시행령 제94조(방송통신고등학교의 설치)에 근거를 두고 공립 중 · 고등학교의 부설 형태로 설치 · 운영되고 있다. 방송통신중 · 고의 설치, 교육과정 · 방법, 수업연한과 입학자격 및 학력인정 등에 관한 세부적인 사항은 「방송통신중학교 및 방송통신고등학교 설치기준령」 및 동령 시행규칙으로 정하도록 하고 있다. 방송통신중 · 고의 비전 및 목표는 〈그림 3-3〉과 같다.

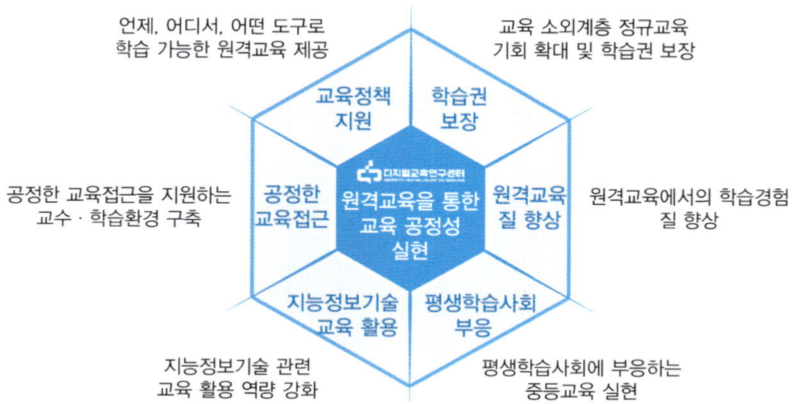

그림 3-3. **방송통신중 · 고의 비전 및 목표**

출처: 한국교육개발원(2020). 2020년도 방송통신중학교 운영사업 결과보고서.

그리고 방송통신중 · 고 운영사업의 추진 체계는 〈그림 3-4〉와 같이 교육부, 16개 시도교육청, 한국교육개발원 그리고 단위학교로 이루어져 있다. 이를 중심으로 방송통신중 · 고 운영사업에 대한 사업 심의 및 예 · 결산 심의를 담당하는 방송통신중 · 고 사업운영위원회, 방송통신중 · 고 학사운영 및 현안 문제 개선을 위한 교장협의회, 교무부장협의회가 운영되고 있다.

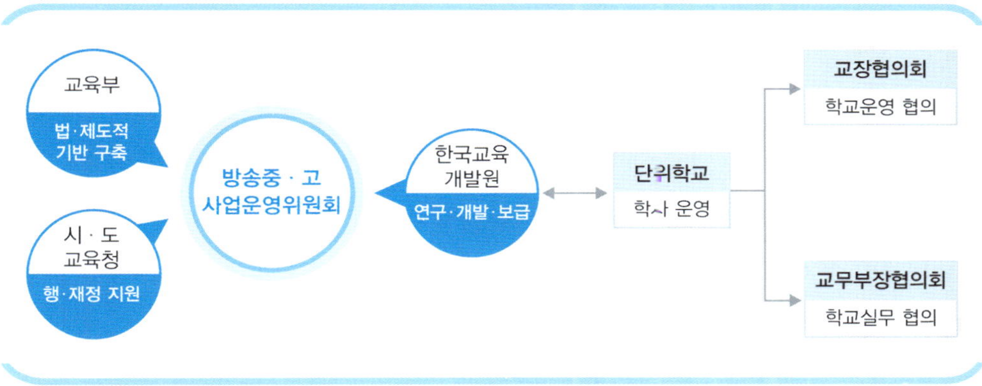

그림 3-4. **방송중 · 고 설치 · 운영 추진 체계**

출처: 한국교육개발원(2020). 2020년도 방송통신중학교 운영사업 결과보고서.

방송통신중 운영현황을 살펴보면, 2013년 광주와 대구 지역에 각 1개교가 최초로 설치된 이후 지속적으로 확대되어 왔으며, 2019년에 충남에서 1개교가 추가로 개교함으로써 2020년 기준 전국 16개 시도교육청에 총 24개교가 운영 중이며, 총 재학생은 2020년 4월 기준 4,865명으로 나타났다. 방송통신고는 1974년 서울과 부산의 11개 공립 고등학교 부설로 설치된 이후 2020년 현재까지 전국 16개 시도교육청(세종특별자치시 제외)에 42개교가 운영 중이며, 2020년 4월 기준 총 재학생은 9,902명으로 나타났다(국가평생교육진흥원, 2021).

5) 한국방송통신대학교

한국방송통신대학교는 「한국방송통신대학교 설치령」에 따라 1972년에 서울대학교 부설로 개교한 우리나라 최초의 국립 원격대학이다. 당시 설립목적은 원격교육 방식을 통한 고등교육 기회의 확대, 교양교육과 전문교육 실시를 통한 국민교육의 수준 향상, 개인의 성장 발달을 위한 평생교육의 확대와 발전, 국가의 필요에 따른 분야별 인재 양성으로 요약할 수 있다.

주요 연혁을 살펴보면, 한국방송통신대학교는 1982년 서울대학교에서 분리·독립하였고, 1991년 5년제 학사과정에서 4년제 학사과정으로 개편하였으며, 1996년 방송대학 TV(OUN)를 개국하였고, 1997년 평생교육원을 설립하였다. 1999년부터 방송대학 위성 TV 채널을 운영하였으며, 2001년부터 대학원에 4개 학과를 두어 운영을 시작하였다. 2012년부터 현재의 교육조직 형태인 학부 과정, 대학원 및 경영대학원, 프라임칼리지를 유지하고 있다. 또한 행정 부서로 3처(교무처, 학생처, 기획처), 1국(사무국), 1본부(교육정보화본부)를 두고 있다. 교육정보화본부는 기존의 정보전산원을 2020년에 개편한 것이다. 주요 지원 부서로 전국 13개의 지역 대학, 중앙 도서관, 강의 콘텐츠를 제작·배포하는 디지털미디어센터, 교재를 발간하는 출판문화원, 대학의 정책 전반을 연구하고 개발하는 원격교육연구소, 대학의 국제협력을 담당하는 국제협력단 등을 두어 한국방송통신대의 교육을 지원하고 대외협력을 확대해 가고 있다. 개교 이후 지난 48년간 약 73만 명에 이르는 졸업생을 배출한 한국방송통신대는 고등교육의 보편화, 인구구성의 변화, 디지털 기술의 발달 등과 같은 대외환경의 변화에 대응하기 위해 최근 다양한 변화를 시도하고 있다.

6) 평생학습 중심대학 지원

평생학습 중심대학은 인생 100세 시대, 베이비붐 세대의 창업 및 재취업, 노동시장 유연화 등 변화에 따라 대학이 지속적인 교육을 희망하는 평생학습자를 위해 맞춤형 평생교육을 제공하는 사업이다. 또한 인생 100세 시대, 평생학습자들이 인생 재도약 재설계를 할 수 있도록 학령기 중심의 대학 학사시스템을 평생학습자 친화적으로 개편하여 다양한 후진학 지원체제를 확충하고 생애단계별 맞춤형 교육서비스를 제공하는 사업이다.

대학 스스로가 자율적으로 학교 여건, 지역사회 수요 등의 특성을 고려한 다양한 시도를 통해 대학의 평생학습 운영 모델을 창출한다. 즉, 대학의 특성을 반영하여 평생학습자 친화적 교육체제를 마련 및 지역의 산업수요를 반영한 평생학습자 맞춤형 학습과정 운영을 지원한다.

- Ⅰ, Ⅲ유형(학위 · 비학위과정): 평생학습자 친화적 대학 체제 개편을 통해 다양한 후진학 · 후학습 기반 및 생애단계별 맞춤형 교육서비스, 평생경력개발 경로 지원
- Ⅱ유형(전문 · 희소분야과정): 전국에 흩어져 있는 소수 · 희소 계열(농업, 해양 수산 분야 등) 및 지역의 뿌리 산업(금형, 영접, 표면 처리 분야 등) 수요를 기반으로 대학의 특성화 분야와 연계하여 대학 간 컨소시엄 형태 운영 활성화
- Ⅳ유형(재직자특별전형과정): 재직자특별전형 시행 대학의 맞춤형 교육과정 개발 및 학업 보완 프로그램 운영 등 재직자를 위한 후진학 교육 여건 조성 · 지원

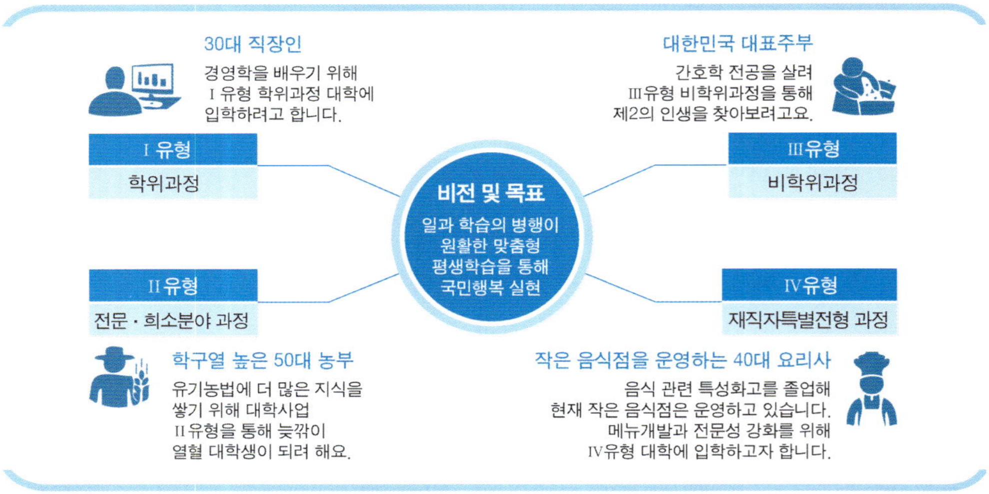

그림 3-5. 평생학습 중심대학 지원

출처: 국가평생교육진흥원(2021). 2020 평생교육백서.

7) 독학학위제

독학학위제는 독학자(獨學者)에게 학사학위 취득의 기회를 줌으로써 평생교육의 이념을 구현하고 개인의 자아실현과 국가 · 사회의 발전에 이바지하는 것을 목적으로 하는 대안적 개방형 고등교육제도이다. 1980년대 후반, 대학 진학을 원하지만 대학에 진학하지 못하는 성인들에게 대학 졸업자격을 부여받도록 하기 위한 획기적인 방안의 하나로 1990년 4월 「독학에 의한 학위취득에 관한 법률」이 제정되었다. 독학학위제는 고등학교 졸업자격을 갖춘 자가 자학자습을 통해서 학습을 진행하고 1~4 과정의 시험에 응시하여 합격하면 교육부 장관 명의의 학사학위를 수여하는 제도이다. 즉, 이 제도는 고등교육의 기회를 갖지 못하거나 학교를 중도에 탈락하는 등 사회적, 경제적으로 교육받기 어려운 환경에 처한 사람들에게 최소한의 비용으로 대안적인 고등교육의 기회를 보장하고, 시공간의 제약 없이 자기 주도적 학습 결과에 대하여 시험을 통해 검정

받을 수 있도록 함으로써 열린 평생학습사회 구현에 기여하고 있다.

독학학위제는 총 4개 과정의 시험(교양과정 인정시험, 전공기초과정 인정시험, 전공심화과정 인정시험, 학위취득 종합시험)으로 운영되며, 각 과정별 평가영역 및 응시자격은 〈그림 3-6〉과 같다.

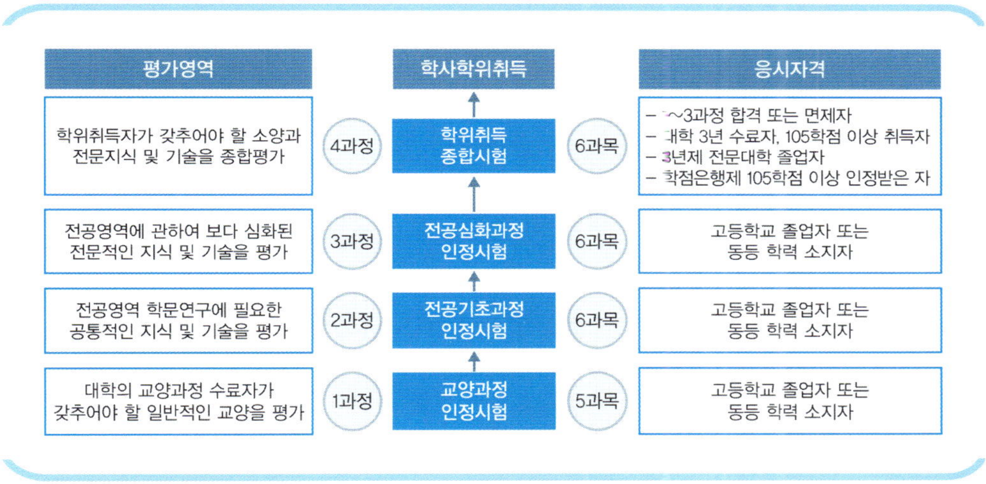

그림 3-6. 독학학위제 학위취득의 과정

출처: 국가평생교육진흥원(2021). 2020 평생교육백서.

독학학위제 시험 지원자는 2008년 국가평생교육진흥원 개원 이후, 학점은행제와의 연계 시행 등을 통하여 2008년 18,412명에서 2012년 38,476명으로 4년에 걸쳐 2배 이상 급격하게 증가하였다. 그러나 2013년 이후 지속적으로 감소 추세를 보이다가, 2015년 9월 「독학에 의한 학위취득에 관한 법률 시행령」의 개정을 통해, 기존의 응시자격을 고등학교 이상의 졸업학력이 있는 자는 누구나 1~3과정을 자유롭게 응시할 수 있도록 완화하여 시행(2016년 4월)함에 따라 지원자가 다시 증가하였으며, 2020년에는 2019년 대비 2.5%가 증가한 32,486명의 학습자가 시험에 지원하였다(국가평생교육진흥원, 2021).

8) 학점은행제

학점은행제는 학교에서뿐만 아니라 학교 밖에서 이루어지는 개개인의 다양한 형태의 학습과 자격을 학점으로 인정받을 수 있도록 하고, 학점이 누적되어 일정 기준을 충족하면 전문대학 또는 대학과 동등한 학위취득이 가능하게 하여 궁극적으로 열린학습사회, 평생학습사회를 구현하는 것을 목적으로 하는 제도이다. 즉, 학점은행제는 정규 고등교육의 한계를 다양한 측면에서 보완하고 있는 우리나라의 대표적인 개방형 평생학습제도이다.

학점은행제는 국민의 평생학습권 보장 및 학습경험의 다양화와 함께 고등교육을 수혜받지 못한 집단에게 고등교육 학력 취득 기회를 제공할 수 있는 대안적 방안이라는 점에서 의미가 있다. 또한 교육 부문 간 균형발전을 위하여 정규 학교교육 밖에서 이수한 결과를 제도적으로 인정하고, 교육력 극대화를 위하여 학교 밖 교육과 학교교육 간의 연계를 강화하고 있다.

평가인정학습과정	학점인정대상학교(전적 대학)
대학부설 평생(사회)교육원, 학원, 직업전문학교, 각종 평생교육시설 등에서 평가인정 받은 과목	제적 혹은 졸업한 전문대학 및 제적한 4년제 대학에서 이수한 학점 ※ 졸업한 4년제 대학에서 이수한 학점은 인정받을 수 없음
시간제등록	**자격**
대학(전문대학 및 사이버대학 포함)에서 일반인에게 해당 학교의 수업을 이수하게 하는 제도로서 각 학교의 학칙에 의거하여 운영	교육부장관의 승인을 받아 국가평생교육진흥원장이 고시한 자격 ※ 고시에 포함된 자격만 학점인정 가능
독학학위제	**국가무형문화재**
독학학위제 과정별 시험에 합격하였거나, 면제교육과정으로 이수한 과목	「무형문화재법」에 의한 국가무형문화재 기 · 예능 보유자이거나, 그 전수자의 전수교육경험

그림 3-7. 학점은행제 학점원

출처: 국가평생교육진흥원(2021). 2020 평생교육백서.

학점은행제는 〈그림 3-7〉과 같이 평가인정학습과정 이수, 학점인정대상학교 이수, 시간제등록 이수, 독학학위제 시험 합격 및 면제과정 이수, 국가자격과 공인을 받은 민간자격 취득, 국가무형 문화재 보유자 및 전수교육 등 고등교육 수준에 해당하는 다양한 학습경험을 학점으로 인정한다. 그리고 학점은행지는 「학점인정 등에 관한 법률」 제9조에 따라 고등학교를 졸업한 자 또는 이와 동등 이상의 학력이 있다고 인정된 자가 법령에서 요구하는 일정한 학점을 인정받고 정해진 요건을 충족하면 학위를 수여한다. 학점은행제 학위 수여는 교육부 장관 명의에 의한 수여 방식과 대학의 장 명의에 의한 수여 방식 두 가지가 있다.

2020년에는 약 16만여 명의 학습자가 학점은행제를 활용하기 위해 등록하였고, 최근 5년간(2016~2020년) 등록 학습자는 연평균 약 13만 명으로 지속적인 증가 추세를 보이고 있다. 2020년까지 학점은행제로 등록한 누적 학습자 수는 약 185만 명으로 학점은행제는 1998년 제도가 도입된 이래 20여년 만에 매우 괄목할 만한 양적 성장을 보이고 있다(국가평생교육진흥원, 2021).

9) 성인문해교육

문해능력은 읽기, 쓰기, 셈하기에서 나아가 인간의 존엄성과 직결된 역량으로 한 개인이 사회구성원으로 참여하기 위한 기본적인 전제이다. 2017년 국가평생교육진흥원에서 실시한 성인문해능력 조사에 따르면, 18세 이상 성인 중 일상생활에 필요한 기본적인 읽기, 쓰기, 셈하기가 불가능한 비문해 인구는 약 311만 명으로, 이는 전체 성인의 약 7.2%에 해당한다(국가평생교육진흥원, 2017). 또한 20세 이상 성인 중 의무교육에 해당하는 중학 학력 미만의 저학력 인구는 약 517만 명으로 전체 성인의 13.1%가 문해교육 대상자라고 할 수 있다(통계청, 2015).

이에 따라 교육부와 국가평생교육진흥원은 2006년부터 문해능력 향상을 통한 국민 삶의 질 제고를 목표로 성인문해교육 지원사업을 추진하고 있다. 즉, 성인문해교육 지원사업은 문해 학습자의 교육기회 확대를 위한 '성인문해교육 프로그램 지원', 저학력 학습자가 교육과정 이수를 통해 초등·중학 학력을 인정 받는 '성인학습자 학력인정체제', 문해교육 인식확산 및 참여 촉진을 위한 '성인문해교육 활성화 사업', 합리적이고 체계적인 문해교육 정책 수립을 위한 '성인문해교육 조사·연구'를 추진하고 있다.

2006년 61개 기초자치단체, 178개 문해교육기관으로 시작한 사업은 2020년에 167개 기초자치단체(전국의 72.9%), 421개 기관 참여로 확대되었으며, 누적 학습자 수는 약 48.6만여 명에 이르는 것으로 나타났다(국가평생교육진흥원, 2021).

10) 직업능력향상교육

정부의 직업능력개발사업은 「근로자직업능력개발법」 제2조에 따라 직업능력개발훈련, 직업능력개발훈련 과정·매체의 개발 및 직업능력개발에 관한 조사·연구 등을 하는 사업을 말한다. 그 유형은 운영 주체별로 민간훈련, 공공훈련, 기업지원훈련으로 구분할 수 있다(고용노동부, 2020).

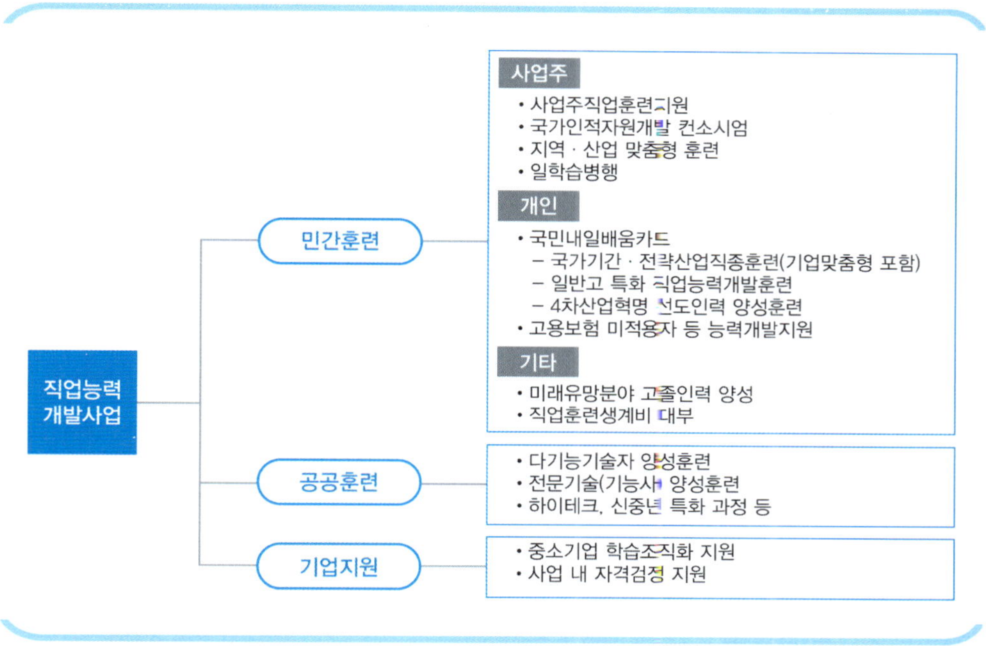

그림 3-8. 직업능력개발 사업 체계

출처: 고용노동부(2020). 직업능력개발 사업현황.

민간훈련은 대상에 따라 사업주, 개인, 기타로 구분된다. 첫째, 사업주 대상은 사업주 직업훈련 지원, 국가인적자원개발 컨소시엄, 지역 · 산업 맞춤형 훈련, 일학습병행 사업을, 둘째, 개인 대상은 국민내일 배움카드, 고용보험 미적용자 등에 대한 능력개발 지원을, 셋째, 기타 대상은 미래유망분야 고졸인력 양성, 직업훈련생계비 대부 사업을 포함한다. 공공훈련은 다기능기술자 양성훈련, 전문기술(기능사) 양성훈련, 기능장, 하이테크, 신중년, 학위전공심화, 베이비부머, 여성재취업, 소규모 사업장훈련, 재직자훈련을 포함한다. 기업지원훈련은 중소기업 학습조직화 지원, 사업 내 자격검정 지원을 포함한다.

11) 산업맞춤 단기직무능력인증과정 매치업(Match業)

인공지능, 빅데이터, 사물인터넷 등 4차 산업혁명 기술의 확산으로 기술혁신 속도는 가속화되고, 지식의 생명주기는 더욱 짧아지면서 급격한 사회변화가 이루어졌다. 이러한 사회변화에 따라 산업현장 중심의 기술 및 지식의 수요가 증가하고 있으며, 해외 주요 국가에서는 현장의 수요에 부응하여 단기에 직무 지식 및 능력을 함양하기 위한 온라인 중심의 교육이 확대되고 있다.

이에 교육부는 변화하는 교육환경에 대응하고 산업과 교육의 부조화를 해소할 수 있는 교육방식 도입을 검토하였으며, 4차 산업혁명 분야의 새로운 신기술을 단기간에 습득할 수 있는 새로운 교육 정책을 수립하였다. 2017년에 새롭게 추진된 한국형 나노디그리(Nanodegree) 사업인 매치업(Match業)이 바로 그것이다(국가평생교육진흥원, 2021).

비전	4차 산업혁명 시대에 대비하는 인재 양성		
목표	교육과정 다양화 및 학습자 확대		
주요과제	① 매치업 운영 분야 확대 및 교육과정 다양화	② 매치업 교육과정 활성화 및 내실화	③ 매치업 활용도 및 인지도 제고
	• 대표기업 및 교육기관 참여 확대 • 교육과정 개발 및 인증평가 운영	• 교육과정 운영 활성화 및 학습자 확대 • 교육과정 지속적 환류 체계 구축	• 매치업 활용을 위한 산업체 협업체계 구축 • 매치업 정보 공유 확대를 통한 인식 제고

그림 3-9. 매치업 사업 개요

출처: 교육부(2020). 2020년 매치업(Match業) 운영 기본계획.

매치업은 신산업 분야의 기업수요를 반영한 온라인 교육과정을 개발 · 운영하는 사업으로서, 학습자는 이를 해당 분야의 직무능력 향상의 기회로 활용할 수 있고, 매치업

이수증과 직무능력 인증서를 기업의 교육 훈련시간으로 인정받을 수 있으며 취업 등에도 활용할 수 있다.

그리고 대표 기업은 기업이 보유한 자원을 활용하여 해당 분야의 핵심 직무를 도출하고 이에 따른 세부 직무능력을 정의하여 제시한다. 또한 학습자의 성취도를 측정할 수 있는 직무능력 인증평가 모델을 개발하고, 이를 직접 평가하여 학습한 이수 결과를 인증하며, 직무능력 인증서를 발급한다. 교육기관은 대표기업이 도출한 핵심 직무와 세부 직무능력을 바탕으로 해당 분야에 특성화된 교육프로그램을 개설·운영한다.

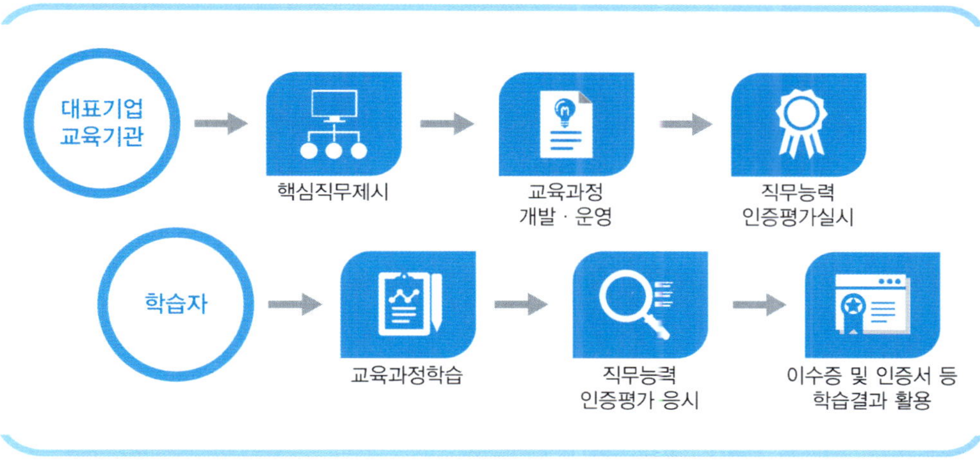

그림 3-10. **매치업 운영 절차**

출처: 국가평생교육진흥원(2020). 2020년 매치업(Match業) 사업 내부 자료.

12) 인문교양교육 · 문화예술교육

인문교양교육과 문화예술교육은 「평생교육법」 제2조 평생교육의 정의에서 규정하는 평생교육의 영역이다. 이 두 영역은 평생교육이 지향하는 기본 이념 중 하나인 인간다운 삶을 영위할 수 있게 하고, 삶의 질을 향상시키는 데 반드시 필요한 학습 영역이라는 점에서 특히 의미를 가진다(김진화 외, 2010). 평생교육 차원에서는 평생학습계좌제, 늘배움 포털 운영 등에서 볼 수 있듯이 평생교육 제도와 사업 운영 현황 및 성과 분석에서 인문교양교육과 문화예술교육을 주요 영역으로 포함하고 있다. 제4차 평생교육진흥기본계획에서도 지역 시민이 갖추어야 할 역량 중 하나로 인문역량의 중요성을 인식하고 인문특화 평생학습도시 육성, 수요자 맞춤형 인문강좌를 주요 과제로 제시하고 있다(교육부, 2018).

전 국민을 대상으로 한 인문교양교육 및 문화예술교육 지원은 특히 인문학 및 문화예술 관련 정책에서 중요한 정책으로 다루어지고 있다. 인문교양교육의 경우, 2000년대 이후부터 평생교육 차원에서 인문 아카데미, 소외계층을 위한 인문학 교육, 기업지원 또는 지자체 지원 인문강좌 등의 형태로 등장하기 시작했으며, 2010년 이후 정부주도의 인문학 대중화사업 등을 통하여 본격적으로 확산되었다(양은아 외, 2018). 2016년 제정된 「인문학 및 인문정신문화의 진흥에 관한 법률」과 이에 근거한 인문학 및 인문정신문화 진흥기본계획에 따라 정부는 다양한 인문교양교육 사업을 수행하고 있다.

문화예술교육은 「문화기본법」, 「문화예술교육지원법」에서 명시하는 모든 국민의 문화적 접근 기회를 보장하고자 수립된 문화예술교육 정책을 바탕으로 특정 계층, 특정 영역을 넘어선 전 생애 평생학습 관점에서 정책이 수립되고 있다. 특히 2010년 문화예술교육발전방안을 통하여 '국민의 평생 문화예술교육 환경 구축'이 제안됨에 따라 과거 학교 및 취약계층 등에 한정되었던 문화예술교육 정책이 전 국민을 대상으로 한 교육으로 전환되었다. 이후 문화예술교육 5개년 종합계획 등을 통하여 평생학습 맥락에서 시민의 문화적 권리를 강조하고 있다(양은아, 2019).

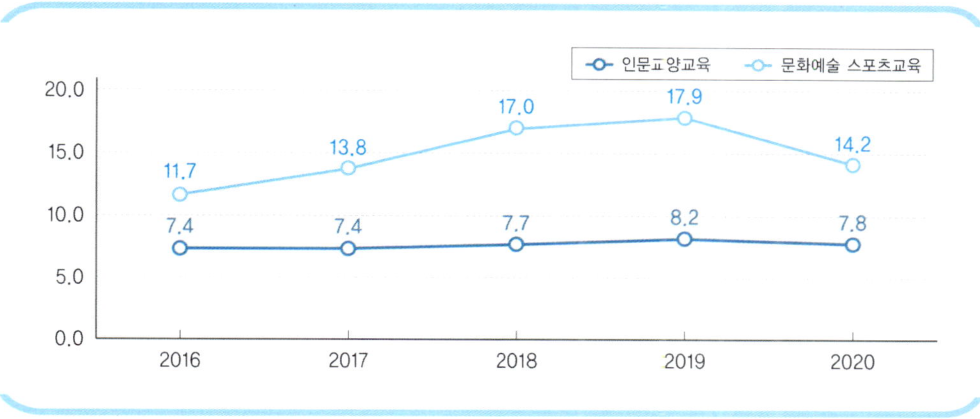

그림 3-11. 인문교양교육 · 문화예술교육 참여율 변화(2016~2020년)

출처: 교육부 · 한국교육개발원(2016-2020). 연도별 한국 성인의 평생학습 실태.

2016년부터 2020년까지의 참여율 변화를 살펴보면, 문화예술교육 프로그램 참여율은 2016년 11.7%에서 2019년 17.9%까지 매년 상승세를 보이다 2020년 14.2%로 감소하였다. 인문교양교육 프로그램 참여율은 상대적으로 변화가 적은 편이다. 2016년 7.4%였던 참여율이 2019년 8.2%까지 상승했다가 2020년 7.8%로 감소했지만, 감소 정도는 문화예술교육 프로그램에 비하여 적은 편이다(국가평생교육진흥원, 2021).

13) 시민참여교육

시민참여교육은 시민성 함양 방식에 따라 크게 세 가지로 분류할 수 있다〈표 3-6〉. 첫째, 정당, 선거관리위원회, 지자체, 시민단체 그리고 평생교육기관 등이 지역 주민들을 대상으로 시민성 함양 프로그램을 직접 운영하는 경우이다. 이 프로그램에서는 민주주의, 선거, 대화와 타협, 소수자의 인권, 환경, 평화 등의 주제를 주로 다룬다. 둘째,

지역 주민의 사회참여 활동이 일차적 목표이지만 이와 더불어 시민성을 자연스럽게 학습하는 경우이다. 지역 주민들은 학습동아리나 시민사회단체 혹은 봉사활동 등에 참여하면서, 주민자치나 마을 만들기, 협동조합운동이나 지역개발 반대운동 등에 참여하면서, 혹은 그 밖의 다양한 집회나 시위 등에 참여하면서 시민성을 무형식적으로 함양한다. 셋째, 학습자들이 어떤 교육 프로그램을 이수하면서 그 연장선상에서 시민성을 학습하는 경우도 있다. 문해교육, 인문교양교육, 문화예술교육, 직업능력개발, 종교교육 등의 성과로서 시민성 함양이 이루어진다.

표 3-6. 시민참여교육의 유형

구분	시민성 함양 방식	사례
범주 1	시민성 함양을 일차적 목표로 삼는 교육 프로그램	헌법교육, 인권교육, 환경교육 등
범주 2	사회참여 활동의 결과로서 시민성을 함양하기	동아리, 시민사회단체, 집회 및 시위, 마을공동체 만들기 등에 참여
범주 3	다른 교육활동의 연장선상에서 시민성을 함양하기	문해교육, 종교교육, 인문학강좌 등

출처: 국가평생교육진흥원(2021). 2020 평생교육백서.

14) 한국형 온라인 공개강좌 K-MOOC

한국형 온라인 공개강좌(Korean Massive Open Online Course: K-MOOC)는 대학의 우수 온라인 강좌를 언제, 어디서나, 누구나 무료로 수강할 수 있는 서비스로 MOOC의 국제적 확산과 고등교육 패러다임 변화에 적극적으로 대응하기 위하여 2015년부터 서비스를 시작하였다. K-MOOC는 대학의 교수·학습방법을 혁신하고, 고등교육 기회 균형 실현과 평생학습 기반 조성을 위하여 열린 고등교육 체계를 마련하는 데 실질적인 역할을 담당하고 있다. 2020년 12월 현재 총 999개 강좌를 개발·제공하고 있으며, 회원 수와 수강신청 건수가 큰 폭으로 지속 성장하고 있다(국가평생교육진흥원, 2021).

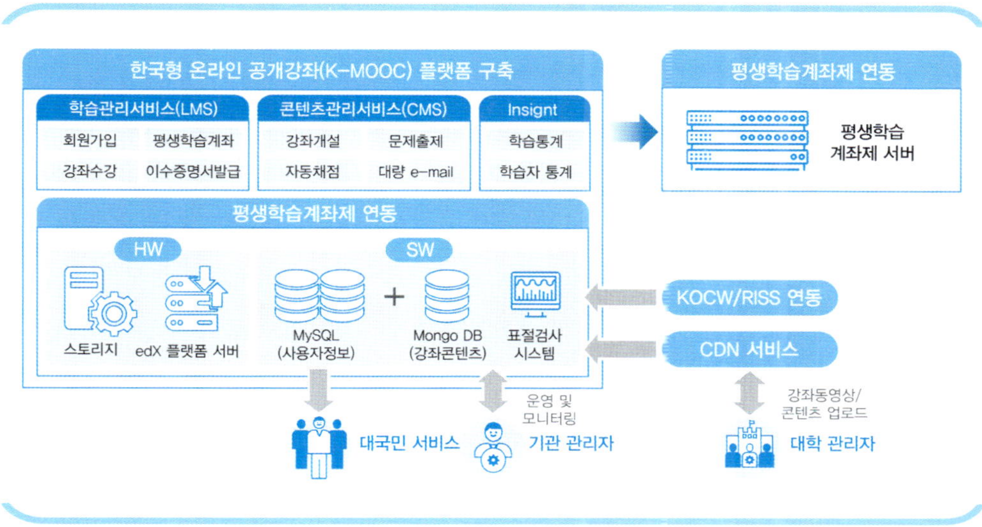

그림 3-12. K-MOOC 시스템 구성도

출처: 국가평생교육진흥원(2021). 2020 평생교육백서.

MOOC는 수강 인원에 제한 없이(Massive), 모든 사람이 수강 가능하며(Open), 웹 기반으로(Online) 미리 정의된 학습목표를 위해 구성된 강좌(Course)를 의미한다. MOOC는 강의실에서 학습자가 수동적으로 듣고 교수자가 일방적으로 가르치던 전통적인 방식이 아닌 교수-학생 간 질의 응답, 토론, 퀴즈, 과제 등의 능동적 학습방식으로 진행되며, 교수-학생, 학생-학생 간의 커뮤니티 등을 통해 양방향 학습이 가능한 강좌 플랫폼이다. K-MOOC를 통해 시간과 장소의 제약, 연령 제한, 등록금 부담, 입학 요건 등에서 벗어나 누구나 언제 어디서나 양질의 교육을 받을 수 있는 교육의 기회균등이 이루어지고 있다.

15) 국가평생학습포털 늘배움

국가평생학습포털 늘배움은 교육부에서 사업기획 및 총괄을 담당하고, 국가평생교육진흥원은 사업을 위탁받아 주관 · 시행하고 있다. 국가평생교육진흥원에서 자체적으로 개발한 평생교육 동영상 강좌를 비롯하여 유관 기관과의 협약을 통해 확보한 양질의 국내외 온라인 콘텐츠를 제공하고, 전국 17개 시도 다모아 평생교육정보망 및 73개 유관 기관과 연계하여 온 · 오프라인 평생교육기관 및 강좌 정보 등을 수집하고 제공한다. 특히 2019년 늘배움은 평생학습계좌제와의 단순 연계 방식(간편회원의 경우)에 더해서 평생학습계좌제–늘배움 통합회원(ONE-ID) 체제를 구축하여 서비스 고도화를 위한 추진체계를 정비하였으며, 2020년에는 평생학습계좌제–늘배움 통합회원(ONE-ID)의 안정적 안착에 주력하여 평생교육 통합회원의 외연 확장을 위한 기반을 마련하고 있다(국가평생교육진흥원, 2021).

그림 3-13. **국가평생학습포털 구축 · 운영 추진체계**

출처: 국가평생교육진흥원(2020). 2020년 온라인 평생학습 지원체제 구축 사업 실행계획.

16) 선행경험학습인정제

선행경험학습인정제(Recognition of Prior Experiential Learning: RPL)의 적용 근거는 「고등교육법」 제23조 제1항에 두고 있다. 동법 제23조(학점의 인정)에서는 대학이 학칙을 통해 학생이 해당 학교에 입학하기 전에 이수한 학점이나 교과목을 인정할 수 있도록 규정하고 있다. 이 중 선행경험학습인정제(RPL)에 해당되는 규정은 제1항 제6호로서 '국내·외의 다른 학교·연구기관 또는 산업체 등에서 학습·연구·실습한 사실이 인정되거나 산업체에서 근무한 사실이 인정되는 경우'에 해당된다. 즉, 비형식학습, 무형식학습에 대해 선행경험학습인정제(RPL) 적용이 가능한 조항이다. 이 규정은 법령 개정 초기에는 산업대학과 전문대학에 제한하여 적용되었으나(2013. 8. 13. 개정), 후에 일반대학으로 확대 적용되었다(2018. 5. 29. 시행). 동법 시행령 제15조에서는 학점인정 유형별 졸업에 필요한 학점인정 범위를 정하고 있다. 특히 제6호에서 정한 선행학습 및 경험의 학점인정을 위해서 대학 학칙으로 학점인정심의회를 두도록 하고 있으며, 학생이 선택한 전공에 대해서만 학점을 인정하도록 규정하고 있다.

17) 장애인 평생교육

장애인의 생애주기에 따른 국가 차원의 장애인 평생교육 지원 요구에 부응하고자 2016년 5월 29일 「평생교육법」이 개정되었고, 「평생교육법」 제5조에 따른 장애인 평생교육 정책 수립·시행의 지속적인 추진을 위하여 2018년 교육부에는 '장애학생진로평생교육팀'을, 국립특수교육원에는 '국가장애인평생교육진흥센터'를 설치하였다. 장애인 평생교육 사업은 장애인 평생교육 지원에 대한 국가 책무성을 강화함으로써 장애인의 사회참여와 삶의 질을 향상하는 데 목적이 있다. 이를 위하여 2020년에는 장애 친화적 평생학습 환경을 조성하고, 장애 특성 및 요구를 고려한 장애인 맞춤형 평생교육

지원을 강화하였으며, 장애인 평생교육의 제도적 기반을 마련하려고 하였다. 끝으로 장애인 평생교육의 체계적 관리 및 정보 제공을 강화하기 위해 노력하였다. 특히 학령기 의무교육 단계에서 교육기회를 놓친 장애인에 대한 실질적 교육 지원을 위한 제도를 개선하고자 하였다(국가평생교육진흥원, 2021).

추진 과제	세부 내용
① 장애 친화적 평생 학습 환경 구축	• 장애인 평생학습도시 조성 • 원격시스템 활용 평생교육 지원 강화 • 장애인 평생교육 편의 제공 지원 강화
② 장애인 맞춤형 평생교육 지원 강화	• 장애인 맞춤형 지원 강화 • 장애인 평생교육 프로그램 개발 운영 확대 • 장애인 문해교육 증진 및 학력인정 체제 구축
③ 장애인 평생교육 지원 기반 강화	• 장애인 평생교육기관 확대 및 제도적 기반 마련 • 장애인 평생교육 종사자 및 관계 기관 전문성 강화 • 장애인 평생교육 지원체계 구축
④ 장애인 평생교육 체계적 관리 및 정보 제공 강화	• 장애인 평생교육 체계적 관리 기반 구축 • 장애인 평생교육 정보 제공 강화

그림 3-14. 장애인 평생교육 활성화 방안 추진 과제

출처: 교육부(2020). 장애인 평생교육 활성화 방안(2020~2022).

18) 다문화교육 평생교육

다문화교육 활성화 지원사업은 「교육기본법」 제4조, 「다문화가족지원법」 제10조, 「초 · 중등교육법 시행령」 제19조에 따라 다문화학생 중심의 맞춤형 교육지원과 다문화 사회에 대한 인식을 제고하기 위한 사업을 의미한다.

외국인, 다문화가족 등에 대한 지원 정책 및 사업은 정부 부처 차원에서 단독 또는 연계 · 협력을 통해 다양하게 이루어지고 있다. 예를 들어, 법무부는 외국인과 난민 등에 관한 이민정책 및 지원사업, 고용노동부는 외국인 노동자 등에 대한 고용허가 및 취업 지원 등의 정책과 사업 지원, 과학기술 정보통신부와 산업통상자원부는 해외 우수 인재 유치 지원, 교육부는 유학생과 중도입국학생 및 외국인학생 등에 대한 진로 · 진학을 포함한 일련의 교육정책 및 관련 사업 지원, 그리고 여성가족부는 다문화가족 및 학교 밖 아동 · 청소년 등에 대한 정책과 관련 사업을 지원하고 있다.

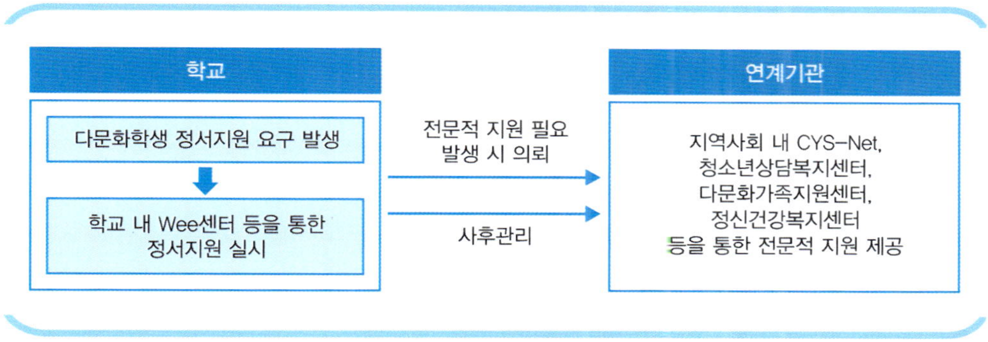

그림 3-15. 다문화학생 정서지원 지역사회 연계 체계

출처: 교육부(2020). 2020년 다문화교육 지원계획.

3. 평생교육제도

1) 평생교육제도의 변천사

평생교육제도의 변천사를 평생교육 도입과 사회교육정책 추진기(1973~1980년대), 평생교육개념 도입기(1990년대), 평생교육진흥정책 대두기(2000년~2007년), 평생교육진흥

정책 전환기(2008년~현재)로 구분하고, 각 시기별로 「평생교육법」과 제도, 정책사업 및 전담기구에 대한 시기로 구분하여 살펴보면 〈표 3-7〉과 같다(안옥순, 2018).

표 3-7. **「평생교육법」과 제도, 정책사업 및 전담기구에 대한 시기**

구분		내역
법 · 제도	평생교육 도입과 사회교육 정책 추진기 (1973년~1980년대)	• 국가의 평생교육 진흥 의무 헌법 명문화(1980) • 「사회교육법」 제정(1982)
	평생교육 개념 도입기 (1990년대)	• 「사회교육법」에서 「평생교육법」으로 개정(1999)
	평생교육진흥정책 대두기 (2000년~2007년)	• 「평생교육법」 전부 개정(2007) • 제1차 평생교육진흥 기본계획(2002~2006)
	평생교육진흥정책 전환기 (2008년~현재)	• 제2차 평생교육진흥 기본계획(2008~2012) • 제3차 평생교육진흥 기본계획(2013~2017)
정책사업	평생교육 도입과 사회교육 정책 추진기 (1973년~1980년대)	• 학력인정평생교육시설 운영 • 대학 사회교육원(평생교육원) 설치 • 학교와 연계된 지역사회교육 확대 • 민간 평생교육기관 확대 • 사내대학 설치
	평생교육 개념 도입기 (1990년대)	• 독학학위제 운영 시작(1990) • 『평생교육백서』 발간 시작(1997) • 학점은행제 운영사업 개시(1998)
	평생교육진흥정책 대두기 (2000년~2007년)	• 평생교육사 양성 자격제도 시행(2000) • 평생학습도시 조성사업 시작(2001) • 제1회 전국평생학습축제 개최(2001) • 제1회 평생학습 대상 개최(2004) • 성인문해교육 지원사업 시작(2006)
	평생교육진흥정책 전환기 (2008년~현재)	• 대학 중심의 평생학습 활성화 지원사업 시작(2008) • 평생학습계좌제 운영 시작(2010) • 제1회 대한민국 평생학습박람회 개최(2012) • 다모아 평생교육정보망 구축사업 시작(2012)

<table>
<tr><th colspan="2">구분</th><th>너역</th></tr>
<tr><td rowspan="4">전담기구</td><td>평생교육 도입과 사회교육 정책 추진기
(1973년~1980년대)</td><td>• 정부 단위 평생교육전담기구 없음</td></tr>
<tr><td>평생교육 개념 도입기
(1990년대)</td><td>• 독학학위제 학위검정부 설ㅊ(1990)
• 학점은행제 운영사업 개시(1998)</td></tr>
<tr><td>평생교육진흥정책 대두기
(2000년~2007년)</td><td>• 한국교육개발원 내 평생교듀센터 설치(2000)
• 16개 시도 지역평생교육정브센터 지정</td></tr>
<tr><td>평생교육진흥정책 전환기
(2008년~현재)</td><td>• 국가평생교육진흥원 설립(2008)
• 부산광역시, 대전광역시, 충북 평생교육진흥원 개원(2011)
• 경기도, 울산광역시, 제주특별자치도, 충청남도 평생교육진흥원 개원(2012)
• 인천광역시, 광주광역시, 경상북도 평생교육진흥원 개원(2013)</td></tr>
</table>

첫째, 평생교육 도입과 사회교육정책 추진기로 1973년~1980년대를 기준하고 있다. 우선 「평생교육법」과 관련하여 '국가의 평생교육 진흥 의무'가 1980년에 「헌법」에 명문화되었고 1982년에 「사회교육법」이 제정되었다. 그러나 평생교육 진흥 기본계획이 특별하게 수립된 것은 없었다. 평생교육과 관련하여 유네스코한국위원회(1973)가 춘천에서 평생교육발전세미나를 개최하였다(1973). 평생교육과 관련된 주요 정책 사업으로 학력인정평생교육시설을 운영하였고, 대학사회교육원(평생교육원)을 설치하였다. 학교와 연계된 지역사회교육을 확대하였고, 민간 평생교육기관이 확대되었으며, 사내대학이 설치되었다. 그러나 정부 단위의 평생교육전담기구는 특별하게 설치된 것이 없었다.

둘째, 평생교육개념 도입기로 시기는 1990년대이다. 우선 「사회교육법」이 「평생교육법」으로 개정(1999)되었다. 그러나 특별한 평생교육 진흥 기본계획은 없었다. 주요 정책 사업으로 독학학위제 운영을 시작(1990)하였고, 『평생교육백서』 발간을 시작(1997)하였으며, 학점은행제 운영사업을 개시(1998)하였다. 그리고 평생교육전담기구로 독학학위제 학위검정부를 설치(1990)하였고, 학점은행제 운영사업을 개시(1998)하였다.

셋째, 평생교육진흥정책의 대두기는 2000년~2007년의 기간을 의미한다. 우선 「평생교육법」 전부 개정(2007)이 이루어졌고, 제1차 평생교육진흥 기본계획(2002~2006)이 수립되었다. 주요 정책으로 평생교육사 양성 자격제도가 시행(2000)되었고, 평생학습도시 조성사업이 시작(2001)되었다. 제1회 전국평생학습축제가 개최(2001)되었으며, 제1회 평생학습 대상이 개최(2004)되었다. 또한 성인문해교육 지원사업이 시작(2006)되었다. 그리고 평생교육전담기구로 한국교육개발원 내 평생교육센터가 설치(2000)되었고, 16개 시도 지역평생교육정보센터가 지정되었다.

넷째, 평생교육진흥정책의 전환기는 2008년부터 2017년까지이다. 우선 제2차 평생교육진흥 기본계획(2008~2012)과 제3차 평생교육진흥 기본계획(2013~2017)이 수립되었다. 주요 정책사업으로 대학 중심의 평생학습활성화 지원 사업이 시작(2008)되었고, 평생학습계좌제 운영이 시작(2010)되었다. 제1회 대한민국 평생학습박람회가 개최(2012)되었고, 다모아 평생교육정보망 구축사업이 시작(2012)되었다. 그리고 평생교육전담기구로 국가평생교육진흥원이 설립(2008)되었고, 부산광역시평생교육진흥원, 대전광역시평생교육진흥원, 충북평생교육진흥원이 개원(2011)되었다. 경기도평생교육진흥원, 울산광역시평생교육진흥원, 제주특별자치도평생교육진흥원, 충청남도평생교육진흥원이 개원(2012)되었다. 인천광역시평생교육진흥원, 광주광역시평생교육진흥원, 경상북도평생교육진흥원이 개원(2013)되었다.

2) 평생교육법

(1) 평생교육법의 개요

여타의 교육 관계법이 그러하듯이 우리의 「평생교육법」 체계도 「헌법」–「교육기본법」–「평생교육법」으로 이루어져 있다. 「헌법」 제31조는 교육에 관한 6개 항[1])을 담고 있다. 이 중 ⑤항에서 "국가는 평생교육을 진흥하여야 한다'로 평생교육에 대한 내용을 명시하였으며, ⑥항에서 "학교교육 및 평생교육을 포함한 교육제도와 그 운영, 교육재정 및 교원의 지위에 관한 기본적인 사항은 법률로 정한다"로 규정하고 있다.

교육은 국민의 권리이자 의무이다. ①항의 '모든 국민은'으로 시작하는 주어에서 보듯이 학령기뿐만 아니라 학령기를 놓친 성인도 의무교육을 받을 권리와 의무를 가진다. "의무교육은 무상으로 한다"와 "국가는 평생교육을 진흥하여야 한다"라는 조항은 국가의 의무를 규정하고 있다. 평생교육진흥은 국민의 권리와 국가의 책무가 만나는 곳에서 이루어진다. 다른 무엇보다 「헌법」 31조 "⑤ 국가는 평생교육을 진흥하여야 한다"는 「평생교육법」의 원천이라고 할 수 있다.

「헌법」 제31조 ⑥항에 명시된 바와 같이 "학교교육 및 평생교육을 포함한 교육제도와 그 운영, 교육재정 및 교원의 지위에 관한 기본적인 사항은" 「교육기본법」으로 정한다. 「교육기본법」 제3조(학습권)에 따르면, "모든 국민은 평생에 걸쳐 학습하고, 능력과 적성에 따라 교육받을 권리를 가진다"로, 이는 학습권과 교육권을 함께 명시한 것이다. 이와 함께 제4조(교육의 기회균등) ①항에서는 "모든 국민은 성별, 종교, 신념, 인종, 사회적 신분, 경제적 지위 또는 신체적 조건 등을 이유로 교육에서 차별을 받지 아니한다"라고 하였다. 제8조(의무교육)에서는 "의무교육은 6년의 초등교육과 3년의 중등교육으로 하며, 모든 국민은 의무교육을 받을 권리를 가진다"다고 하였다. 제10조(사회교육)에서는 "① 국민의 평생교육을 위한 모든 형태의 사회교육은 장려되어야 한다. ② 사회교육의 이수(履修)는 법령으로 정하는 바에 따라 그에 상응하는 학교교육의 이수로 인

1) ① 모든 국민은 능력에 따라 균등하게 교육을 받을 권리를 가진다.
② 모든 국민은 그 보호하는 자녀에게 적어도 초등교육과 법률이 정하는 교육을 받게 할 의무를 진다.
③ 의무교육은 무상으로 한다.
④ 교육의 자주성 · 전문성 · 정치적 중립성 및 대학의 자율성은 법률이 정하는 바에 의하여 보장된다.
⑤ 국가는 평생교육을 진흥하여야 한다.
⑥ 학교교육 및 평생교육을 포함한 교육제도와 그 운영, 교육재정 및 교원의 지위에 관한 기본적인 사항은 법률로 정한다.

정될 수 있다. ③ 사회교육시설의 종류와 설립 · 경영 등 사회교육에 관한 기본적인 사항은 따로 법률로 정한다"라고 명시하고 있다. 「사회교육법」은 「평생교육법」으로 대체되었는데 「교육기본법」에는 여전히 사회교육이라는 용어가 남아 있다.

평생교육 관련 「헌법」과 「교육기본법」 정신은 「평생교육법」에서 실현된다. 「평생교육법」 제1조 (목적)을 보면, "「평생교육법」은 「헌법」과 「교육기본법」에 규정된 평생교육의 진흥에 대한 국가 및 지방자치단체의 책임과 평생교육제도와 그 운영에 관한 기본적인 사항을 정함을 목적으로 한다"로 명시하고 있다. 그리고 「평생교육법」은 제1장 총칙, 제2장 평생교육진흥기본계획 등, 제3장 국가평생교육진흥원 등, 제4장 평생교육사, 제5장 평생교육기관, 제6장 문해교육, 제7장 평생학습 결과의 관리 · 인정, 제8장 보칙으로 구성되어 있다. 또한 「평생교육법」은 법령과 규칙으로 구성되어 있다.

(2) 평생교육법 체계와 구성

먼저 연혁을 살펴보면, 「평생교육법」의 전신은 1982년 제정된 「사회교육법」이다. 1995년 5 · 31 교육개혁으로 「교육법」을 1997년 12월 13일 「교육기본법」 아래 「초 · 중등교육법」, 「고등교육법」, 「사회교육법」으로 개편하였고, 1999년에 「사회교육법」을 전부 개정하여 「평생교육법」으로 대체 제정하였다. 현행 「평생교육법」은 「헌법」 제31조와 「교육기본법」을 상위법으로 하고 「유아교육법」, 「초 · 중등교육법」, 「고등교육법」과 병렬관계에 있는 평생교육에 관한 일반법이다.

「평생교육법」은 2007년에 전부 개정되었는데, 개정의 취지와 특징은 다음과 같다. 첫째, 국가평생교육진흥원, 시도평생교육진흥원, 시군구평생학습관으로 이어지는 평생교육 추진체제를 구축하였다. 둘째, 한국교육개발원의 부서로 있던 평생교육센터, 학점은행본부, 한국방송통신대학의 독학학위 제도 업무를 국가평생교육진흥원에서 통합하여 수행할 수 있도록 기관 독립의 법적 기반을 마련하였다. 셋째, 평생학습도시와 평생학습축제 활성화, 폭발적인 평생학습 수요 충족, 평생교육진흥기본계획 추진, 지방자치단체의 평생교육임무의 원활한 수행을 위하여 교육감 중심의 평생교육 추진체제에서 벗어나 시도 및 시군구 자치단체장의 평생교육진흥 권한과 책임을 확대하였다. 넷째, 당시 「문해교육법」 제정 요구를 흡수하여 별도의 장으로 문해교육을 포함시켰다. 여기에는 성인문해교육에 관한 학력인정제도와 평생학습계좌제의 법적 근거도 포함되었다.

전부 개정 외에 여러 차례 부분 개정이 이루어졌다. 특이할 만한 부분 개정은 2016년 5월 29일 자로 「평생교육법」에 장애인 평생교육 관련 내용이 대거 신설되었다는 점이다. 그 이후로도 2019년 4월 23일 자로 제19조의 3(장애인 평생교육 종사자에 대한 인권교육)이 신설되어 "장애인 평생교육 종사자는 장애인 인권에 관한 교육을 받아야 한다", 2020년부터는 장애인평생학습도시 선정 사업이 별도로 추진될 정도로 장애인 평생교육이 활성화되고 있다. 「평생교육법」 제5조 ②항 "국가와 지방자치단체는 장애인이 평생교육의 기회를 부여받을 수 있도록 장애인 평생교육에 대한 정책을 수립 · 시행하여야 한다"를 필두로 주요 조항에 장애인 평생교육 내용이 신설되었다. 특히 제19조의 2(국가장애인평생교육진흥센터) ①항에 의거하여 2018년에 국가장애인평생교육진흥센터가 국립특수교육원에 설치되어 활동하고 있다.

현행 「평생교육법」은 8장 46조와 부칙으로, 「평생교육법 시행령」은 6장 78조와 부칙으로, 그리고 「평생교육법 시행규칙」은 25조와 부칙으로 구성되어 있다. 「평생교육법」은 평생교육진흥기본계획, 평생교육전담 · 지원기구, 평생교육사, 평생교육기관 및 시설, 평생학습 지원제도를 규정하고 있다.

「평생교육법 시행령」은 평생교육진흥위원회의 구성 및 운영, 평생교육전담기구의 출연금 요구, 지급, 평생학습 지원제도의 운영방법, 학력인정 평생교육시설의 지정 또는 인가 절차, 평생교육시설의 설치 및 등록(변경) 절차, 변경신고, 평생교육사 자격요건, 등급, 배치기준, 그리고 문해교육 프로그램에 대한 지정 및 지원 관련 절차 등을 규정하고 있다. 「평생교육법 시행규칙」은 평생교육 실무행정과 관련한 구체적인 구성 및 절차 등에 관하여 규정하고 있다.

국가법령정보센터에서의 「평생교육법」, 「평생교육법 시행령」, 「평생교육법 시행규칙」으로 이루어진 3단 비교를 살펴보면 〈표 3-8〉과 같다.

표 3-8. **「평생교육법」, 「시행령」, 「시행규칙」의 구성 및 주요 내용**

구분	「평생교육법」	「평생교육법 시행령」	「평생교육법 시행규칙」
	8장 46조, 부칙	6장 78조, 부칙	25조, 부칙
구성	총칙 평생교육진흥기본계획 등 국가평생교육진흥원 등 평생교육사 평생교육기관 문해교육 평생교육결과의 관리 · 인정	총칙 평생교육진흥기본계획 등 국가평생교육진흥원 등 평생교육사 평생교육기관 문자해득교육	평생교육실무조정위원회 평생교육자격증 교부 평생교육시설 등록(변경) 문해교육이수자 학력인정
주요 내용	평생교육전담 · 지원기구 운영 • 국가평생교육진흥원 • 국가장애인평생교육진흥센터 • 시도평생교육진흥원 • 시군구 평생학습관 • 읍면동평생학습센터	• 출연금 요구, 지급, 관리 • 결산서 제출 등 • 전담기구 및 평생학습 지원제도의 운영방법 등	• 평생교육실무조정위원회
	학력 · 학위취득 기회확대 • 초중고 학력인정시설 • 전문대학 학력인정시설 • 사내대학 및 원격대학형태	• 시설의 지정 또는 인가 기준 및 절차 • 폐쇄인가 또는 신고절차	• 문해교육이수자 학력 인정절차
	다양한 평생교육기관 운영 • 학교(학교 부설)의 평생교육 • 원격형태 평생교육시설 • 사업장 부설 평생교육시설 • 시민단체 부설 평생교육시설	• 시설의 설치 신고 · 등록 • 시설의 변경신고	• 평생교육시설의 등록 · 변경 신고 절차

구분	「평생교육법」	「평생교육법 시행령」	「평생교육법 시행규칙」
	• 언론기관 부설 평생교육시설 • 지식 · 인력개발 평생교육시설		
	다양한 평생학습지원제도 • 유급 또는 무급학습휴가제 • 전문인력정보은행제 • 평생학습계좌제 • 평생교육사 • 문해교육프로그램 지원 • 국가문해교육센터 및 시 · 도문해교육센터	• 평생교육사 자격요건, 등급, 배치기준 등 • 학습계좌제 운영, 평가인정 • 문해교육프로그램 설치 운영, 지정 및 지원 기준 • 국가문해교육센터 및 시 · 도문해교육센터 수행 업무 명시	• 전문인력정보은행 운영 • 학습계좌제 운영 • 평생교육사자격증 교부 • 문해교육이수자의 학력 인정 또는 학습과정인정 절차

4. 평생교육사

1982년 「사회교육법」이 제정되면서 사회교육전문요원이 양성된 이후 2020년까지 총 14만 4천여 명의 평생교육사가 양성되었다. 평생교육사 자격제도는 두 번의 「평생교육법」 개정을 통해 개편되었다. 먼저 1999년 「사회교육법」이 「평생교육법」으로 전부 개정되면서 자격의 명칭이 사회교육전문요원에서 평생교육사로 변경되었고, 기존 1 · 2등급 자격체계가 1 · 2 · 3등급 자격체계로 개편되었다.

2007년에 「평생교육법」이 다시 전부 개정되면서 양성과정이 개편되었다. 양성과정의 이수 학점이 2학점에서 3학점으로 증가하였고, 평생교육실습이 비학점에서 학점화되며 실습시간 또한 120시간에서 160시간으로 늘었으며, 평생교육사 1급 자격은 승급과정을 통해서만 취득할 수 있도록 개편되었다. 2013년에는 「평생교육법」 일부가 개정되면서 개별 양성기관에서 발급되었던 평생교육사 자격증이 국가평생교육진흥원으로 일원화되어 교육부로부터 업무를 위탁받은 국가평생교육진흥원에서 현재까지 자격증을 교부 · 재교부하고 있다.

평생교육사 자격 등급은 1 · 2 · 3급으로 구분되며, 평생교육사 이수 과정을 통해 자격을 취득할 수 있다. 이수 과정은 「평생교육법 시행령」 제18조에 〈그림 3-16〉과 같이 승급과정과 양성과정으로 구분된다. 양성과정은 (전문)대학, 대학원, 학점은행기관 등 평생교육사 양성기관에서 운영하는 관련 과목을 일정 학점 이상 이수하여 2급 또는 3급 자격을 취득하는 과정이고, 승급과정은 일정 자격 요건을 갖춘 평생교육사 자격증 소지자가 상위 급수(1급 · 2급)로 승급하기 위해 이수하는 과정이다.

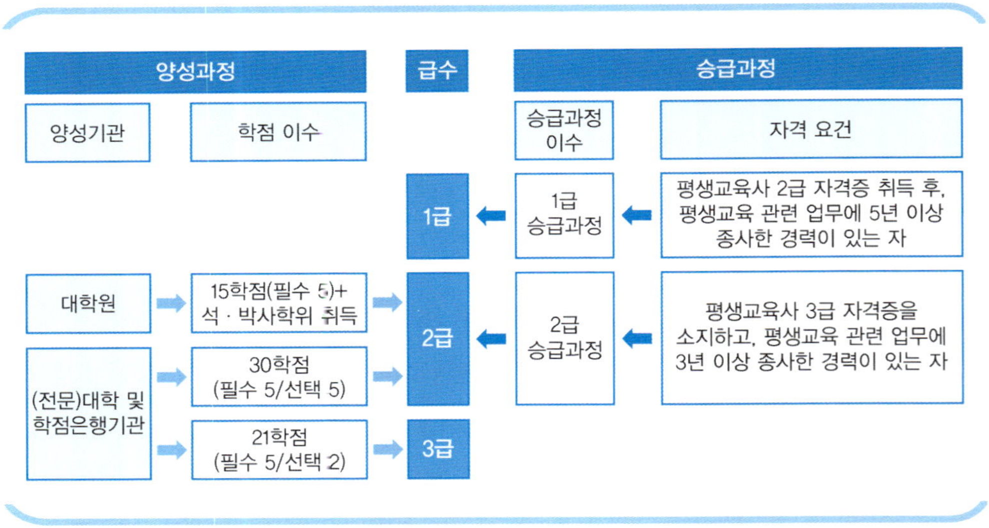

그림 3-16. 평생교육사 이수 과정

출처: 국가평생교육진흥원(2021). 2020 평생교육백서.

평생교육사의 등급별 자격 요건은 「평생교육법 시행령」 제16조에서 규정하고 있으며, 평생교육사의 등급별 자격 요건은 〈표 3-9〉, 평생교육사의 직무는 〈그림 3-17〉과 같다.

표 3-9. 평생교육사의 등급별 자격 요건

등급	자격 기준
평생교육사 1급	평생교육사 2급 자격증을 취득한 후, 교육부장관이 정하는 평생교육과 관련된 업무에 5년 이상 종사한 경력이 있는 자로서 진흥원이 운영하는 평생교육사 1급 승급과정을 이수한 자
평생교육사 2급	1. 「고등교육법」 제29조 및 제30조에 따른 대학원에서 교육부령으로 정하는 평생교육과 관련된 과목 중 필수과목을 15학점 이상 이수하고 석사 또는 박사학위를 취득한 자. 다만, 「고등교육법」 제2조에 따른 학교(이하 "대학"이라 한다)에서 필수과목을 이수한 경우에는 선택과목으로 필수과목 학점을 대체할 수 있다. 2. 대학 또는 이와 같은 수준 이상의 학력을 인정할 수 있는 기관, 「학점인정 등에 관한 법률」에 따라 평가인정을 받은 학습과정을 운영하는 교육훈련기관에서 관련과목을 30학점 이상 이수하고 학위를 취득한 자 3. 대학을 졸업한 자 또는 이와 같은 수준 이상의 학력이 있다고 인정되는 자로서 다음 각 목의 어느 하나에 해당하는 기관에서 관련과목을 30학점 이상 이수한 자 가. 대학 또는 이와 같은 수준 이상의 학력을 인정할 수 있는 기관 나. 법 제25조제1항에 따른 평생교육사 양성기관(이하 "지정양성기관"이라 한다.) 다. 학점은행기관 4. 평생교육사 3급 자격증을 보유하고 관련업무에 3년 이상 종사한 경력이 있는 자로서 진흥원이나 지정양성기관이 운영하는 평생교육사 2급 승급과정을 이수한 자
평생교육사 3급	1. 대학 또는 이와 같은 수준 이상의 학력을 인정할 수 있는 기관, 학점은행기관에서 관련과목을 21학점 이상 이수하고 학위를 취득한 자 2. 대학을 졸업한 자 또는 이와 같은 수준 이상의 학력이 있다고 인정되는 자로서 다음 각 목의 어느 하나에 해당하는 기관에서 관련과목을 21학점 이상 이수한 자 가. 대학 또는 이와 같은 수준 이상의 학력을 인정할 수 있는 기관 나. 지정양성기관 다. 학점은행기관 3. 관련업무에 2년 이상 종사한 경력이 있는 자로서 진흥원이나 지정양성기관이 운영하는 평생교육사 3급 양성과정을 이수한 자 4. 관련업무에 1년 이상 종사한 경력이 있는 공무원 및 「초·중등교육법」 제2조제1호부터 제5호까지의 학교 또는 학력인정 평생교육시설의 교원으로서 진흥원이나 지정양성기관이 운영하는 평생교육사 3급 양성과정을 이수한 자

출처: 「평생교육법 시행령」 제16조 2항 별표1의 2.

평생교육사 1급은 2급 취득 후, 평생교육 관련 업무를 5년 이상 수행한 경력이 있는 자로서 국가평생교육진흥원에서 운영하는 평생교육사 1급 승급과정을 이수해야 취득할 수 있다.

2급은 대학원에서 필수과목을 15학점 이상 이수하거나 대학 및 학점은행기관 등에서 관련 과목을 30학점 이상 이수하고 학위를 취득한 자, 그리고 평생교육사 3급 취득 후 3년 이상 관련 경력이 있는 자로 평생교육사 2급 승급과정을 이수한 자 등이 취득할 수 있다. 3급은 대학 또는 학점은행기관 등에서 관련 과목을 21학점 이상 이수하고 학위를 취득한 자 등이 취득할 수 있다. 평생교육사의 직무는 〈그림 3-17〉과 같다.

그림 3-17. 평생교육사의 직무

출처: 국가평생교육진흥원(2021). 2020 평생교육백서.

Chapter 04

평생교육기관의 성격과 유형

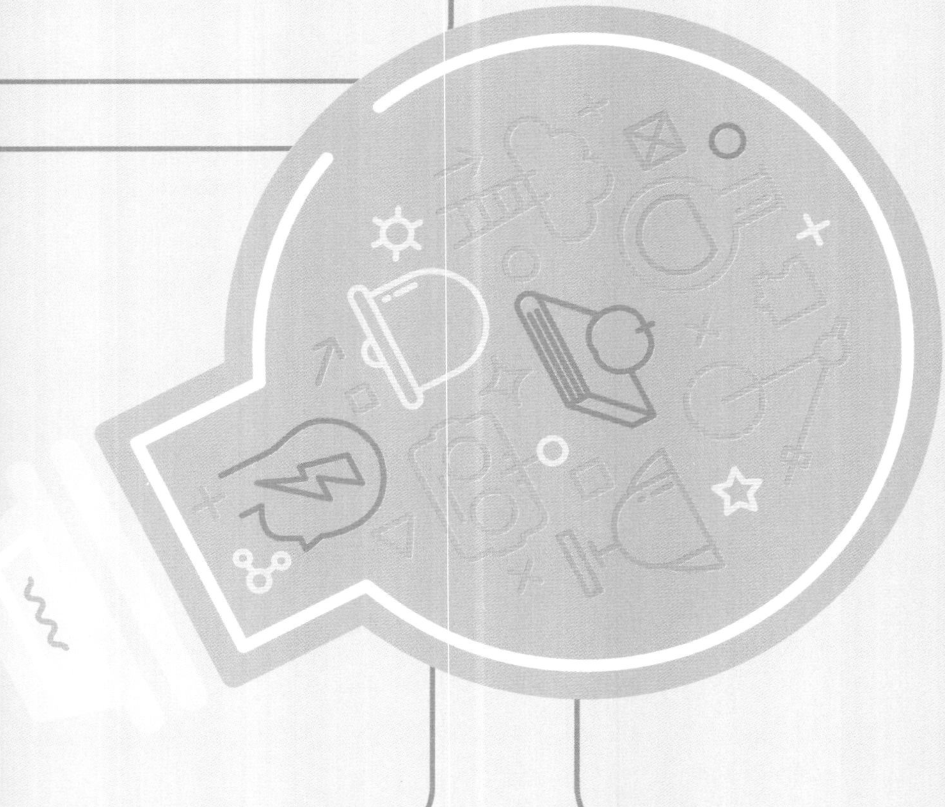

배울내용

1. 중앙정부
2. 지방자치단체
3. 평생교육기관의 유형

학습목표

1. 중앙정부(교육부, 국가평생교육진흥원, 국가장애인평생교육진흥센터, 평생교육진흥위원회의, 국가교육회의)의 업무와 기능을 파악한다.
2. 지방자치단체(시도광역시단체와 시도교육청, 시도평생교육진흥원과 시도평생교육협의회, 시군구기초자치단체와 지역교육청, 시군구평생학습관과 읍면동평생학습센터, 시군구평생교육협의회)의 업무와 기능을 파악한다.
3. 「사회교육법」에 의한 사회교육기관의 유형을 설명할 수 있다.
4. 「평생교육법」에 의한 평생교육기관의 유형을 설명할 수 있다.

CHAPTER

04 평생교육기관의 성격과 유형

1. 중앙정부

한국의 평생교육 추진체계의 구축 · 운영은 「평생교육법령」에 정해진 바에 따라 이루어지고 있다. 법령에 기초한 평생교육 추진체계는 행정기구, 전담기구, 심의 · 협의기구로 구분된다〈그림 4-1〉. 그리고 행정기구는 국가 및 지방자치단체로, 교육부, 시도광역자치단체, 시군구 기초자치단체, 시도교육청, 지역교육청 등이 포함된다.

행정기구인 국가 및 지방자치단체는 「평생교육법」 제5조에 따라 4가지의 법적 임무를 부여받고 있다. 첫째, 모든 국민에게 평생교육 기회가 브여될 수 있도록 평생교육진흥 정책을 수립하고 추진하는 임무, 둘째, 장애인이 평생교육의 기회를 부여받을 수 있도록 장애인 평생교육에 대한 정책을 수립하고 시행하는 임무, 셋째, 장애인 평생교육을 체계적이고 지속적으로 실시하기 위하여 유기적인 협조체제를 구축하는 임무, 넷째, 소관 단체 · 시설 · 사업장 등의 설치자에 대하여 평생교육 실시를 권장하는 임무이다.

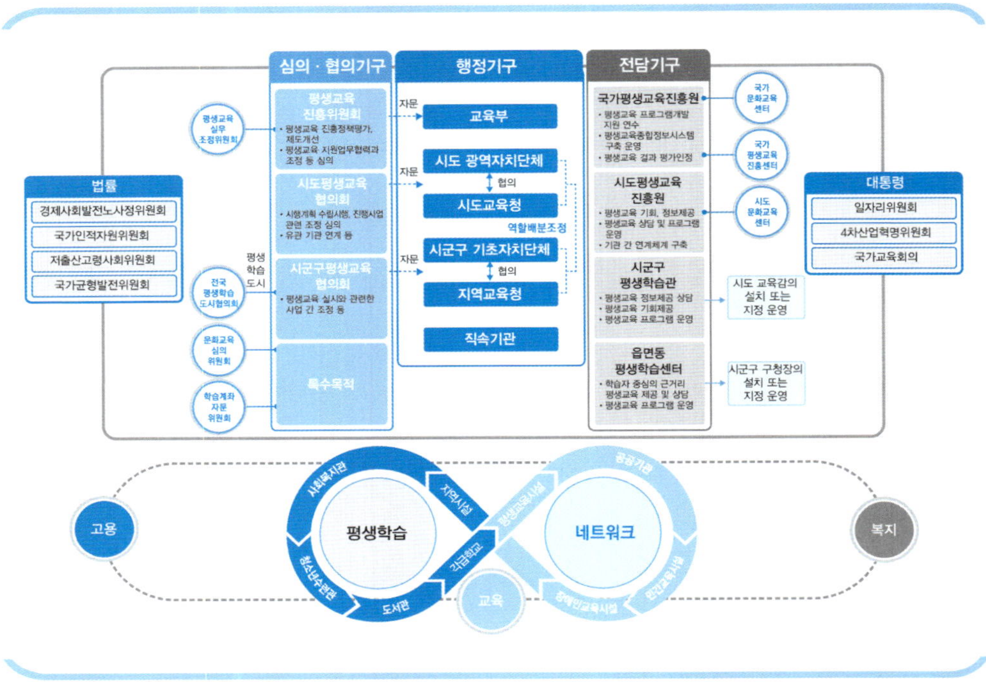

그림 4-1. 평생교육 추진도

출처: 이희수 외(2017). 제4차 평생교육진흥 기본계획 수립을 위한 연구.

이처럼 국가 및 지방자치단체는 평생교육 행정기구로서 네 가지 임무를 수행해야 하고, 이를 위해 조직, 예산, 대외 관계 등을 구축·활용한다. 다만 국가 및 지방자치단체는 평생교육 업무만을 수행하는 기구가 아니므로 행정기구의 평생교육진흥 임무를 전문적으로 수행하기 위한 전담기구가 필요하다. 이처럼 행정기구가 평생교육진흥을 위한 임무를 부여받고 있으나 임무의 전문적 수행을 위해 행정기구별로 전담기구를 설치하고 행재정적 지원을 전담기구에 제공하여 평생교육 임무를 수행한다. 즉, 「평생교육법」에 따라 국가는 국가평생교육진흥원, 국가장애인평생교육진흥센터, 시도자치단체는 시도평생교육진흥원, 시군구자치단체나 시도교육감은 시군구 평생학습관, 시군구자치단체는 읍면동 평생학습센터를 전담기구로 설치할 수 있다.

전담기구는 평생교육 전문성에 기초하여 국가와 지방자치단체의 평생교육진흥 임무를 수행하기 위한 업무를 수행한다. 심의·협의기구는 행정기구가 평생교육진흥 정책과 계획을 심의하고 자문하기 위해 운영되는 기구이다. 그리고 「평생교육법」에 따라 국가는 평생교육진흥위원회를 설치하고, 정책 심의를 요청한다. 시도자치단체도 「평생교육법」에 따라 시도평생교육협의회를 설치하고 조례에 따라 구성 및 운영에 필요한 사항을 정한다. 시군구자치단체 역시 「평생교육법」에 따라 시·군·자치구평생교육협의회를 설치하고, 조례에 따라 구성 및 운영에 필요한 사항을 정한다.

이 외에 각종 법령에 의해서 운영되는 각종 위원회 및 연구기관 등이 평생교육 추진체계에 포함된다. 예를 들어, 국가교육회의, 한국교육개발원, 한국직업능력개발원 등은 국가교육자문 또는 연구 기구로서 평생교육진흥과 관련된 정책 자문 및 연구 등의 역할을 수행한다. 중앙정부의 행정기구에 대해 구체적으로 국가평생교육진흥원(2021)이 제시하고 있는 내용을 중심으로 살펴보면 다음과 같다.

1) 교육부

국가 행정기구인 교육부는 평생교육 주무부처로서 「헌법」 제31조 제5항 국가의 평생교육진흥 의무와 「교육기본법」 제3조 학습권을 행정적으로 지원하고 「평생교육법」 제5조의 국가 임무를 수행한다. 구체적으로는 평생교육 임무 수행을 위한 정책 기획, 예산 기획 및 집행, 정책 추진 및 평가 등의 정책 기획과 실행 업무를 수행한다. 또한 교육부는 정책 기획을 위하여 평생교육 관련 연구를 발주하고, 연구 결과를 공유한다.

그리고 교육부는 평생교육진흥을 위한 국가 임무를 수행하기 위해 평생미래교육국 산하에 4개의 과(미래교육기획과, 평생학습정책과, 진로교육정책과, 이러닝과)를 설치·운영하고 있다〈표 4-1〉.

표 4-1. 평생미래교육국 산하 과의 담당 업무

과	담당 업무
미래교육기획과	K-MOOC, 미래교육기획, 글로벌인재포럼, 매치업, Best HRD 등
평생학습정책과	학원 정책, 성인문해교육, 평생교육 바우처, 국가평생교육진흥원, 대학의 평생학습체제, 민간자격제도, 국가역량체계, 학교협동조합, 지역 평생교육 활성화, 평생교육시설, 평생학습진흥 지원, 평생교육통계, 사회적 협동조합 등
진로교육정책과	학교 진로교육 활성화, 소외계층 진로교육 지원, 창업교육, 진로체험 격차 해소, 진로교육 관련 법령 및 제도 개선, 커리어넷, 진로교육콘텐츠, 진로상담, 지역 간 격차 해소, 학부모진로콘텐츠, 꿈길시스템 운영, 교육기부 진로체험 인증제 운영, 국가진로교육센터 운영 지원 등
이러닝과	이러닝 활성화, 사이버교육, 방송통신대학, 에듀테크 소프트랩 사업, 공공학습관리시스템, EBS 고교 강의, K에듀 통합플랫폼 구축, 디지털교과서 연구 및 선도학교 운영, ICT 연계 교육서비스, 이러닝 세계화, 저소득층 교육정보화 지원 등

구체적으로 미래교육기획과는 K-MOOC, 미래교육기획, 글로벌인재포럼, 매치업, Best HRD 등의 업무를 수행한다. 평생학습정책과는 평생교육 관련 학원 정책, 성인문해교육, 평생교육 바우처, 국가평생교육진흥원, 대학평생교육체제, 민간자격제도, 지역 평생교육 활성화, 평생교육통계, 협동조합, 국가역량체계 등 다수의 평생교육 정책 및 사업을 담당 업무로 하고 있다.

진로교육정책과는 학교진로교육 활성화, 소외계층 진로교육 지원, 창업교육, 진로체험 격차 해소, 커리어넷 운영, 진로상담, 진로교육 관련 법령 및 제도 개선, 교육기부 진로체험 인증제 운영, 국가진로교육센터 운영 지원 등 진로교육 전반에 대한 정책 및 사업을 담당 업무로 한다. 이러닝과는 이러닝 활성화, 사이버교육, 방송통신대학, 에듀테크 소프트랩 사업, 공공학습관리시스템, EBS 고교 강의, K에듀 통합플랫폼 구축, 디지털 교과서 연구 및 선도학교 운영, ICT 연계 교육서비스, 이러닝 세계화, 저소득층

교육정보화 지원 등의 업무를 담당하고 있다.

2) 국가평생교육진흥원

국가평생교육진흥원은 「평생교육법」 제19조 제1항에 따라 평생교육진흥 업무를 지원하기 위해 국가에 의해서 2008년에 설립되었다. 국가평생교육진흥원의 업무는 「평생교육법」 제19조 제4항에 따라 평생교육진흥을 위한 지원 및 조사, 평생교육진흥위원회가 심의하는 기본계획 수립의 지원, 평생교육 프로그램 개발의 지원, 평생교육사를 포함한 평생교육 종사자의 양성 및 연수, 평생교육기관 간 연계체제의 구축, 시도평생교육진흥원 지원, 평생교육 종합시스템 구축 및 운영, 학점 또는 학력인정에 관한 사항, 학습계좌의 통합 관리 및 운영, 문해교육의 관리 및 운영, 법령에 따라 위탁받은 업무 등으로 구체화되어 있다.

국가평생교육진흥원은 2020년 현재 5본부 1센터 1실의 조직체계를 운영하고 있다. 5본부는 국가 평생교육진흥지원 업무에 따라 편제되었다. 기획경영혁신본부는 기획조정실부터 정보화전략실까지 국가평생교육진흥원의 관리, 재무, 인사, 대외홍보 등의 경영업무를 담당한다. 그리고 평생 · 직업교육정책본부, 학점 · 학력인증본부, 미래전략사업본부, 국민학습참여진흥본부는 주요 평생교육 정책 및 사업 업무를 지원 · 실시하기 위해 17개의 센터 및 실을 운영하고 있다. 또한 교육부 위탁사업 추진을 위하여 평생 · 직업교육정책본부 내 학교협동조합 중앙지원센터와 국민학습참여진흥본부 내 검정고시지원센터를 두고 원활한 업무 수행을 추진하고 있다. 특히 2019년 말 '대학평생교육원 강좌 개설 지원사업' 운영기관 지정에 따라 평생 · 직업교육정책본부 내 '대학인적자원지원센터'를 신설하였다. 2022년 현재 국가평생교육진흥원의 조직 구성은 〈그림 4-2〉와 같다

그림 4-2. 국가평생교육진흥원 조직도

출처: 국가평생교육진흥원 홈페이지(https://www.nile.or.kr/).

국가평생교육진흥원의 주요 사업은 「평생교육법」에 따른 국가의 평생교육진흥 업무 지원 및 관련 기능이다. 이를 위해 국가평생교육진흥원은 구체적인 사업을 18개로 명시하고 있다. 구체적으로 국가평생교육진흥원의 주요 사업은, ① 지역 평생교육 활성화, ② 매치업(Match業) 프로그램, ③ 평생교육 바우처 지원, ④ 대학의 평생교육체제 지원, ⑤ 평생교육사 자격제도 운영, ⑥ 국가평생학습포털 늘배움, ⑦ 평생학습계좌제, ⑧ 학점은행제, ⑨ 독학학위제, ⑩ 한국형 온라인 공개강좌(K-MOOC), ⑪ 성인문해교육 지원, ⑫ 검정고시 프로그램 운영 지원, ⑬ 학부모 자녀교육 역량 강화, ⑭ 다문화교육 활성화 지원, ⑮ 장애대학생 교육활동 지원, ⑯ 학교협동조합 중앙지원센터, ⑰ 장애대학생 원격수업 지원, ⑱ 대학 평생교육원 강좌 개설 지원이다.

3) 국가장애인평생교육진흥센터

국가장애인평생교육진흥센터는 「평생교육법」 제19조의 2, 「교육부와 그 소속기관 직제」 제23조, 「교육부와 그 소속기관 직제 시행규칙」 제8의 2 제7항 제24호에 따라 장애인의 평생교육진흥과 관련된 2020 평생교육백서 업무를 지원하기 위하여 2018년 5월 28일에 국립특수교육원 산하 센터로 설치되었다. 「평생교육법」 제19조의 2제 2항에 따르면 장애인평생교육진흥센터의 업무는, ① 장애인 평생교육진흥을 위한 지원 및 조사 업무, ② 평생교육진흥위원회가 심의하는 기본계획에 관한 사항 중 장애인 평생교육진흥에 관한 사항, ③ 장애 유형별 평생교육 프로그램 개발의 지원, ④ 장애인 평생교육 종사자의 양성 · 교육 및 연수와 공무원의 장애인 의사소통 교육, ⑤ 장애인 평생교육기관 간의 연계체제 구축, ⑥ 발달장애인의 평생교육과정의 개발, ⑦ 발달장애인의 의사소통 도구의 개발과 보급, ⑧ 장애인 평생교육 프로그램을 운영하는 각급학교와 평생교육기관 양성을 위한 지원, ⑨ 장애 유형별 평생교육 교재 · 교구의 개발과 보급, ⑩ 그 밖에 장애인평생교육진흥센터의 목적 수행을 위하여 필요한 사업 등이다.

국가장애인평생교육진흥센터는 그 임무와 기능을 수행하기 위해, 운영 목표를 '평생교육을 통한 장애인의 사회참여 증진과 삶의 질 향상 도모와 '누구나 교육받을 수 있는 평생교육 환경'으로 설정하고 '장애인 평생교육 진흥을 통한 장애인 행복 실현'을 비전으로 제시하고 있다. 국가장애인평생교육진흥센터 직원의 담당 업무는 장애대학생 교육복지지원, 문해교육 기본 교육과정 개발, 장애인 평생교육 현황조사, 지역 기반 장애인 평생교육 프로그램 개발, 장애유형별 평생교육 교재 · 교구 개발, 발달장애인 교육프로그램 개발, 장애인 평생교육 온라인 콘텐츠 개발, 장애인 평생교육 담당자 역량강화, 장애인 평생학습도시 운영 등이다.

4) 평생교육진흥위원회

중앙정부 수준의 평생교육 추진체계 중 평생교육진흥위원회는 심의 및 협의기구이다. 평생교육진흥위원회는「평생교육법」제10조 제1항에 따라 평생교육진흥 정책에 관한 주요 사항 심의를 위해 교육부장관이 설치한다. 평생교육진흥위원회의 심의 사항은「평생교육법」제10조 제2항에 따라 기본계획, 평생교육진흥 정책의 평가 및 제도 개선, 평생교육지원 업무의 협력과 조정, 그 밖에 평생교육진흥 정책을 위하여 대통령령으로 정하는 사항이다.

대통령령인「평생교육법 시행령」제4조는 평생교육진흥위원회의 심의사항으로, 평생교육시설 · 장비 등 평생학습 기반 확충, 학습계좌 운영 및 학습결과의 활용촉진 등 제도 개선, 평생학습문화의 조성 및 지원, 진흥위원회의 위원장이 필요하다고 판단하여 진흥위원회에 심의를 요구한 사항으로 규정하고 있다. 이처럼 평생교육진흥위원회는 국가의 평생교육진흥과 관련된 다수의 업무에 대한 심의와 자문을 제공하는 중앙정부 기구이다.

평생교육진흥위원회는「평생교육법」제10조 제2항에 따라 위원장을 포함하여 20인 이내의 위원으로 구성되며, 평생교육진흥위원회의 심의를 효율적으로 지원하기 위하여 평생교육진흥위원회에 평생교육실무조정위원회를 구성 · 운영할 수 있다.

5) 국가교육회의

국가교육회의는 대통령 직속 자문기구로서 평생교육을 포함한 교육혁신 및 중장기 교육정책 논의를 주도하고 국민적 합의를 끌어내는 역할을 한다. 따라서 국가교육회의는 국가 평생교육 정책을 논의하고 자문의견을 제시하고 있다. 국가교육회의는「국가교육회의 설치 · 운영 규정」제2조 제1항에 따라 교육혁신, 학술진흥, 인적자원개발 및 인재양성과 관련된 주요 정책 등에 관한 사항을 효율적으로 심의 · 조정하기 위하여 대통령 소속으로 설치되었다. 「국가교육회의 설치 · 운영 규정」 제1조에 따르면 국가교육회의의 목적은 교육혁신, 학술진흥, 인적자원개발 및 인재양성을 효율적이고 민주적으로 도모함과 동시에, 교육에 대한 국가의 책임 이행을 지원하는 데 있다.

그리고 「국가교육회의 설치 · 운영 규정」 제2조 제2항에 따르면 국가교육회의 기능은 14개의 사항을 심의 · 조정하는 것이다. 이 중 평생교육을 직접 언급한 사항은 인문 · 소양 교육의 확대 및 평생교육 기회의 균등한 제공 등 평생교육 활성화에 관한 사항이다.

2. 지방자치단체

지방자치단체 수준의 평생교육 추진체계는 중앙정부와 동일하게 법령 및 조례에 따라 행정기구, 전담기구, 심의 · 협의기구로 구분된다. 지방자치단체의 행정기구는 시도 광역자치단체, 시군구 기초자치단체, 시도교육청, 시군구 교육지원청 등이 포함된다.

광역자치단체 수준의 행정기구는 시도 광역자치단체와 시도교육청이다. 광역자치단체는 국가와 동일하게 「평생교육법」 제5조에 따라 평생교육진흥 정책 수립 및 추진 임무, 장애인 평생교육 정책 수립 및 시행 임무, 장애인 평생교육을 위한 유기적 협조체제 구축 임무, 소속 단체 등의 평생교육 실시 권장 임무를 부여받고 있다. 광역자치단체 행정기구의 평생교육 임무 수행을 지원하기 위하여 전담기구와 심의 · 협의기구를 설치 · 운영한다. 전담기구는 시도평생교육진흥원이고, 심의 · 협의기구는 시도평생교육협의회이다.

기초자치단체 수준의 행정기구는 시군구 기초자치단체와 지역교육청 등이다. 기초자치단체 행정기구 역시 국가 및 광역자치단체와 동일하게 「평생교육법」 제5조에 따라 평생교육진흥 정책 수립 및 추진 임무 등을 부여받고 있다. 또한 기초자치단체 수준의 행정기구도 평생교육 관련 임무 수행 지원을 위해 시군구 평생학습관과 읍면동 평생학습센터를 전담기구로 설치 · 운영한다. 더불어 시군구 평생교육협의회를 심의 · 협의기구로 설치 · 운영한다.

지방자치단체 수준에서도 연구와 자문의 기능을 수행하는 연구 전문기관이 추진체계로 포함된다. 연구 전문기관에는 광역자치단체마다 운영하는 각종 지역발전연구원, 여성정책연구원 등이 있다. 지방자치단체의 행정기구에 대해 구체적으로 국가평생교육진흥원(2021)이 제시하고 있는 내용을 중심으로 살펴보면 다음과 같다.

1) 시도광역자치단체와 시도교육청

광역자치단체의 평생교육 행정기구는 시도광역자치단체와 시도교육청이다. 각각의 행정기구는 평생교육진흥 관련 임무 수행을 위해 전담부서를 설치하고 담당 공무원을 배치하고 있다. 구체적으로 2021년 3월 현재 시도광역자치단체 및 시도교육청은 각각 평생교육 담당 부서나 담당을 배치하고 있는데, 서울특별시와 경기도는 평생교육국을 설치하고, 하위에 평생교육과를 설치하고 있으며, 대구, 대전, 전남, 전북, 제주, 충남은 평생교육팀을 설치 · 운영하고 있고, 경남, 광주, 세종, 울산, 인천, 충북은 평생교육담당을 배치하고, 강원, 경북, 부산은 교육지원팀, 교육정책과, 교육복지팀이 평생교육 업무를 수행하고 있다. 현재 시도교육청 중 평생교육 업무가 국 단위로 이루어지는 곳은 서울특별시 교육청이 유일하다. 과 단위로 평생교육 업무가 이루어지는 곳은 경기이고, 팀 단위로 업무를 수행하는 곳은 광주, 부산, 울산, 인천, 전남, 충남이다. 이 외의 시도교육청은 평생교육 담당을 배치하고 있다.

2) 시도평생교육진흥원과 시도평생교육협의회

광역자치단체의 평생교육진흥 업무를 지원하기 위한 전담기구는 시도평생교육진흥원이다. 「평생교육법」 제20조에 따라 시도지사는 시도평생교육진흥원을 설치하거나 지정 · 운영할 수 있다. 또한 「평생교육법」 제20조 제2항에 따라 시도평생교육진흥원은 행정기구의 평생교육 임무 수행을 지원하기 위해 평생교육기회 및 정보의 제공, 평생교육 상담, 평생교육 프로그램 운영, 장애인 대상 평생교육 프로그램 운영, 평생교육기관 간 연계체제 구축 등의 업무를 수행한다. 2020년 현재 17개 광역시도는 모두 시도평생교육진흥원을 설치 · 운영하고 있다.

광역자치단체의 평생교육진흥 업무에 대한 심의 및 자문 기능을 제공하는 심의 · 자문 기구가 시도평생교육협의회이다. 시도 지방자치단체장은 「평생교육법」 제12조 제1항에 따라 평생교육 시행계획의 수립 및 시행에 필요한 사항을 심의하기 위해 시도평생교육협의회를 설치할 수 있다. 따라서 시도평생교육협의회의 구성 주체는 시도지방자치단체장이고 산하에 협의회를 둔다. 그리고 시도평생교육협의회의 목적은 시도지방자치단체장이 마련한 평생교육 시행계획을 심의하고 관련 자문을 제공하는 것이다.

3) 시군구기초자치단체와 지역교육청

기초자치단체도 국가 및 광역자치단체와 동일하게 행정기구로서 시군구기초자치단체와 지역교육청이 평생교육진흥 임무를 수행한다. 시군구기초자치단체와 지역교육청의 평생교육진흥 임무는 국가 및 광역자치단체와 동일하게 「평생교육법」 제5조에 따라 부여된다. 따라서 시군구기초자치단체와 지역교육청은 평생교육진흥 정책 수립 및 추진 임무, 장애인 평생교육 정책 수립 및 시행 임무, 장애인 평생교육을 위한 유기적

협조체제 구축 임무, 소속 단체 등의 평생교육 실시 권장 임무를 부여받는다.

시군구기초자치단체는 광역자치단체의 평생교육 정책 및 사업과 연계되는 부분도 있지만 시군구기초자치단체장의 의지와 정책 방향에 따라 독립적으로 평생교육 정책 및 사업을 추진한다. 한국은 국가가 시군구기초자치단체의 평생교육진흥을 위해 2001년 평생학습도시를 지정하여, 시군구기초자치단체의 평생교육 추진체계를 구축하고 관련 사업을 추진하도록 유도하고 있다. 2020년 6월 현재 평생학습도시로 지정된 시군구기초자치단체는 175개로 전체 시군구기초자치단체(226개)의 약 77.4%이다(국가평생교육진흥원, 2021). 평생학습도시로 지정된 시군구기초자치단체는 평생학습도시 임무를 수행하기 위해 산하 부서를 설치 · 운영하며, 평생교육진흥을 위한 정책 및 사업을 계획 · 실천한다.

지역교육청은 광역 수준의 시도교육청과 산하의 교육지원청을 통칭한다. 따라서 여기에서 말하는 지역교육청은 교육지원청을 의미한다. 교육지원청은 시도교육청의 산하 기구이면서 동시에 지역의 특성에 따라 차별적인 교육정책 및 사업을 추진하는 평생교육 행정기구이다. 2020년 4월 현재 전국 17개 시도교육청 산하에 176개의 교육지원청이 있다. 교육지원청은 해당 지역의 학교, 도서관, 박물관 등 교육지원청 소속기관을 활용하여 지역 주민을 위한 평생교육 프로그램을 운영하는 등 직접 평생교육진흥 임무를 수행하거나, 전담기구를 활용하여 임무를 수행한다. 또한 시군구 기초자치단체와 연계 · 협력하여 지역 평생교육진흥 임무를 수행하기도 한다.

4) 시군구평생학습관과 읍면동평생학습센터

시군구기초자치단체 및 지역교육청은 평생교육진흥 임무 수행을 위해 전담기구인 평생학습관과 평생학습센터를 운영할 수 있다. 「평생교육법」 제21조에 따라 시군구 지방자치단체장은 평생학습관을 설치하거나 재정 지원을 통해 평생교육진흥을 위한 사업을 실시할 수 있다. 또한 시도교육감도 평생학습관을 설치할 수 있다.

「평생교육법」 제21조 제1항과 제2항에 따르면, 평생학습관의 설립 목적은 주민을 대상으로 평생교육 프로그램을 운영하고 평생교육 기회를 제공하는 것이다. 구체적으로 「평생교육법」 제21조 제3항은 평생학습관의 사업을 평생교육 프로그램의 개발 · 운영, 장애인 대상 평생교육 프로그램의 개발 · 운영, 평생교육 상담, 평생교육 종사자에 대한 교육 · 훈련, 평생교육 관련 정보의 수집 · 제공, 읍면동평생학습센터에 대한 운영 지원 및 관리, 그 밖에 평생교육 진흥을 위하여 필요하다고 인정되는 사업으로 규정한다.

2020년 현재 전국의 평생학습관은 총 495개이다. 이 중 시도교육감에 의해 설치 · 지정된 평생학습관은 336개, 지방자치정부에 의해서 설치된 평생학습관은 159개이다. 설립 주체별로는 국가 및 지자체가 415개, 법인이 55개, 개인이 12개, 기타가 13개이다. 시도지방자치단체별로는 경기 90개, 서울 79개로 경기와 서울 지역의 평생학습관이 다른 광역시도에 비해 2~3배 많고, 다음으로 경북 38개, 경남 32개, 강원 32개, 전남 30개, 부산 30개 등의 순이다.

평생학습관과 함께 시군구 지방자치단체는 「평생교육법」 제21조 3의 제1항에 따라 읍면동평생학습센터를 설치하거나 지정할 수 있다. 읍면동평생학습센터의 설치 목적은 읍면동별로 주민을 대상으로 하여 평생교육프로그램을 운영하고 상담을 제공하는 것이다. 그 외의 읍면동평생학습센터 설치 및 지정 그리고 운영에 대한 사항은 지방자치단체의 조례로 정한다. 읍면동평생학습센터에 대한 전국 현황 통계는 집계되지 않고 있다. 각 지방자치단체별로 평생학습센터를 소개하거나 지역별 통계를 제공하는데, 대부분 읍면동주민자치센터, 도서관, 박물관, 복지관, 문화센터 등의 지역기관이 읍면동평생학습센터로 지정되어 운영된다. 지방자치단체의 부서나 주요 평생교육관이 읍면동평생학습센터를 위한 거점센터로 운영되기도 한다.

5) 시군구평생교육협의회

시군구기초자치단체 및 지역교육청의 평생교육진흥 임무 수행과 관련하여 심의와 자문을 제공하는 시군구평생교육협의회가 있다. 「평생교육법」 제14조 제1항에 따라 시군구기초자치단체는 시군구평생교육협의회를 설치할 수 있다. 시군구평생교육협의회의 설치 목적은 지역 주민을 위한 평생교육의 실시와 관련되는 사업 간 조정 및 유관기관 간 협력 증진이다. 구체적으로 시군구평생교육협의회는 시군구기초자치단체의 평생교육진흥 정책 및 사업 계획을 심의하고 관련 자문을 제공한다. 정책이나 계획 이외에도 의장이 필요하다고 판단하는 사항에 대한 심의와 자문을 제공한다.

시군구기초자치단체는 평생교육 관련 조례를 제정하고 그 안에 시군구평생교육협의회에 대한 규정을 담고 있다. 구체적으로 시군구기초자치단체의 조례마다 약간씩 차이는 있지만, 시군구평생교육협의회의 설치, 기능, 임기, 구성, 의장의 직무, 회의, 수당, 운영 등에 대한 규정이 포함된다.

3. 평생교육기관의 유형

1) 사회교육법에 의한 사회교육기관 유형

평생교육기관의 분류 기준은 설립 및 운영주체와 성격, 소관 부처, 제공하는 교육의 목적 및 내용, 교육대상 등에 따라 매우 다양해서, 「평생교육법」이 시행되기 전까지는 다음과 같은 기준에 따라 분류되었다〈그림 4-3〉.

첫째, 운영주체와 성격에 따른 분류로 국가주도형, 학교주도형, 민간단체 주도형, 종교 및 문화기관주도형으로 구분 후, 교육프로그램의 특성이나 실시 기관의 특성에 따라 하위유형으로 재분류하고 목적 및 주된 기능에 따라, ① 사회교육전담기관, ② 일반교육기관(정규학교), ③ 준교육기관, ④ 기타교육기관(비교육기관)으로 분류되었다.

둘째, 제공되는 내용을 중심으로 한 분류로서, ① 국민생활에 필요한 기초 교육과 교양교육, ② 직업 · 기술 및 전문교육, ③ 건강 및 보건교육, ④ 가족생활교육, ⑤ 지역사회교육과 새마을교육, ⑥ 여가교육, ⑦ 국제이해교육, ⑧ 국민독서교육, ⑨ 전통문화 이해교육, ⑩ 기타 학교교육 이외의 조직적인 교육 활동 등으로 분류한다. 그리고 이와 비슷하게, 대상을 중심으로 공무원교육, 농민교육, 여성교육, 노인교육, 근로자교육, 청소년교육 등으로 분류하기도 한다.

셋째, 절충형이다. 대표적으로 기존의 교육부 분류방식이 여기에 해당된다. 여기에는, ① 공무원 연수원 및 공공 교육훈련기관, ② 직업훈련기관(공공 · 사업 내 · 인정직업훈련원 등), ③ 산업교육연수기관(산업체 · 금융계 연수원 등) ④ 학원과 일반 평생교육기관, ⑤ 학교중심(부설) 평생교육기관(평생교육원 · 지역사회학교 등), ⑥ 학교형태 평생교육기관(각종 학교 · 기술학교 · 방송통신대), ⑦ 청소년 평생교육기관 및 단체(수련시설 · 자연학습원 · 학생교육원 등), ⑧ 여성평생교육기관 및 단체(여성회관 · 부녀복지관 등), ⑨ 노인평생교육기관 및 단체(노인회 · 노인대학 · 경로당 등), ⑩ 사회복지기관 및 시설과 단체(여성 · 노인 · 보육시설 · 복지관 등), ⑪ 문화시설 중심 평생교육기관(도서관 · 박물관 · 문화원 · 구민회관 등), ⑫ 상담기관, ⑬ 학술 및 연구기관(연구소 및 학회), ⑭ 시민사회단체 등이 포함된 기관 유형으로 분류되고 있다.

분류	유형
운영주체와 성격에 따른 분류	• 국가주도형 • 학교주도 • 민간단체주도형 • 종교 및 문화기관주도형
목적 및 주된 기능에 따른 분류	• 사회교육전담기관 • 일반교육기관(정규학교) • 준교육기관 • 기타 교육기관(비교육기관)
제공되는 내용 중심 분류	• 기초교육 및 교양교육 • 직업 · 기술 및 전문교육 • 건강 및 보건교육 • 가족생활교육 • 지역사회교육과 새마을 교육 • 여가교육 • 국제이해교육 • 국민독서교육 • 전통문화 이해교육 • 기타 학교교육 이외의 조직적인 교육활동
절충형 분류	• 공무원 연수원 및 공공 교육훈련기관 • 직업훈련기관 • 산업교육 이수기관 • 학원 및 일반평생교육기관 • 학교중심 (부설) 평생교육기관 • 학교형태 평생교육기관 • 청소년 평생교육기관 및 단체 • 여성평생교육기관 및 단체 • 노인평생교육기관 및 단체 • 사회복지기관 및 시설과 단체 • 문화시설 중심 평생교육기관 • 상담기관 • 학술 및 연구기관 • 시민사회단체 등이 포함된 기관

그림 4-3. 「사회교육법」에 따른 사회교육기관 유형

2) 평생교육법에 의한 평생교육기관의 유형

「사회교육법」의 분류는 평생교육기관의 수만큼이나 분류 기준 역시 다양하고 복잡하다. 따라서 1999년 제정된 「평생교육법」은 「평생교육법」상의 평생교육기관 개념과 기관 분류에 대한 고찰을 통해 평생교육기관을 재분류하게 된다. 「평생교육법」 제2조 2항에 따르면 평생교육기관이란 「평생교육법」에 따라 인가 · 등록 · 신고된 시설 · 법인 또는 「단체 및 학원의 설립 · 운영 및 과외교습에 관한 법률」에 따른 학원 중 학교교과교습학원을 제외한 평생직업교육을 실시하는 학원과 그 밖에 다른 법령에 따라 평생교육을 주된 목적으로 하는 시설 · 법인 또는 단체를 말한다.

그중 「평생교육법」에서 규정하는 평생교육을 시행하는 평생교육시설은 다음과 같이 여덟 가지로 구분하고 있다〈표 4-2〉. ① 학교 부설 평생교육시설, ② 학교 형태 평생교육시설, ③ 사내대학 형태 평생교육시설, ④ 원격대학 형태의 평생교육시설, ⑤ 사업장 부설 평생교육시설, ⑥ 시민사회단체 부설 평생교육시설, ⑦ 언론기관 부설 평생교육시설, ⑧ 지식 · 인력개발사업 관련 평생교육시설로 구분된다.

일반적으로 평생교육기관이라 함은 협의적으로는 「평생교육법」과 다른 법령에 의거하여 평생교육을 주된 목적으로 하는 시설을 의미하지만 광의적으로는 평생교육을 주된 목적으로 하는 법인 · 단체와 시설을 모두 포괄하는 것으로 해석한다.

표 4-2. 「평생교육법」상의 평생교육기관 분류

	관계법	시설구분	유형	설치요건
「평생교육법」에 의해 인가 · 등록 · 신고된 시설	「평생교육법」 제30조	학교 부설 평생교육시설	대학/전문대 부설 평생(사회)교육원 등	관할청에 보고
	「평생교육법」 제31조	학교 형태 평생교육시설 중 학력인정시설 (교육감 지정)	각종 학교, 기술학교, 방송통신대 등	교육감에 등록
	「평생교육법」 제32조	사내대학 형태 평생교육시설	사내대학	교육부장관 인가
	「평생교육법」 제33조	원격대학 형태 평생교육시설	원격대학 형태	교육감에 신고
	「평생교육법」 제35조	사업장 부설 평생교육시설	산업체, 백화점 문화센터 등	교육감에 신고
	「평생교육법」 제36조	시민사회단체 부설 평생교육시설	법인, 주무관청 등록, 회원 300인 이상 시민단체	교육감에 신고
	「평생교육법」 제37조	언론기관 부설 평생교육시설	신문 · 인터넷신문 · 월간지를 발행하는 개	교육감에 신고

	관계법	시설구분	유형	설치요건
			인 또는 법인, 방송·뉴스통신사를 경영하는 법인	
	「평생교육법」 제38조	지식·인력 개발사업 관련 평생교육시설	산업교육기관, 학교실습기관	교육감에 신고
다른 법령에 의한 시설	「학원의 설립·운영에 관한 법률」, 「도서관 및 독서진흥법」, 「박물관 및 미술관진흥법, 근로자 직업훈련촉진법」 등	학원, 직업 훈련원, 도서관, 박물관, 문화원 등 평생교육시설		
기타	「평생교육법」 제2조	평생교육을 주목적으로 하는 법인·단체		

「사회교육법」은 기관을 운영하는 주체와 성격에 따른 분류와 제공하는 교육의 내용을 중심으로 하는 분류, 그리고 교육대상과 성격 등 앞의 두 분류로 구분하기 어려운 절충형 분류로 나누어 기관을 분류하고 있다. 반면 「평생교육법」상의 분류는 기관을 운영하는 운영주체에 따른 분류를 통해 기관을 구분하고 있다. 이로써 기관의 분류는 여덟 가지로 단순화할 수 있었지만, 같은 맥락에서 평생교육을 시행하는 교육기관들은 또 다른 법령에 의해 운영됨으로써 아직까지는 완성되지 않은 형태라고 할 수 있다.

설치요건을 보면 교육부장관의 인가를 받아야 하는 사내대학 형태의 유형을 제외한 나머지 유형들은 관할청 보고 또는 교육감 등록, 교육감 신고 등으로 설치 요건이 다소 유연하다고 할 수 있다. 그리고 기관을 설립할 수 있는 주체는, 언론기관 부설 평생교육시설을 제외한 나머지 유형은 모두 법인이 기관을 설립할 수 있도록 규정하고 있다. 다시 말해 개인이 설립할 수 있는 유일한 평생교육기관이 언론사 부설 평생교육기관인 것이다. 이는 언론사 부설 평생교육기관이 급격하게 증가하는 가장 큰 원인으로 작용하게 되었다.

(1) 학교 부설 평생교육시설

학교 부설 평생교육시설이라 함은 학교의 인적 · 물적 자원을 지역사회에 개방하고 다양한 평생교육을 실시함으로써 각급 학교의 평생학습 강화를 촉진하고 열린 교육사회의 구현에 기여하기 위한 시설을 말한다. 「평생교육법」에 의거하여 각급 학교의 장은 학생 · 학부모 및 지역주민을 대상으로 교양 증진 또는 직업교육을 위한 평생교육시설을 설치 · 운영할 수 있다.

(2) 학교 형태의 평생교육시설

학교 형태의 평생교육시설이라 함은 교육과정 및 시설 · 설비 등이 중학교 또는 고등학교와 유사한 시설로서 경제적 이유 등 개인사정으로 중 · 고등학교에 진학하지 못한 근로 청소년, 성인 등을 대상으로 하는 평생교육시설을 말한다. 학력인정 평생교육시설은 교육감에게 등록한 학교 형태 평생교육시설 중 일정 기준 이상의 요건을 갖춘 경우 중 · 고등학교 졸업자와 동등한 학력이 인정되는 시설로 지정된 것을 말한다.

(3) 사내대학 형태의 평생교육시설

사내대학 형태의 평생교육시설이란 시간적 · 경제적 여유가 없어 대학에 가지 못한 근로자들을 위해 학교법인 설립 없이 일정 기간 사내교육을 이수하면 학력 · 학위가 인정되는 평생교육 차원의 고등교육기관으로 교육 경비를 고용주가 부담하여 근로자의 면학욕구를 수용할 수 있고 기업 입장에서는 전문 직무교육과 특화교육 효과를 거둘 수 있도록 한 새로운 평생교육 제도를 말한다.

(4) 원격대학 형태의 평생교육시설

원격대학 형태의 평생교육시설이라 함은 정보통신 기술, 멀티미디어 기술 및 관련

소프트웨어 기술 등을 이용하여 형성된 상호참여 공간을 주 학습장으로 하여 시간과 공간의 제약 없이 주로 비대면 교육을 통하여 전문대 또는 대학 졸업자와 동등한 학력을 인정하고 학위를 주는 평생교육 차원의 고등교육기관을 말한다.

(5) 사업장 부설 평생교육시설

사업장 부설 평생교육시설이라 함은 산업체, 백화점 문화센터 등 일정규모(종사자 100명) 이상의 사업장에서 당해 사업장의 고객을 대상으로 하는 평생교육시설을 말한다. 사업장 부설 평생교육시설에는 백화점 · 대형마트 문화센터 및 산업체에서 운영하는 문화센터 등이 있다.

(6) 시민사회단체 부설 평생교육시설

시민사회단체 부설 평생교육시설이라 함은 법인인 시민사회단체, 법령에 의하여 주무관청에 등록된 시민사회단체, 회원 수가 300명 이상인 시민사회단체가 소속 회원 외에 일반 시민을 대상으로 평생교육시설을 운영하는 경우를 말한다. 시민사회단체에는 서울 YMCA, 국가인권위원회 인권교육센터, 대한적십자사 등이 있다.

(7) 언론기관 부설 평생교육시설

언론기관 부설 평생교육시설이라 함은 신문 · 방송 등 언론기관(일간신문 · 주간신문 · 인터넷신문 · 월간잡지를 발행하는 개인 또는 법인, 방송을 하는 법인, 뉴스통신사업을 경영하는 법인)은 언론 매체를 통하여 평생교육 진흥에 기여해야 하는 임무를 부담함과 동시에 일반 국민을 대상으로 교양 증진과 능력 향상을 위한 평생교육시설을 설치 · 운영할 수 있게 한 것을 말한다. 언론기관 부설 평생교육시설에는 KBS 방송문화센터, 한겨레 교육문화센터, 문화일보 부설 평생교육시설 등이 있다.

(8) 지식 · 인력 개발사업 관련 평생교육시설

지식 · 인력 개발사업 관련 평생교육시설이라 함은 지식정보의 제공사업, 교육훈련 및 연구 용역사업, 교육 위탁사업, 교육훈련기관의 경영진단 및 평가사업, 교육자문 및 상담사업, 교수 · 학습 프로그램의 개발 및 공급사업 등을 1년 이상 경영한 실적이 있는 자로서 자본금 또는 자산이 3억 원 이상이고 전문 인력을 5명 이상 확보하고 있는 법인을 말한다.

(9) 다른 법령에 의한 평생교육기관

다른 법령에 의한 평생교육기관이라 함은 「학원의 설립 · 운영에 관한 법률」, 「도서관 및 독서진흥법」, 「박물관 및 미술관진흥법」, 「근로자 직업훈련 촉진법」 등에 의한 학원, 직업훈련원, 도서관, 박물관, 문화원 등을 말한다. 구체적으로 제6유형으로는 평생직업교육학원(「학원의 설립 · 운영 및 과외교습에 관한 법률), 제7유형으로는 주민자치기관(「행정자치법령」), 문화시설기관(「도서관법」, 「박물관 및 미술관진흥법」, 「지방문화원 진흥법」, 「문화예술진흥법 시행령」, 「문화예술교육 지원법」), 아동 관련 시설(「아동복지법」), 여성 관련 시설(「여성발전기본법」), 청소년 관련 시설(「청소년기본법」, 「청소년활동진흥법」), 노인 관련 시설(「노인복지법」), 장애인 관련 시설(「장애인복지법」), 다문화가족 관련 시설(「다문화가족지원법」), 사회복지 관련 시설(「사회복지사업법」), 제8유형으로는 직업훈련기관(「근로자직업능력개발법」), 연수기관(「공무원교육훈련법」, 각 법령), 제9유형으로는 비영리민간단체(「비영리만간단체지원법」), 비영리 사(재)단법인(사(재)단법인), 청소년 관련 단체(「청소년기본법」, 사(재)단법인), 여성 관련 단체(「여성발전기본법」, 사(재)단법인), 노인 관련 단체(「노인복지법」, 사(재)단법인), 시민단체(사(재)단법인), 기타(사(재)단법인) 등이 있다.

Chapter 05

평생교육을 위한 조직이론

배울내용

1. 평생교육조직의 개념과 유형
2. 평생교육조직의 형태
3. 평생교육조직의 특성
4. 평생교육조직에 영향을 미치는 요인

학습목표

1. 평생교육조직의 개념을 이해한다.
2. 조직의 유형을 설명할 수 있다.
3. 평생교육조직의 형태를 구분하고 각 형태를 비교할 수 있다.
4. 평생교육조직의 특성을 이해하고 설명할 수 있다.
5. 평생교육조직에 영향을 미치는 요인을 설경하고, 예방책을 모색해 본다.

CHAPTER 05

평생교육을 위한 조직이론

1. 평생교육조직의 개념과 유형

1) 평생교육조직의 개념

현대사회는 조직사회라고 할 수 있다. 왜냐하면 대부분의 사람들이 지역사회를 기반으로 많은 조직들에 참여하며 자신들의 삶을 관계 맺기 때문이다. 즉, 조직은 사람들의 일상생활에 중추적 역할 수행과 사회, 경제, 정치, 개인의 목적 달성을 위해 중요하다. 그래서 좋은 조직들이 많이 생겨나고 발전하는 것은 우리의 삶에서 좋은 가족과 좋은 친구를 가지는 것과 같이 중요하다. 이러한 조직들은 큰 사회 체계 안에서, 하나의 작은 체계로서 다른 조직들과 상호 의존관계를 가지며 발전하고 있다.

조직은 사전적으로 일정한 목적을 달성하기 위한 여러 사람들의 협동 · 수단 · 시스템을 의미한다. 즉, 조직이란 두 사람 이상이 특정한 목적을 이루기 위해 지속적으로 협력해 나가는 일련의 체계이며 사회적 단위라 할 수 있다. 이러한 맥락에서 평생교육조직은 조직구성원을 가지고 있으며, 조직별 평생교육 실시 주체와 대상이 다양하지만 각각 특정한 목적을 이루기 위해 지속적으로 협력하고, 체계적으로 평생교육을 실시하며 실제적 입지를 중심으로 그 경계가 분명한 사회적 단위이므로 조직의 정의에 부합된다고 할 수 있다. 그러나 평생교육조직이란 용어는 평생교육기관, 평생교육단체, 평생교육시설, 평생교육체제 등의 유사한 용어들과 혼용되고 있다(김은영, 2011).

다시 말해 평생교육조직은 현대인에게 평생교육적 경험과 지식을 제공하는 공공기관 · 비영리단체 · 민간단체 · 기업 등에서 평생교육 업무를 전문적으로 담당하는 하위조직을 말한다. 그러나 평생교육조직이 지향하는 바는 기업의 목표보다 규정하기가 어렵다. 왜냐하면 일반적으로 기업은 성과창출, 이윤 극대화와 같은 명료한 목표를 두는 반면, 교육부분에서는 다양한 가치를 동시에 고려하는 경우가 많기 때문이다. 이에 비해 평생교육조직은 개인의 학습능력 향상은 물론이며 개인이 속한 조직의 발전 그리고 더 나아가 지역과 국가의 발전 등을 동시에 고려한다(한준상, 2001; 차갑부, 2004). 특히 교육 수요자의 입장과 운영형태, 프로그램에 따라 조직의 목표가 상당부분 좌우될 수 있다는 특징을 지닌다(권두승, 최운실, 2009).

따라서 평생교육조직은 구성원의 개인특성 및 업무능력, 조직문화 및 지원활동, 관계형성 등의 지적자본을 체계적으로 관리함으로써 보다 효과적으로 평생교육의 가치를 실현하는 사회구성체를 의미한다(신다은, 2018).

2) 조직의 유형

조직은 추구하는 목표, 성격과 기능에 따라 여러 형태로 존재한다. 조직이론에서는 어떤 조직의 특성을 이해하기 위해 비슷한 특성을 가진 조직끼리 배합하여 연구하는 유형론이라고 한다. 평생교육기관에서의 대표 조직유형론은 조직의 수혜자 중심, 조직의 기능 중심, 조직의 참여에 대한 결정 중심, 권력과 복종의 유형 기준 중점, 카리스마(권력)의 분포 구조에 따른 유형으로 구분할 수 있다(김진숙 외, 2018; 오석홍, 2011).

(1) 조직의 수혜자 중심

조직의 수혜자 중심의 조직유형은 조직에서 가장 많은 혜택을 받는 사람이 누구인가에 따라 분류하는 것으로, 블라우(Blau)와 스콧(Scott)의 조직유형이 대표적이다. 블라우와 스콧은 조직유형을 호혜조직, 기업조직, 공익조직, 봉사조직으로 구분하였으며, 구체적인 내용은 〈표 5-1〉, 〈표 5-2〉와 같다.

표 5-1. **블라우와 스콧의 조직유형의 구분**

구분	내용
호혜조직	구성원의 참여와 구성원에 의한 통제를 보장하는 민주적 절차를 조직 내에 유지하는 것이 가장 중요하다. 조직의 모든 구성원들을 위한 조직으로 공제회, 정당, 노동조합, 전문 조직, 재향군인회, 각종 회원제 클럽 등을 예로 들 수 있다.
기업조직	영리조직이라고도 하며, 경쟁적인 상황 속에서 운영의 능률을 극대화하는 것에 초점을 둔다. 즉, 조직의 소유자나 경영자의 이익을 위한 조직으로 기업체, 판매회사, 은행 등을 예로 들 수 있다.
봉사조직	서비스조직이라고도 하며, 고객에 대한 전문적 봉사(서비스)와 행정절차 사이에서 발생하는 갈등에 초점을 둔다. 즉, 고객을 위한 조직으로 병원, 학교 등을 예로 들 수 있다.
공익조직	국민에 의한 외재적 통제가 가능하도록 민주적 장치를 발전시키는 데 초점을 둔다. 즉, 일반 대중의 이익을 위한 조직으로 정부기관, 경찰, 소방서, 우체국, 전화국 등을 예로 들 수 있다.

표 5-2. **블라우와 스콧의 조직유형의 특성**

조직유형	예	수혜자	중점
호혜조직	정당, 노조	구성원	구성원의 참여와 통제에 의한 민주적 절차
기업조직	기업체, 은행	소유주	능률의 극대화
봉사조직	병원, 학교,	고객	고객에 대한 봉사와 서비스
공익조직	행정기관	일반국민	국민에 의한 의재적 통제를 위한 민주적 장치

(2) 조직의 기능 중심

조직의 기능 중심은 사회적 기능에 따라 조직을 분류하는 것으로 파슨스(Parsons), 카츠와 칸(Katz & Kahn)의 조직유형이 대표적이다. 그들은 조직유형을 체계적 기능, 적응기능, 목표달성기능, 통합기능 및 형상유지기능에 따라 분류하였는데, 구체적으로 파슨스는 경제적 조직, 정치조직, 통합조직, 형상유지조직으로 구분하였고, 카츠와 칸은 적응조직, 형상유지조직, 정치적 · 관리적 조직, 경제적 · 생산적 조직으로 구분하였다. 카츠와 칸의 조직유형은 〈표 5-3〉, 파슨스, 카츠와 칸의 조직유형의 특징은 〈표 5-4〉와 같다.

표 5-3. 카츠와 칸의 조직유형

구분	내용
적응조직	지식을 창출하고 이론을 개발하여 검증하며, 사회문제의 해결에 정보를 적용하는 기능을 가진 조직으로 연구소, 학회를 예로 들 수 있다.
형상유지조직	사람들을 다른 조직이나 사회에서 역할을 수행할 수 있도록 사회화 교육을 훈련하는 데 공헌하는 기능을 가진 조직으로 학교, 교회, 가정을 예로 들 수 있다.
정치적 · 관리적 조직	자원, 인간의 판별, 조정 및 통제와 관련된 기능을 지닌 조직으로 정부기관, 압력단체, 노동조합 등을 예로 들 수 있다.
경제적 · 생산적 조직	사회를 위해 부를 창조하고 물품을 제조하며 용역을 제공하는 일과 관련된 조직으로 광업체, 농장, 공장, 운수업체, 백화점 등을 예로 들 수 있다.

표 5-4. 파슨스, 카츠와 칸의 조직유형의 특징

체제의 기능	적응기능	목표달성기능	통합기능	형상유지기능
파슨스의 조직유형	경제적 조직 (회사 등 사기업)	정치조직 (행정기관)	통합조직 (정당, 사법기관)	형상유지조직 (교회, 학교)
카츠와 칸의 조직유형	적응조직 (연구소)	경제적 · 생산적 조직(산업조직)	정치적 · 관리적 조직(정당)	형상유지조직

(3) 조직의 참여에 대한 결정 중심

조직의 참여에 대한 결정은 서비스 조직의 참여를 누가 결정하는가에 따라 분류하는 것으로 칼슨(Carlson)이 대표적이다. 그는 조직유형을 유형Ⅰ, 유형Ⅱ, 유형Ⅲ, 유형Ⅳ로 구분하였는데, 그 특징을 살펴보면 〈표 5-5〉와 같다.

표 5-5. 칼슨의 조직유형의 특징

구분	내용
유형Ⅰ	조직과 고객이 독자적으로 고객의 참여를 결정하는 것으로 사립학교와 대학교, 사립 의료원과 공공복지기관을 예로 들 수 있으며, 야생조직(집단 간 경쟁에서 생존)이라고도 한다.
유형Ⅱ	고객이 조직을 선택하는 것으로 주립대학을 예로 들 수 있다.
유형Ⅲ	실제적으로 발견하기 어려우며 이론적으로 존재하는 집단이다.
유형Ⅳ	법규에 의해 고객을 수용할 수밖에 없는 조직으로 의무교육기관, 교도소를 예로 들 수 있으며, 온상조직(고객을 유치하는 데 경쟁 없이 법적으로 그 존재가 보장되는 조직)이라고도 한다.

조직의 고객 선택권 \ 고객의 참여 결정권	유	무
유	유형 Ⅰ	유형 Ⅲ
무	유형 Ⅱ	유형 Ⅳ

(4) 권력과 복종의 유형 기준 중점

권력과 복종의 유형 기준 중점은 복종(compliance)에 입각한 분류를 하는 것으로 에치오니(Etzioni)의 조직유형이 대표적이다. 에치오니는 조직이 통합을 유지하고 기능을 수행하기 위해, 참여자가 조직의 목적과 규칙에 복종하기 위해 참여하는 방식과 조직의 개인행동에 대한 통제방법을 고려하여, 구체적으로 개인의 행동통제 방법에 따라 강제적 조직(coercive power), 보상적 조직(remunerative power), 규범적 조직(normative power)으로 구분하였고, 구성원의 참여 방식에 따라 소외적 참여(alienative involvement), 계산적 참여(calculative involvement), 도덕적 참여(moral involvement)로 구분하였는데, 그 특징은 〈표 5-6〉과 같다.

표 5-6. 에치오니의 조직유형의 특성

구분	항목	특징
개인의 행동 통제 방법	강제적 권력	물리적 힘을 가하는 것(위협, 매질, 감금, 체벌, 음식 등)
	보상적 권력	봉급이나 상여금, 특별급여 등 물질적 금전적 대가를 늘리거나 줄이는 형식
	규범적 권력	상징적 보상이나 제재를 통한 통제. 벌로서는 비난, 배척, 지위의 박탈, 낮은 고과 점수 등을, 상으로는 칭찬, 특권, 높은 평가 등
구성원의 참여 방식	소외적 참여	자기의 의사에 반대되기 때문에 부정적이고 적대적인 감정이 강해 참여에 소극적임
	계산적 참여	조직에 대한 태도는 중립적이며 때에 따라 적극적이고 소극적일 수 있음
	도덕적 참여	조직의 존립 목적에 강한 신념을 가지고 참여하기 때문에 매우 적극적임

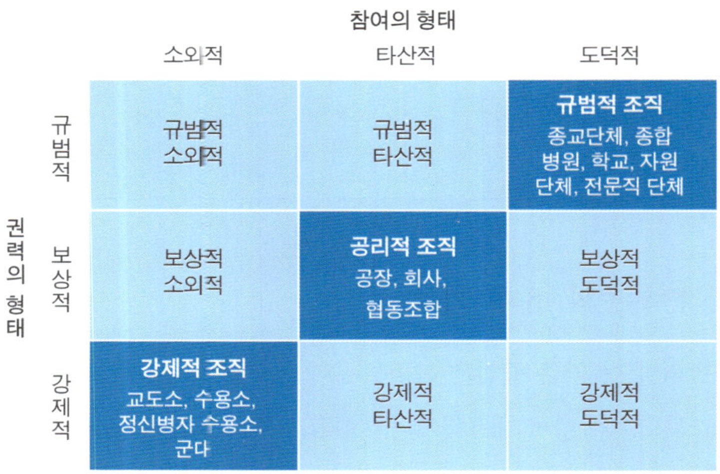

(5) 카리스마(권력)의 분포 구조에 따른 유형

카리스마의 분포 구조에 따른 유형은 T구조, L구조, F구조로 구분하는 것으로 그 특성은 〈표 5-7〉과 같다.

표 5-7. **카리스마(권력)의 조직유형**

구분	특징	예
T구조	Top 구조로서 카리스마 소유자가 상층부에 있음	회사 등 공리적 조직
L구조	Line 구조로서 카리스마 소유자가 조직의 상하로 걸쳐 있음	관료제 조직
R구조	Rank 구조로서 카리스마 소유자가 횡으로 분포	대학이나 연구소 등 동태적 조직

이상의 조직유형론을 적용하여 평생교육기관의 조직은 어떻게 분류할 수 있는가? 그것은 평생교육기관의 운영 주체와 성격에 따라 달리 분류될 수 있다. 즉, 평생교육기관이 국가나 지방자치단체가 설립 운영하여 공공성과 공익성을 지향하느냐, 개인 또는 법인이 설립하여 사익성과 수익성을 추구하는가에 따라 달라질 수 있다. 그리고 공공성 및 공익성을 지향하는 국가 지방자치단체가 설립 운영하는 평생교육기관은 유지조직 또는 (서비스)공익조직, 공리적 조직으로, 사익성 및 수익성을 강조하는 개인 및 법인이 설립 운영하는 평생교육기관은 생산적 조직, 영리(또는 서비스)조직, 공리적 조직으로 분류될 수 있다(김진숙 외, 2018).

2. 평생교육조직의 형태

평생교육조직의 형태는 공식조직과 비공식조직, 계선조직과 참모조직 등으로 살펴볼 수 있다. 먼저 공식조직(formal organization)은 공식적인 조직표상에 나타난 조직으로서 공식화된 분업의 계통과 인원 배치, 공식적인 의사소통의 경로와 권한의 배분 등을 강조하는 조직이다. 반면 비공식조직(informal organization)은 공식조직 내에 존재하면서 공식조직에 의해 충족되지 못하는 여러 가지 사회적 심리적 기능을 수행하며, 공식조직 내부에서 자연 발생적으로 생기는 조직으로(김규태 외, 2016; 김진숙 외, 2018), 그 특징을 살펴보면 〈표 5-8〉과 같다.

표 5-8. 공식조직과 비공식조직의 비교

공식조직	비공식조직
• 공적인 목표달성을 위한 인위적 조직 • 제도화된 공식 규범을 바탕으로 성립 • 권한의 계층, 명료한 책임 분담, 표준화된 업무 수행, 비정의 인간관계 • 외면적이고 가시적 • 능률 · 비용의 논리에 의해 구성 · 운영 • 계속 확대되는 경향	• 자연 발생적 조직 • 상호 간의 상호작용을 바탕으로 성립 • 혈연, 지연, 학연, 취미, 종교 및 이해관계 • 내면적이고 비가시적 • 감정의 논리에 의해 구성 · 운영 • 항상 소집단의 상태 유지

또한 평생교육조직은 수직적인 지휘명령 계통을 바탕으로 평생교육 업무를 직접 수행하는 제1차적인 조직인 계선조직(line organization)과 계선조직의 기능을 원활하게 추진하도록 기획 · 자문 · 협의 · 경고 · 정보 수집 · 연구 등의 기능을 수행하는 참모조직(staff organization)으로 구분될 수 있다(김규태 외, 2016; 김진숙 외, 2018).

표 5-9. 계선조직과 참모조직

구분	장점	단점
계선조직	① 권한과 책임의 한계가 명확하여 업무 수행이 능률적이다. ② 단일 기관으로 구성되어 정책 결정이 신속하다. ③ 업무 처리가 간편하여 조직 운영비가 적	① 업무가 복잡하고 업무량이 과다할 경우 문제가 발생한다. ② 조직의 장이 주관적이고 독단적인 조치를 취할 우려가 있다. ③ 특수 분야에 전문가의 지식과 경험을 활

구분	장점	단점
	게 든다. ④ 강력한 통솔력을 발휘할 수 있다.	용할 수 없다. ④ 조직의 경직성이 초래될 수 있다.
참모조직	① 기관장의 통솔 범위 확대 ② 전문적인 지식과 경험 활용을 통한 합리적인 의사결정 가능	① 조직의 복잡성으로 조직구성원이나 부서 간 갈등 · 불화 ② 계선과 참모 간에 책임 전가 사태 우려

3. 평생교육조직의 특성

평생교육조직은 관료제적 성격과 전문가 조직의 성격을 동시에 지닌 이중구조를 지닌 조직이라고 할 수 있다. 먼저 평생교육조직은 관료제적 성격을 지닌다. 웨버(Weber)는 관료제가 효율성과 능률, 합리화를 극대화하기 위한 것으로 보고, 대규모 조직을 능률적으로 움직일 수 있는 조직모형으로 보았다. 그는 관료제의 특성을 권위의 위계구조, 규칙과 규정, 사적인 감정 배제, 분업화 및 전문화, 경력 지향성으로 제시하였는데, 관료제의 순기능과 역기능은 〈표 5-10〉과 같다(김진숙 외, 2018).

표 5-10. **관료제의 순기능과 역기능**

관료제의 특징	순기능	역기능
권위의 위계 구조	일사불란한 조직 운영	의사소통의 저해
규칙과 규정	지속성과 통일성, 질서와 안정	경직성 및 주객 전도
사적 감정 배제	합리성	사기 저하
분업화 및 전문화	전문성과 효율성	권태감과 고립감
경력 지향성	유인 체계의 확립	조직 내 경쟁, 연공서열과 업적주의 간의 갈등

이와 같이 평생교육조직은 평생교육과 관련된 교육과 훈련을 통해 평생교육사 자격증을 소지한 담당자가 평생교육업무를 담당하고 있고, 권위의 위계(책임자와 담당자 등)가 설정되어 있고, 관련 직무가 분담되어 있으며, 정해진 규정과 규칙에 따라 운영된다는 점에서 관료제적 성격을 가지고 있다고 할 수 있다.

또한 평생교육조직은 관료제적 측면과 함께, 전문가 조직으로서의 특성도 지니고 있다. 왜냐하면 평생교육조직은 평생교육을 운영하는 조직이며, 평생교육이라는 전문적 활동을 수행하기 위해 양성된 평생교육사가 프로그램을 운영하는 조직이기 때문이다. 다시 말해 평생교육조직은 평생교육사의 전문성을 바탕으로 평생교육 참여자에 대한 교육활동이 이루어지는 조직이기 때문에 전문가 조직이라고 할 수 있다(김규태, 2012).

전문가 조직 측면을 지닌 평생교육조직의 특징은 다음과 같다. 첫째, 평생교육 담당자는 평생교육에 대한 교수 실천에 대한 지식, 내용지식, 교육과정 실행지식 등에 정통(精通)해야 한다. 둘째, 평생교육 프로그램을 운영함에 있어서 전문적 지식과 지식에 따라 교육내용과 방법 및 평가 방법을 결정할 수 있는 자유재량권을 행사할 수 있어야 한다. 셋째, 평생교육조직은 평생교육 관련 협의회에 소속되어 있으며, 이들 조직의 통제와 조언을 받아야 한다는 것이다.

4. 평생교육조직에 영향을 미치는 요인

1) 조직을 바라보는 틀

조직인식틀이란 자신의 정신적 지도를 이용해 자신이 속한 조직을 이해하는 인식틀을 의미하며, 볼맨과 딜(Bolman & Deal, 2013)은 그 인식틀을 〈표 5-11〉과 같이 구조적

인식틀, 인적자원적 인식틀, 정치적 인식틀, 상징적 인식틀로 제시하고 있다(김현우, 2021).

표 5-11. 볼맨과 딜의 네 가지 조직인식틀

구분	구조적	인적자원적	정치적	상징적
조직 이미지	공장, 기계	가족	밀림, 정글	축제, 무대
중심 개념	규칙, 역할, 목표, 기술	욕구, 상호관계	권력, 갈등, 경쟁	문화, 의미, 은유, 의식
필수 전략	목표와 자원의 정렬	참여, 몰입을 통한 역량개발	갈등표출, 권력의 재정비	과거에 대한 이해와 미래의 기대
리더십 과제	과업, 구조 간의 적합관계	조직과 인간욕구의 조율	의제, 권력기반 구축	신념, 의미 창출

출처: Bolman, L., & Deal, T. (2013). Reframing organizations(5th. ed.). San Francisco: Jossey-Bass.

(1) 구조적 인식틀

구조적 인식틀에서 바라보는 조직은 다음의 여섯 가지를 전제로 한다. 첫째, 조직의 존재 목적은 정해진 목표의 달성이다. 둘째, 조직은 전문화를 갖추고 적정한 분업화를 갖출 때 성과를 극대화할 수 있으며, 셋째, 조정과 통제가 적절히 이루어지는 경우 개인과 집단의 다양한 노력을 융합하여 준다. 넷째, 조직은 합리성이 개인의 이해관계와 외부 압력을 뛰어넘을 때 효과적으로 기능을 발휘하며, 다섯째, 조직이 가지는 구성원, 기술, 환경, 목적 등 조직의 상황에 적합한 조직구조가 설계되어야 한다. 여섯째, 조직의 문제와 성과부진은 구조상의 결함 때문에 발생한다는 것이다(Bolman & Deal, 2013).

구조적 인식틀의 최우선 고려 사항은 조직의 성과이다. 따라서 인적자원개발(Human Resource Management: HRD) 활동에 적용할 경우 핵심 질문은 조직구성원들의 동기부여, 자기발전, 회사의 생산성 극대화를 위해 필요한 경험을 유지하는 방법에 관한 것이 된다. 이 접근 방식은 세상을 확실하고 안정적이며, 모호하지 않고 예측 가능한 것으로 보며 조직을 계층구조 또는 피라미드 구조로 바라본다. 이러한 조직은 각 구성원이 자신의 역할과 책임에 대한 인식이 분명하며, 업무처리에 있어서도 그 과정이 명확하고, 문제가 발생할 경우 분석과 조직 재설계(restructuring)를 통해 해결될 수 있다(Bolman & Deal, 2013; Mabey, 2003).

(2) 인적자원적 인식틀

인적자원적 인식틀은 다음의 네 가지 가정을 충족해야 한다. 첫째, 조직은 인간의 욕구 충족을 위해 존재한다. 둘째, 개인과 조직은 서로를 필요로 한다. 즉, 조직은 개인의 아이디어, 힘, 재능을 필요로 하며, 동시에 개인은 조직이 제공해 주는 일의 기회, 경력, 일에 대한 보상을 필요로 한다. 셋째, 조직을 구성하는 개인과 시스템이 맞지 않는 경우 어느 한쪽 또는 양쪽 모두가 힘들어진다. 즉, 조직이 성과만을 위해 개인을 착취하거나, 반대로 개인이 이기적인 목적으로 조직을 악용하거나, 혹은 두 상황이 동시적으로 발생하는 경우 개인과 조직은 그 모두가 희생양이 된다. 마지막으로, 반대로 조직이 개인과 시스템이 맞는 경우 양쪽 모두에게 이롭다는 것이다(Bolman & Deal, 2013).

인적자원적 인식틀의 기본 가정은 사람이 조직에서 가장 중요하다는 것이다. 인적자원적 인식틀은 조직 민주주의(organizational democracy) 또는 참여 관리(participative management)의 형태에서 나타나는 개념과 유사한 것으로써 사람과 조직의 상호 의존성을 강조한다. 따라서 명령의 사슬보다는 개인의 자율성(self-management, self-direction)에 초점을 두며, 조직구성원 간 자유로운 소통이 가능한 조직을 의미한다(Bolman & Deal, 2013; Marsick et al., 1999).

(3) 정치적 인식틀

정치적 인식틀은 다음의 다섯 가지 가정을 충족한다. 첫째, 조직은 다양한 개인과 이익집단으로 구성된 담합집단(coalition)이며, 둘째, 그 구성원들은 욕구, 가치관, 정보, 신념 등에 있어 상충하는 이해관계가 항상 존재한다. 셋째 조직에서 이루어지는 중요한 의사결정의 대부분은 누가 무엇을 얻을지에 대한 결정을 포함하고 있다. 넷째, 이러한 희소자원 및 이해대립의 상존(enduring differences)은 갈등이 조직역학의 중심을 이루며, 가장 중요한 자원으로써 권력을 강조한다. 마지막으로 조직의 목표와 의사결정은 서로 경쟁하는 이해관계자 간의 협상, 교섭, 그리고 유리한 고지를 선점하기 위한 경쟁 등을 통해 이루어진다는 것이다(Bolman & Deal, 2013).

그리고 정치적 인식틀의 두 가지의 기본 가정을 기초로 하고 있다. 첫째, 희소성의 세계에는 승자와 패자가 있으며 대부분의 결정이 자원 할당을 포함한다. 둘째, 각 개인이 가지는 가치관 내에서 그들은 합리적일 수 있지만 조직시스템에서는 비합리적일 수 있다. 따라서 정치적 인식틀에서 갈등은 필수불가결한 요소이며, 구성원들은 이것을 관리하는 법을 배우고 생산적으로 해결하기 위해 노력하는 것이 중요하다.

(4) 상징적 인식틀

상징적 인식틀에서 바라보는 조직은 다음의 다섯 가지를 전제로 한다. 첫째, 조직에서 가장 중요한 것은 일어나는 일이 아니라 그것이 가지는 의미이다. 둘째, 사람마다 경험의 해석에 차이가 있기 때문에 같은 사건이라도 전혀 다른 의미를 가질 수 있다. 셋째, 사람들은 불확실성과 모호성에 직면할 때 그 혼란을 수습하며, 방향을 찾고 견고한 신념과 희망을 위해 상징을 창조해 낸다. 넷째, 많은 사건과 과정들은 산출 결과보다는 그것이 무엇을 나타내는가가 더 중요하다. 다섯째, 문화는 조직을 통합시켜 주고 사람들이 공유가치와 신념을 중심으로 하나로 뭉치도록 해 주는 결속수단의 역할을 한다는 것이다(Bolman & Deal, 2013).

상징적 인식틀은 다른 인식틀과 달리 세계를 모호하고 불확실한 것으로 간주하기 때문에 목표가 불분명하거나 작업, 역할 관계 등이 모호한 조직에 적합하다. 그러한 모호성들이 조직 내에서 혼란을 일으키며 이러한 혼란은 조직의 의사결정능력을 약화시킬 수 있지만, 선견지명이 있는 리더는 새로운 목표를 추진하기 위해 구성원들에게 새로운 가치와 비전, 신념 등을 제공하는 방법으로 혼돈을 극복할 수 있다. 이러한 조직은 구성원들에게 조직의 결과물을 뛰어넘는 의미, 상징을 제공함으로써 구성원들이 가지는 불확실성과 불안을 줄이기 위해 노력한다는 감동을 줄 수 있는 조직이다(Bolman & Deal, 2013; Marsick et al., 1999).

2) 직무몰입

직무몰입은 개인이 자신이 수행하는 직무에 대해 심리적으로 일체감을 느끼고 몰입하는 정도를 의미한다(Kanungo, 1982; Lawer & Hall, 1970). 이는 자신을 대표하는 이미지에 자신의 직무가 차지하는 중요성에 대한 지각을 의미하며, 그로 인해 직무에 대한 애착 및 중요성 인지, 책임감 등이 나타난다. 따라서 직무몰입(job involvement)은 대부분의 사람들의 인생에서 매우 중요한 요소이며, 직무몰입도를 높이면 직원들이 업무에 더 완전하게 몰입할 수 있어 조직의 효율성과 생산성이 향상될 수 있다(Ellinger, 2004).

해크만과 올드햄(Hackman & Oldham, 1976)은 자신들이 제시한 직무특성이론에서 개인이 가지는 직무에 대한 의미와 책임감은 그 직무 특성이 직무수행자의 성장욕구 수준에 부합될 때 효과를 발휘하며, 개인으로 하여금 일하고자 하는 의욕과 동기를 유발하여 긍정적인 성과를 낳게 한다고 주장하였다. 그리고 이러한 결과를 위한 요인으로 직무 중요성(feeling of meaningfulness), 직무 책임감(feeling of responsibility) 등의 심리적 요인을 제시하였다(그림 5-1). 즉, 그는 구성원에게 부여된 직무의 핵심차원으로부터 형성된 심리적 상태가 개인과 조직의 성과를 결정한다고 주장하였다.

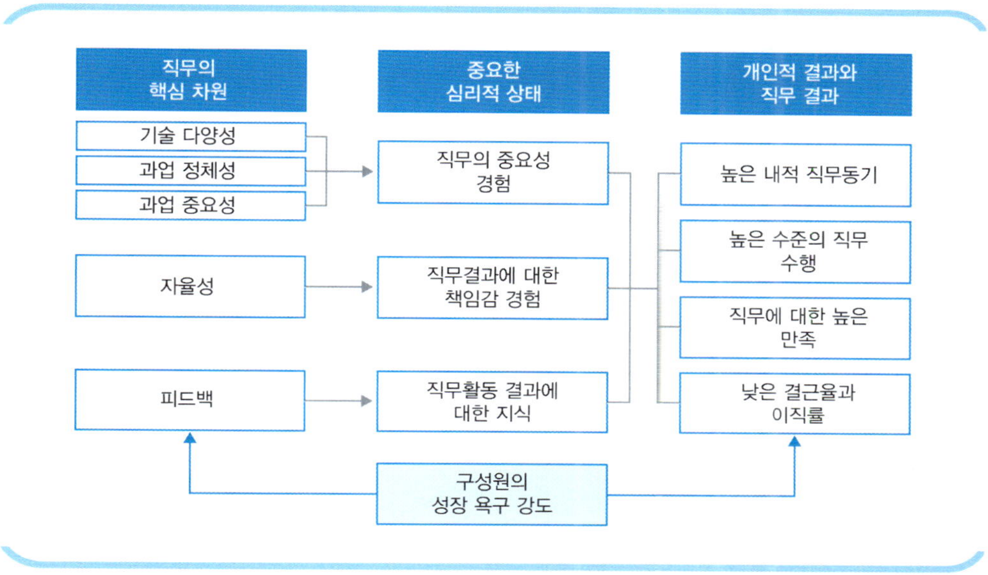

그림 5-1. **직무특성모델**

출처 : Hackman, J. R., & Oldham, G. R.(1976). Motivation through the design of work: Test of a theory. Organizational Behavior and Human Performance.

3) 조직갈등

갈등을 한마디로 표현하자면 '긴장상태'라고 할 수 있다. 갈등(葛藤)의 사전적 의미는 갈등의 어원이 칡(葛)과 등나무(藤)가 서로 무질서하게 얽혀 있어 평화롭지 않은 혼돈의 상태를 의미한다. 영어에서는 'Conflict'라고 하여 라틴어의 'Configere'에서 어원을 찾을 수 있다. 이는 '함께'라는 의미의 'Con'과 '때리다(strike)'라는 의미의 'fligere'가 서로 결합해서 하나의 단어를 형성하고 있는 합성어이다. 즉, 갈등이란 서로 상처를 주며 괴롭히는 행위를 말한다.

갈등의 종류를 크게 구분하면 내적인 갈등과 외적인 갈등으로 구분할 수 있다. 갈등과 관련해서 내적 갈등이든 외적 갈등이든 개인이나 조직 간의 감정, 생각, 희망, 목표, 의도, 결정, 평가, 판단 등이 서로 상충하는 데서 오는 이해관계의 대립이나 이에 대한 긴장상태를 의미한다.

갈등이나 의견의 불일치는 불가피하며 본래부터 좋거나 나쁜 것이 아니라는 점을 인식하는 것이 가장 중요하다. 갈등이 해결되지 않고 방치된다면 조직의 발전을 저해할 수 있다. 하지만 갈등을 잘 관리한다면 갈등을 통해 합리적인 의사결정을 이끌어 낼 수 있기 때문에 조직이 갈등을 어떻게 관리하느냐가 매우 중요하다.

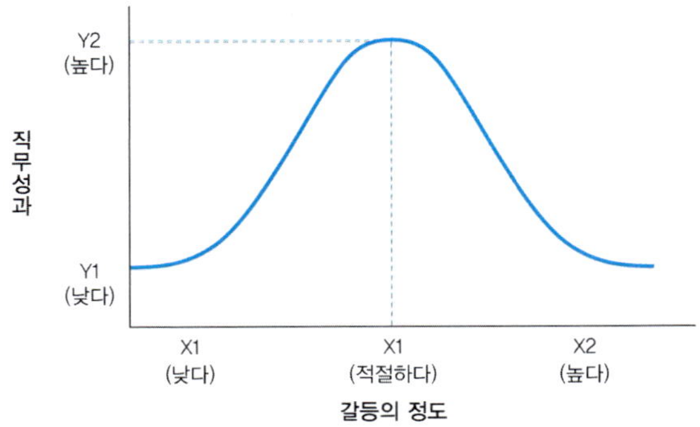

그림 5-2. 갈등과 조직성과의 관계

출처: 한국산업인력공단(2016). 대인관계능력 학습자용 워크북.

〈그림 5-2〉는 갈등과 조직성과의 관계를 보여 주고 있는데, 갈등이 X1 수준일 때 조직의 직무성과가 가장 높아진다는 것이다. 즉, 갈등수준이 전혀 없거나 낮을 때에는 조직 내부는 의욕이 상실되고 환경변화에 대한 적응력도 떨어져 조직성과는 낮아지게 된다. 하지만 갈등수준이 적정(X1)할 때는 조직 내부적으로 생동감이 넘치고 변화 지향적이며 문제해결능력이 발휘된다. 그 결과 조직성과는 높아지고 갈등이 순기능적으로 작용한다. 마지막으로 갈등수준이 너무 높으면 조직 내부적으로 혼란과 분열이 생기고

조직에 비협조적이 된다. 그 결과 조직성과는 낮아지며 갈등은 역기능적으로 작용하게 된다(한국산업인력공단, 2016).

갈등의 단계는 네 단계, 즉 갈등의 발달단계(잠재적 갈등단계), 갈등의 표출단계, 갈등 해결의 탐색단계 및 갈등의 해소단계로 구분할 수 있는데, 구체적인 내용은 〈표 5-12〉와 같다.

표 5-12. 갈등의 단계

구분	내용
갈등의 발달단계(잠재적 갈등단계)	이 단계는 갈등의 선행조건이라고도 하며 불충분한 자원을 얻기 위한 경쟁, 자율성을 확보하기 위한 충동과 의욕 및 하위단위 조직의 목표 간 차이 등의 갈등을 내재한 여러 조건들로 구성된다. 즉, 갈등의 시작은 그 조건이 무엇이든 하나만 충족하면 갈등이 시작되며, 이 단계에서 정확한 문제인식과 적절한 예방활동을 취한다면 갈등이 유발될 가능성을 낮출 수 있다.
갈등의 표출단계	이 단계는 갈등상태를 인지하고 개인화하면서 위협이나 적대적 행위 및 공포 등의 심리적 상태가 발생하는 과정을 거쳐 타인의 목표를 좌절시키거나 그의 이익을 방해하는 행동을 할 때의 단계를 말한다. 특히 갈등을 야기한 원인이 분명하게 이슈화되고 갈등 당사자의 확인이 가능하며 감정적인 차원으로 지각될 때 발생하게 된다. 또한 물리적인 힘으로 해결하려고 할 경우 오히려 갈등문제의 본질이 흐려지고 또 다른 감정적인 대치의 국면으로 갈 가능성이 높은 단계라고 할 수 있다.
갈등해결의 탐색단계	이 단계는 갈등 관련 당사자들이 갈등이 발생하고 있음을 인식한 후 갈등해결을 위한 방법의 제시 및 사용을 위한 모색과정이며, 갈등문제 자체의 무시, 철회 또는 회피, 표출된 갈등에 대한 강압, 대면, 협상 또는 제3자의 개입 등의 조치가 이용되며, 주된 목적은 갈등발생의 예방이 아니라 나타난 갈등을 감소시키는 것을 말한다.
갈등의 해소단계	이 단계는 갈등관리 이후의 효과단계로 갈등을 해소할 수 있는 장치 마련과 그러한 장치의 효율적인 활용을 통해 차후 지속적으로 발생할 수 있는 갈등을 효과적으로 대처할 수 있도록 하는 단계이다.

특히 갈등의 해소단계에서는 서로 간에 쌓인 갈등이 회피형, 경쟁형, 수용형, 타협형 및 통합형 등의 방법으로 이루어지기도 하는데, 세부 내용은 〈표 5-13〉과 같다.

표 5-13. **갈등의 해소**

구분	내용
회피형	회피형(avoiding)은 자신과 상대방에 대한 관심이 모두 낮은 경우로서, 갈등 상황에 대하여 상황이 나아질 때까지 문제를 덮어 두거나 위협적인 상황에서 피하고자 하는 경우를 말한다. 회피형은 개인의 갈등상황으로부터 철회 또는 회피하는 것으로, 상대방의 욕구와 본인의 욕구를 모두 만족시킬 수 없게 된다. 이 전략은 '나도 지고 너도 지는 방법(I lose–You lose)'이라고도 한다.
경쟁형	경쟁형(competing)은 지배형(dominating)이라고도 하는데 자신에 대한 관심은 높고 상대방에 대한 관심은 낮은 경우로서, '나는 이기고 너는 지는 방법(I win–You lose)'을 말한다. 경쟁형은 상대방의 목표달성을 희생시키면서 자신의 목표를 이루기 위해 전력을 다하는 전략이다.
수용형	수용형(accomodating)은 자신에 대한 관심은 낮고 상대방에 대한 관심은 높은 경우로서, '나는 지고 너는 이기는 방법(I lose–You win)'을 말한다. 이 방법은 상대방의 관심을 충족하기 위하여 자신의 관심이나 요구는 희생함으로써 상대방의 의지에 따르는 경향을 보인다. 이 방법은 상대방이 거친 요구를 해 오는 경우에 전형적으로 나타나는 반응이다.
타협형	타협형(compromising)은 자신에 대한 관심과 상대방에 대한 관심이 중간 정도인 경우로서, 서로가 받아들일 수 있는 결정을 하기 위하여 타협점을 주고받는 방식(give and take)을 말한다. 즉, 갈등 당사자들이 반대의 끝에서 시작하여 중간 정도 지점에서 타협하여 해결점을 찾는 것이다. 갈등 당사자 간에 불신이 클 때에는 이 방법은 실패한다는 단점이 있다.
통합형	통합형(integrating)은 협력형(collaborating)이라고도 하는데 자신은 물론 상대방에 대한 관심이 모두 높은 경우로서, '나도 이기고 너도 이기는 방법(win–win)'을 말한다. 이 방법은 문제해결을 위하여 서로 간에 정보를 교환하면서 모두의 목표를 달성할 수 있는 방법을 찾는다. 따라서 서로의 차이를 인정하고 배려하는 신뢰감과 공개적인 대화를 필요로 한다. 통합형이 가장 바람직한 갈등해결 유형이라 할 수 있다.

4) 감정노동

직장인들은 직장상사나 동료 간의 인간관계에서도 갈등의 상황이 발생하지만 고객을 응대하는 직업의 경우는 고객으로 인한 갈등도 발생하게 된다. 평생교육기관의 종사자들도 학습 대상자로부터 갈등을 경험하게 된다. 특히 이러한 상황에서는 외적 갈등이 아닌 개인의 내적 갈등으로 나타난다. 예를 들어, 직장을 옮기는 '이직'이나 다른 직종으로의 전환인 '전직'으로 나타나기도 한다.

감정노동(emotional labor)이란 사전적 의미로 직장인이 사람을 대하는 일을 수행할 때에 조직에서 바람직하다고 여기는 감정을 자신의 감정과는 무관하게 행하는 노동을 의미하는 것으로 한국의 전체 임금노동자 10명 중 4명이 감정노동자로 집계되고 있다. 대부분의 감정노동자들은 조직의 규범에 따라 자신의 감정을 통제하고 정해진 표현규칙에 따라 자신의 감정을 표현해야만 한다. 예를 들어, 전화만 잡으면 상냥한 목소리가 저절로 나게 된다든가, 눈물이 나는 슬픈 감정임에도 불구하고 웃으면서 이야기하고, 그것이 나중에는 자연스럽게 되는 거짓 자아(false self)를 수용하게 된다. 그 결과 감정노동자들은 내 감정이 없는 것 같은 일종의 감정적 마비와 무감각의 상태를 경험하는 수동적인 상태에 이르며 자아존중감을 상실할 수도 있다(김종진, 송민지, 2014). 즉, 감정노동이란 조직에서 요구되는 직무에 맞게 자신의 감정을 조절하는 것으로 볼 수 있다. 이에 따라 직무 수행 구분에 따라 감정노동의 유형은 긍정적(밝은 미소와 웃음: 좋아함, 공감), 중립적(무표정한 태도: 공정함과 권위), 부정적(화난 목소리와 태도: 적대와 경멸) 감정노동 3가지 형태로 구분할 수 있다.

한편 감정노동은 제3자에 의한 폭력으로 규정하고 있다. 제3자에 의한 폭력이란 상품이나 서비스를 받는 고객, 소비자, 환자들에 의한 위협, 신체적 폭력, 정신적 폭력을 의미한다. 〈표 5-14〉는 감정노동에 따른 폭력유형을 나타낸 것이다.

표 5-14. 감정노동에 따른 폭력유형

용 어	내 용
폭행/공격	신체적 상해 시도 혹은 신체적 해를 입히려는 공격(주먹, 발, 손바닥, 칼, 총, 성폭행, 강간 등)
협박	희생자에게 신체적, 성적, 정신적 피해나 다른 부정적인 결과를 두려워하게 하는 불법적인 강제력 사용
학대	신체적, 정신적으로 학대하는 행위로 희롱하기, 협박하기, 집단 괴롭힘 등을 포함

용 어	내 용
희롱	나이, 장애, 에이즈 감염, 가정환경, 성, 성적취향, 인종, 피부색, 언어, 종교, 정치색, 노동조합 혹은 다른 견해나 신념, 국가적 혹은 사회적 기원, 소수파와의 관련, 태생 등 각각의 존엄성에 부정적인 영향을 미치는 다른 상태를 기반으로 하는 언어적, 비언어적, 시각적, 정신적, 신체적으로 바람직하지 못한 행위(성희롱 포함)
성희롱	근무 중 피해자가 성별로 평가되는 것을 느끼게 하거나, 피해자가 모욕감, 굴욕감, 행복의 위협을 가지게 할 수 있는 바람직하지 못한 성적 행위
협박/집단 괴롭힘	근로자 개인이나 집단에게 굴욕감을 주거나 명예를 훼손시키고자 보복성 행위로, 잔인한 혹은 고의적인 시도를 통한 학대행위로 정신적 희롱의 한 형태. 부당하게 지속적으로 부정적 견해를 밝히거나 비난하는 행동, 한 사람을 사회 접촉에서 고립시키는 행동, 잘못된 정보를 이야기하거나 퍼뜨리는 행동 등이 포함

출처: 김종진, 송민지(2014). 한국 사회 감정노동 실태와 개선방향 연구.

5) 직무스트레스

직무스트레스라는 용어는 제2차 세계대전 이후 급속한 산업의 발전으로 등장한 개념이다. 즉, 산업현장에서 '소외(alienation)'라는 문제의 부정적인 현상이 나타났으며, 이러한 현상이 생산성 하락 등으로 연결되면서 이를 해결하기 위해 직무스트레스가 직무행동에 미치는 영향에 대한 연구가 시작되었다. 따라서 '조직스트레스(organizational stress)', '직무스트레스(job stress)'라는 용어가 등장하게 되었다(김점순, 2008).

미국 국립산업안전보건연구원(National Institute for Occupational Safety and Health: NIOSH, 1999)에서는 "직무스트레스란 업무상 요구사항이나 근로자의 능력이나 자원, 요구와 일치하지 않을 때 생기는 유해한 신체, 정서적 반응"이라고 하였으며, 유럽위원회가 작성한 업무 관련 스트레스 안내서에서는 "직무스트레스란 업무내용, 업무조직 및 작업환경에서 이롭지 못한 불건전한 측면에 대한 정서적, 인지적, 행동적 및 생리적 반응패턴"으로, 그것은 고도의 각성 및 걱정 그리고 때로는 극복이 되지 않는 느낌으로 특정 지을 수 있는 상태로 정의하고 있다. 그리고 파커와 데코티스(Parker & Decotiis, 1983)

는 "심리적, 신체적인 면에서 역기능적 결과를 유발하는 자극에 대한 감정적 반응"으로, 마셜(Marshall, 1976)은 "직무와 관련 있는 부정적인 환경요소"로 정의하고 있다. 이러한 개념들은 직무스트레스라는 용어에 직무과부화(job overload), 역할모호성(role ambiguity), 역할갈등(role conflict) 및 작업조건(job condition) 등의 요소를 포함하고 있는 개념이라고 할 수 있다.

조직 혹은 직장에서 직속 상사 및 부하 직원으로부터의 배려적인 행동은 상사와 부하 간에 동료애, 상호신뢰, 존경 및 친밀성을 느끼게 되지만 부하 혹은 상사로부터 자신이 존중받고 있다는 느낌을 받지 못한다면 직무압력을 보다 크게 느낄 뿐 아니라 상사가 자신에게 호의적인 방법으로 도와주거나 평가하지 않는다고 느낀다. 이때 부하는 자신에게 보이는 관심이 부족하다고 느끼게 되면서 직무스트레스를 경험하게 된다(탁계관, 2009). 따라서 직무스트레스(job stress)란 직무 자체 혹은 직무와 관련된 환경에서 경험하게 되는 불쾌함과 자아존중감(self-esteem)이나 안녕(well-being)에 대한 위협으로 느끼게 되는 긴장, 욕구좌절, 불안, 분노 및 우울 등과 같은 불쾌한 정서를 감소시키기 위한 심리적 방어기제에 개인이 지각하는 심리적 혹은 신체적 긴장 상태를 의미한다(도명애, 2009).

이러한 직무스트레스는 직장에서 업무를 수행하는 구성원들의 일관성 없는 업무수행 등으로 인한 역할갈등, 불명확한 책임에 대한 한계나 정보의 불명확성 등을 의미하는 역할 모호성, 직무상 필요한 기술, 직무특성, 차별의식, 승진, 보상 등의 여러 원인으로 일어나는 심리적인 갈등 등이 그 원인이 된다(김혜영, 2007). 직무스트레스는 주로 환경적 요인에 의해 주로 발생하지만 스트레스를 받는 개인이 욕구를 해결할 수 있는 요구, 자원, 지원 등이 불충분하고 직무 담당자와 직무 환경의 관계가 부적합할수록 발생할 가능성이 크며 개인차와 과업의 불확실성, 지속성, 중요성 등에 따라 느끼는 스트레스의 정도는 다를 수 있다.

비어와 뉴먼(Beehr & Newman, 1978)는 직무스트레스에 대한 연구는 세 가지 관점으로 구분될 수 있다고 주장한다. 즉, 개인에 중점을 두는 개인 특성적 관점(personal characteristic perspective), 환경에 중점을 두는 환경 요소적 관점(environmental perspective) 그리고 개인-환경 상호작용적 관점(person-environment perspective)으로 연구되어 왔다는 것이다. 또한 뉴웰(Newell, 1995)은 기존의 직무스트레스에 관한 연구 경향을 세 가지 범주로 나누고 있다. 첫째, 직무스트레스 원인에 관한 연구, 둘째, 직무스트레스로 인해 나타나는 결과(반응)에 관한 연구, 셋째, 직무스트레스를 줄이고 이에 대처하는 방법으로 구분하고 있다(탁진국, 윤혜진, 2002). 이것은 직무스트레스를 무엇으로 보느냐에 따라 다르게 개념화할 수 있다는 것을 의미한다. 즉, 직무스트레스는 환경의 자극으로 볼 수 있고, 환경에 대한 개인의 반응으로도 볼 수 있으며, 환경의 자극과 개인의 반응 사이의 상호작용으로도 파악할 수 있다는 것이다〈표 5-15〉.

표 5-15. **관점에 따른 직무스트레스**

관점	내용
자극으로서 직무스트레스	직무스트레스를 개인으로 하여금 긴장(strain)에 빠지게 하는 힘으로 정의하여 물리학에서 압력-변형(deformation)을 초래하는 것과 같은 이치로 설명한다. 그러나 이 개념은 개인의 심리적 중간 과정을 무시하고 상황 특성으로만 직무스트레스를 규정하고 있다는 단점을 지닌다. 그리고 전혀 스트레스가 없는 상태를 이상적으로 보아 긍정적 스트레스(good stress)를 간과하고 있다는 비판과 스트레스의 개인적 차이를 고려하지 않는다는 한계를 갖고 있다.
반응으로서의 직무스트레스	외부적 자극이나 요구, 즉 환경적 요인에 의해 나타나는 개인의 생리적·심리적 반응으로 보는 것이다. 즉, 개인이 스트레스 상황에 놓여 있다고 하는 것은 그 개인의 환경이 불편하여 환경으로부터 부정적인 영향을 받는다는 것이다. 환경자극에 대한 반응에만 초점을 두고 있어 조직현상을 이해하는 데 어렵다는 지적이 있다.
자극-반응개념으로서의 직무스트레스	직무스트레스는 자극개념, 반응개념의 정의를 절충한 역동적 상호작용의 개념으로 보는 것이다. 이 개념은 직무스트레스를 환경적 자극요인과 개인의 특이한 반응 간의 상호작용의 결과라고 보는 입장이다.

이러한 관점에서 미국의 국립산업안전보건연구원(National Institute for Occupational Safety and Health: NIOSH)의 머피와 쇤보른(Murphy & Schoenborn, 1987)는 〈그림 5-3〉과

같은 직무스트레스 모델을 개발하였다.

〈그림 5-3〉에서 보는 것과 같이 직무스트레스란 스트레스를 유발하는 외적 작업조건, 즉 직무스트레스 요인과 근로자 개인의 상호작용으로 심리적 · 생리적 · 행동적 반응이 나타나게 된다는 것이다. 그 결과 급성 심리적 파괴 혹은 행동적 반응이 일어나게 되는데, 이런 급성반응들이 지속되고 장기화될 경우 결국 다양한 질병들이 나타나게 된다. 이 모델의 중요한 개념은 직무스트레스 요인과 급성반응 사이에는 개인적 요인(성격 경향, 경력 개발 단계 등)과 조직 외 요인(가족문제, 재정상태 등), 그리고 완충요인(사회적 지지, 대처 등) 등이 중재요인으로 작용하게 되어 직두스트레스로 인한 부정적 효과를 감소시키거나 증가시킬 수 있다는 것이다. 즉, 직무스트레스를 경험할 때, 개인적 요인과 조직 외 요인 및 완충요인에 따라 스트레스를 경험할 수도 있고, 스트레스로 지각하지 않을 수도 있다는 것이다.

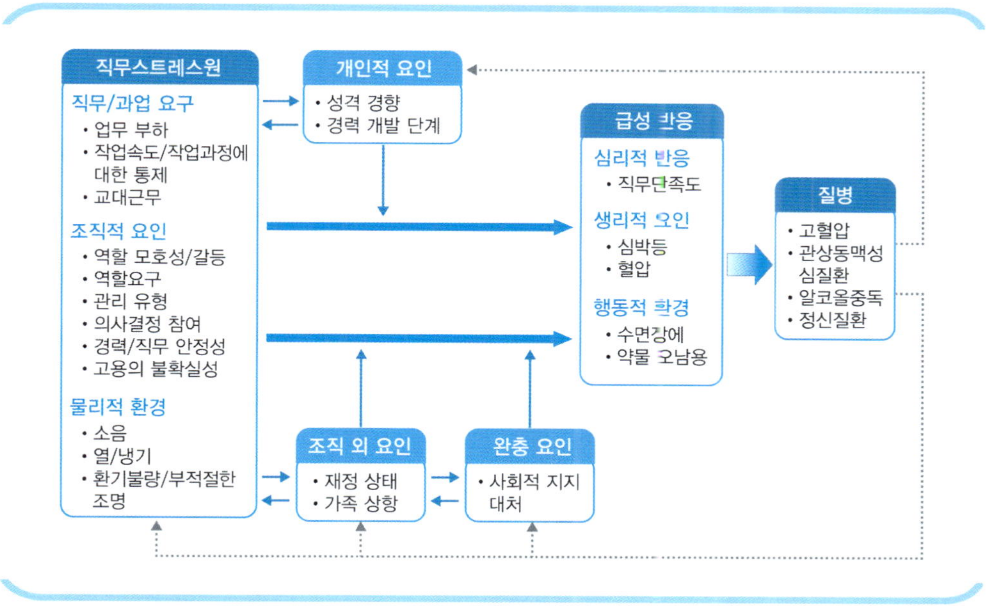

그림 5-3. **직무스트레스 모델**

Chapter 06

평생교육기관 경영의 기획과 전략

배울내용

1. 경영기획
2. 평생교육기관과 경영전략

학습목표

1. 경영기획의 필요성과 목적을 설명할 수 있다.
2. 경영기획의 수립 절차와 방법을 숙지한다.
3. 평생교육기관의 경영기획을 이해한다.
4. 경영전략을 이해하고 유형을 파악한다.
5. 전략경영을 이해하고 평생교육기관의 경영전략을 설명할 수 있다.

CHAPTER

06 평생교육기관 경영의 기획과 전략

1. 경영기획

1) 경영기획의 필요성과 목적

경영이란 산업혁명 이후 대량생산에 의한 시장경제의 경쟁에 대처하기 위한 자원과 조직의 관리를 위해 나타난 용어인데, 지금은 교육경영, 국가경영으로까지 확장되어 사용되고 있으며 조직의 최고결정권자도 최고경영자로서의 역할을 요구받는 시대가 되었다. 따라서 지자체 평생교육기관의 최고책임자도 기관의 설립, 운영, 결과에 이르는 전체적 책임을 지는 최고경영자이어야 한다. 더욱이 요즘같이 평생교육기관의 양적 증가 시기에 학습자 및 우수강사 확보를 위해서는 기업경영에서처럼 목표를 분명히 하고, 조직구성원의 사명과 역할인식을 확고히 하도록 해야 하며 자원의 효율적 집행을 통해 최상의 목표를 달성하는 데 총력을 기울여야 한다(김진숙 외, 2018).

이러한 맥락에서 최근 기획(企劃, planning, project)의 중요성은 날로 증대되고 있다. 기획을 잘하면 경영의 절반을 이룬 것이라는 말이 있을 정도이다. 기획은 지속적인 과정이고, 계획은 기획을 통해 달성된 결과이며, 정책은 기획 전에 이루어지는 기본적인 틀을 말한다. 조직의 기능과 역할이 점점 더 복잡해지고 의사소통의 절차와 방법이 세분화 · 전문화 · 민주화되면서 조직활동에서의 혼란과 혼선의 가능성은 그 어느 때보다도 가중되고 있다. 따라서 경영의 목표와 절차 그리고 방법과 수단이 명확하지 않다면, 조직활동의 효율성과 생산성은 그만큼 보장되지 않는다. 아울러 오늘날 같은 네트워킹(networking)의 시대에 기획이 엉성하면 조직 간의 상호 교류, 의사소통, 공동작업 등에서도 차질을 빚을 수밖에 없다. 이렇게 기획은 경영조직활동의 혼란과 혼선을 최소화함으로써 경영의 효율성과 생산성을 극대화하기 위해 작용한다. 특히 경영기획은 경영전략을 수립하고 실행하는 데도 결정적이다(김용현 외, 2011).

강인준(2010)은 기획의 단계부터 '전략(戰略)'이 요구된다고 주장한다. 즉, 기획을 성공적으로 추진하기 위해서도 전략이 요청되지만, 기획단계의 수립부터 특별한 전략을 통해 이루어질 수 있어야 한다는 것이다. 한마디로 기획도 '전략적'으로 수립되어야 한다. 이렇게 본다면 기획과 전략은 상호 교환적이면서 상호 순환적이다. 또한 전략은 기획의 핵심 과제이기도 하다.

그림 6-1. 기획과 전략의 관계

출처: 김용현 외(2011). 평생교육경영론. 양서원.

이러한 맥락에서 더글라스(Douglass, 1966)는 기획의 의미를 〈표 6-1〉과 같이 주장하였다.

표 6-1. 기획의 의미

- 기획은 활동 과정뿐만 아니라 결과에 대한 예측을 가능하게 하여 경영활동의 성공 가능성을 높여 준다.
- 기획은 조직의 인적 자원 및 물적 자원을 효과적으로 예측 통제하게 함으로써 미래 상황에 대한 실질적 대처능력을 제고시켜 준다.
- 기획은 개인과 조직활동의 통제 및 관리 기준을 일목요연하게 제시한다.
- 기획은 모든 조직활동에 투입되는 소요경비의 계산에 구체적으로 기여한다.
- 기획은 조직경영의 운영 전반에 대한 분석적 사고와 평가능력을 제고하게 함으로써 관리자에게 의사결정의 수준을 높여 준다.

그리고 바움 등(Baume et al., 2002)이 제시하는 경영기획의 여섯 가지 속성은 〈표 6-2〉와 같다.

표 6-2. 경영기획의 속성

- 기획은 미래지향적이다.
- 기획은 지속적인 과정이다. 즉, 기획은 다양한 대안을 지속적으로 탐색하는 과정이다.
- 기획은 결정수립과 불가분의 관계를 가지고 있다.
- 기획은 목적 및 목표 지향적이다. 특히 현실성이 수반된 기획을 위해서는 목표를 명확히 하는 것이 중요하다.
- 기획은 현장성, 현실성, 실현성을 중심으로 이루어진다.
- 기획은 목표와 수단을 연결시켜 주는 개방성을 가진다. 즉, 수시로 발생하는 돌발 상황에 대처하기 위한 역동성과 가변성을 갖추기 위해서 기획은 확정적이거나 정형적이지 않다. 결국 기획의 개방성을 통하여 다양한 아이디어가 창출되고 우리는 이것이 수용될 수 있는 유연성을 얻게 된다.

평생교육기관의 경영기획을 논의함에 있어 간과하지 말아야 할 부분이 있다. 이는 평생교육기관이라는 교육기관이 가지고 있는 사명과 역할이다. 오혁진(2002)은 평생교육기관 경영의 실행원리 차원에서 평생교육의 독특하고 다양한 가치를 고려해야 함을 주장하였다. 사회적 가치와 평등, 학습자의 주체성 등을 강조하는 평생교육기관이 경영의 실행원리로 고려해야 할 가치들은 매우 복합적이다. 이 가치들을 평생교육경영의 관점에서 살펴보면, 공공성과 학습자 인격존중, 서비스 지향성 등인데, 구체적인 내용은 <표 6-3>과 같다.

표 6-3. **평생교육경영의 실행원리로서 고려해야 할 가치들**

측면	가치	구체적인 내용
공공성	공익성	평생교육기관의 사회적 가치, 건전성
	형평성	평생교육 기회의 형평성, 소외집단에 대한 배려
학습자 인격존중	참여성	학습자의 주체적인 개입
	긴밀성	학습자 간의 사회적 관계, 학습자와 기관 간의 친밀도
서비스 지향성	편의성	평생교육기관 자원의 접근가능성, 활용성
	신뢰성	약속된 서비스를 정확하게 수행하는 능력
	외형성	외적으로 세련된 이미지를 제공하는 능력

출처: 오혁진(2002). 평생교육경영학의 지향점과 연구과제. 평생교육학연구, 8(1), 162.

이와 더불어 오혁진(2002)은 기관 경영목표의 복합성, 다양한 이해관계자 집단, 내부 조직구성원의 자율성 등을 대학평생교육원과 같은 평생교육기관 경영에서 고려해야 한다고 하였다. 이윤 추구를 목표로 하는 영리기업과 달리 평생교육기관은 경영적 목표와 성과를 확인하는 것은 매우 복합적이다. 따라서 경영성과를 확인할 때는 전통의 재무적 성과뿐만 아니라 주요 고객이라 할 수 있는 학습자의 학습성과를 비롯한 다양한 이해관계자를 고려하고, 평생교육 이념 및 가치 등 다양한 영역의 목표를 고려한 통합적 검증이 필요하다.

2) 경영기획의 수립: 절차와 방법

경영에서 '계획(plan), 실행(do), 평가(see)'의 과정은 '경영기획'에 의해 전체적으로 조망된다. 즉, 효율적이고 생산적인 경영관리를 위해서 조직은 경영계획을 수립하고, 이를 실행하고 실천하며, 마지막으로 이를 평가하고 통제 · 조정하는 일련의 경영과정을 설계한다. 주로 계획단계에서는 예산관리, 투자사업의 타당성 분석, 재무예측 등에 관한 관리가 이루어지며, 실행단계에서는 관리회계, 사업 부제, 구분손익관리, 원가계산, 원가관리, 표준원가 등에 대한 관리가 이루어지며, 마지막으로 평가 및 통제 단계에서는 경영성과분석 및 업적평가가 이루어진다(강인준, 2010). 기획은 이러한 경영의 절차와 과정을 일목요연하게 제시한다. 호시노 다다시는 일반적인 기획수립단계를 〈그림 6-2〉와 같이 제시하였다.

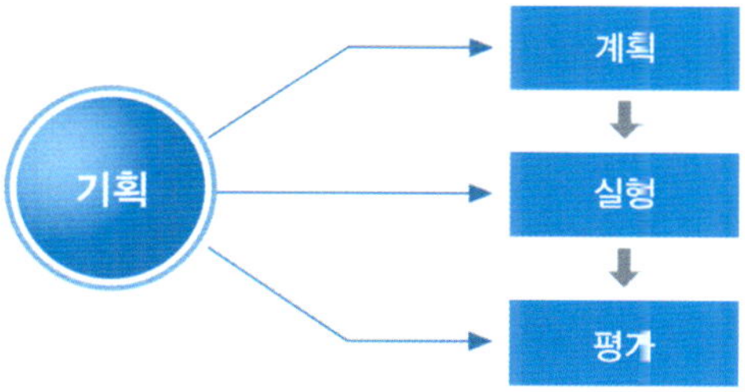

- 1단계: 기획수립의 과정을 이해한다.
- 2단계: 과제를 발견 · 파악한다.
- 3단계: 연관되는 여러 조건을 정리한다.
- 4단계: 작업계획을 세워 준비한다.
- 5단계: 정보를 모아 읽어 본다.
- 6단계: 아이디어를 내고 구상을 정리한다.
- 7단계: 세부사항을 채워 나간다.
- 8단계: 기획서를 만든다.
- 9단계: 제안하여 결정하게 한다.
- 10단계: 실행을 예측한다.
- 11단계: 피드백한다.
- 12단계: 새로운 전망을 얻는다.

그림 6-2. **기획의 절차와 과정**

출처: 김용현 외(2011). 평생교육경영론. 양서원.

3) 평생교육기관의 경영기획

평생교육기관에서의 경영기획은 원칙적으로 일반기업 경영기획의 범주를 벗어나지 않는다. 다만 '평생교육기관 경영'과 '일반경영' 간의 상관관계에 근거한 기획이 이루어질 수밖에 없다. 특히 경영의 '목표'는 경영기획에서 중요한 변수가 된다. 왜냐하면 기획은 목표(또는 목적)달성을 위해 연구와 선택을 통한 의도적인 준비활동이기 때문이다. 이렇게 본다면, 기획은 목표를 달성하기 위한 계획을 수립하는 과정이다. 따라서 교육경영의 목표와 일반경영의 목표가 상반될 경우에 경영기획의 목표, 내용, 방법 등이 조정될 필요가 있다. 일반경영기획이 경영목표달성에 충실하게 이루어진다면, 평생교육기관의 경영기획은 기관의 경영목표달성에 충실할 뿐만 아니라 평생교육의 목표에도 충실해야 한다. 아울러 목표설정에 따라서 내용과 방법 등도 결정한다.

원칙적으로 경영의 궁극적인 목표는 기업의 '이윤추구'이다. 이를 위해 일을 효율적이고 효과적으로 해냄으로써 기업의 생산성을 제고하여 목표달성을 추구하는 것이 경영목표이다. 경영목표의 달성에 경영기획이 기여한다. 그러나 평생교육기관 경영에서는 일반적인 경영의 목표와 평생교육의 목표라는 두 마리의 토끼를 잡아야 한다. 성공적인 경영을 통하여 교육의 목표를 달성하는 것도 평생교육기관 경영의 목표가 되지만, 평생교육의 목표달성을 통하여 성공적인 경영을 하는 것도 평생교육기관 경영의 목표가 된다. 이를 위해서 평생교육기관 경영에서는 '교육의 기획', 즉 교육 프로그램의 기획은 결정적인 역할을 한다. 왜냐하면 일반경영에서는 생산품(product) 내지 생산성(productivity)이 경영성과를 결정한다면, 평생교육기관 경영에서는 교육 · 학습 프로그램(program)이 경영성과를 결정하기 때문이다. 물론 경영 성과를 내기 위해서는 기획, 생산, 기술, 판매, 마케팅, 홍보 등 제반 경영활동이 모두 중요하지만, 특히 평생교육기관 경영에서는 모든 경영활동이 특정 평생교육기관에 제시하는 교육 · 학습 프로그램의 양적 · 질적 수준을 근거로 이루어질 수밖에 없다는 특수성과 고유성이 존재한다.

이를 바탕으로 평생교육 기획은 미래의 평생교육활동에 대한 사전의 지적·합리적 준비과정으로 정의할 수 있다. 즉, 평생교육 기획은 교육현상에 대한 분석과 미래에 대한 예측을 기초로 하여 목표를 설정하고, 이를 달성할 수 있는 전략과 활동계획을 수립하는 과정이라고 할 수 있다. 따라서 평생교육 기획은 <표 6-4>와 같은 세 가지의 특성을 갖는다(김진숙 외, 2018).

표 6-4. 평생교육의 기획

- 평생교육 기획은 미래지향적 활동이다. 즉, 미래의 평생교육활동에 대하여 준비하는 과정에서 기획은 성립된다는 것이다.
- 평생교육 기획은 보다 합리적 활동이다. 여기에서는 구체적인 정보와 창의적인 문제해결능력이 요구될 수 있다.
- 평생교육 기획은 사전의 준비과정이다. 즉, 기획은 상황의 변화에 다라 시행의 과정에서 수정 혹은 보완될 수 없는 특성을 지닌다.

2. 평생교육기관과 경영전략

1) 경영전략의 정의

군사학적으로 사용되던 전략이 기업에 접목되어 경영전략이라는 용어로 사용되기 시작한 것은 1950년대이다. 이후 전략개념을 경영학에 처음 도입한 사람은 첸들러(Chandler, 1962)이다. 또한 안소프(Ansoff, 1965) 등에 의해 본격적으로 경영전략에 대한 연구가 시작되었다. 그러나 1980년대 초반까지만 하더라도 경영전략은 경영자문서비스(Management Consulting Service: MCS)의 연구에서 중요한 변수가 되지 못했다. 그러나 마일스와 스노우(Miles & Snow, 1978), 포터(Porter, 1980, 1985)의 전략유형과 경영자문서비스의 특성이 제시되면서 관리회계 분야에서 여러 연구가 발표되기 시작하였다. 1980년대 후반 기업을 둘러싼 경영환경이 불확실성의 시대로 들어가고 급격한 환경변화에 직면하여 이에 대응하는 방법을 모색하지 않을 수 없었기 때문이다.

이러한 연구를 통해 나타난 학자들의 경영전략에 대한 정의를 살펴보면, 먼저 쉔델과 쿠퍼(Schendel & Cooper, 1978)는 주어진 환경에 적응하면서 기업이 달성하기 원하는 목적과 목표의 행동계획으로 사업전략 측면에서는 제품 시장영역에서의 자원할당 형태로 정의하였고, 쿠인(Quinn, 1988)은 경영전략을 조직의 주요 목표와 정책행동 프로그램을 전제로 통합한 형태 혹은 계획이라고 주장하였다. 또한 포터(1980)는 경쟁에서 우위를 확보하여 성과를 지속적으로 낼 수 있도록 하는 것이라고 하였다. 민츠버그와 쿠인(Mintzberg & Quinn, 1991)은 경영전략의 의미를 〈그림 6-3〉과 같이 다섯 가지로 제시하고 있다.

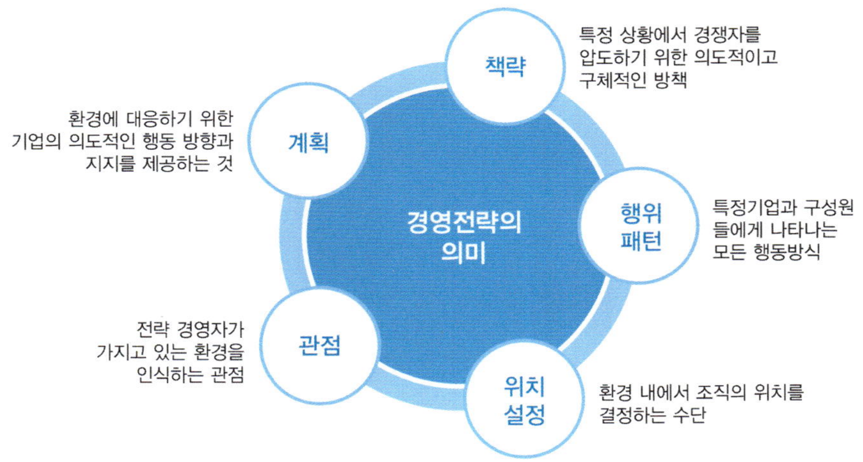

그림 6-3. 민츠버그와 쿠인(1991)의 경영전략

첫째, 계획(plan)으로서의 전략이다. 여기서 경영전략은 환경에 대응하기 위한 기업의 의도적인 행동방향과 지지를 제공하는 것을 의미한다. 둘째, 책략(play)으로서의 전략이다. 이때의 전략은 특정 상황에서 경쟁자를 압도하기 위한 의도적이고 구체적인 방책을 의미한다. 셋째, 행위패턴(pattern)으로서의 전략이다. 이것은 경영전략이 사전에 의도된 것이든 의도되지 않은 것이든 특정기업과 구성원들에게 나타나는 모든 행동방식을 의미한다. 넷째, 위치설정(position)으로서의 전략이다. 이는 기업 내부의 환경을 결합시킴으로써 환경 내에서 조직의 위치를 결정하는 수단으로서의 경영전략을 의미한다. 다시 말해 기업의 어떠한 제품과 시장에 그들의 자원을 집중할 것인가를 결정해 나가는 것을 말한다. 다섯째, 관점(perspective)으로서의 전략이다. 여기에서의 경영전략은 전략 경영자가 가지고 있는 환경을 인식하는 관점을 의미한다. 이 정의는 추상적이고 개념적인 것으로 특정 집단이 공유하고 있는 문화, 가치관, 세계관 등의 개념과 유사하다.

2) 경영전략의 유형

경영관리란 가치창출이라는 경영의 목적을 가장 효과적으로 달성할 수 있도록 하는 행위들을 의미하며 기획, 조직 및 인사관리, 리더십, 재무관리 등 다양한 요소로 구성된다. 그 중에서 회사의 목표를 설정하고 필요한 자원의 규모와 확보 방법 등을 결정하는 기획, 즉 경영전략은 경영관리의 가장 핵심적인 요소이다. 경영전략의 개념은 분석수준, 연구자의 관점 등에 따라 서로 다르기 때문에 통일된 정의를 내리기 어렵다.

첸들러(1962)에 의하면, 경영전략이란 장기 목표 설정, 이러한 목표를 수행하는 데 필요한 활동의 채택과 자원할당을 의미하며, 새로운 기회에 대응하여 조직이 새로 원하는 수준으로 효율성 있게 운영될 수 있도록 기존 자원을 재배치하거나 자원을 늘리는 것이라고 보았다. 그리고 앤드루스(Andrews, 1987)는 경영전략이란 회사의 목표나 목적을 결정하고 그 목표를 달성하기 위한 계획을 세우고 회사가 추구할 사업 범위를 정하는 의사결정이며, 현존하는 또는 형성하고자 하는 경제와 인간조직의 한 형태라고 정의하였다.

한편 마일스와 스노우(1978)은 경영전략을 〈그림 6-4〉와 같이 방어형(Defenders), 선도형(Prospector), 분석형(Analyzer) 등 세 가지로 분류하였다.

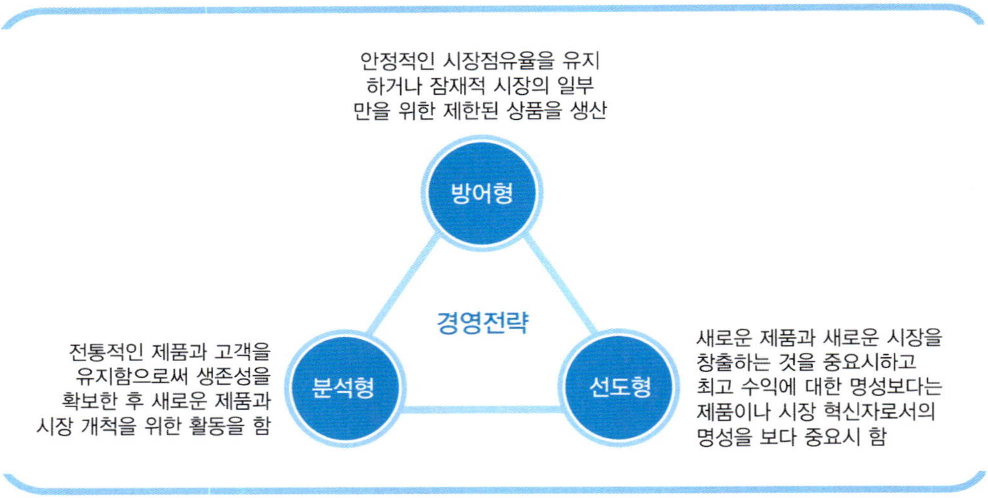

그림 6-4. 마일스와 스노우(1978)의 경영전략

첫째, 방어형 전략은 조직의 안정성을 추구하는 것으로 안정적인 시장점유율을 유지하거나 잠재적 시장의 일부만을 위한 제한된 상품을 생산하고, 가격 경쟁이나 품질향상 경쟁 등을 통해 경쟁기업이 자신의 시장점유율을 잠식하는 것을 방어함으로써 조직의 안정성을 도모하게 된다.

둘째, 선도형 전략은 방어형 전략과 반대로 역동적인 방식으로 그들이 선택한 환경에 대응한다. 안정적인 지배력 유지를 위해 효율성을 최고의 가치로 보는 방어형 전략과 달리 선도형 전략에서는 새로운 제품과 새로운 시장을 창출하는 것을 중요시하며, 최고 수익에 대한 명성보다는 제품이나 시장 혁신자로서의 명성을 보다 중요시한다. 방어형 전략과 선도형 전략이 경영전략 유형의 연속선상에서 양극단에 위치해 있다면 분석형은 제3의 전략형태라고 볼 수 있다.

셋째, 분석형 전략에서는 이윤획득의 기회를 극대화하는 반면 위험성은 최소화함으로써 방어형 전략과 선도형 전략의 장점만을 갖는다. 전통적인 제품과 고객을 유지함으로써 생존성을 확보한 후 새로운 제품과 시장개척을 위한 활동에 나선다. 선도형 기업에서 채택한 가장 성공적인 제품이나 시장혁신을 모방함으로써 시장 지배력이 유지되지만 수입의 대부분은 방어형 기업과 같이 전통적인 제품과 소비자로부터 안정적으로 창출된다. 즉, 성공적인 분석형 전략은 선도형 기업을 신속히 모방하면서 효율적으로 안정적인 제품생산과 시장지배력을 확보하는 것이다.

포터(1980)는 신규 진입자의 위협(the threat of new entrants to the industry), 대체재의 위협(the threat of substitute products), 구매자의 힘(the power of buyers), 회사 납품업자의 힘(the power of suppliers to firm in the industry) 그리고 동일업종 내 경쟁 정도(the degree and nature of rivalry among businesses in the industry) 등 기업이 직면하는 다섯 가지의 경쟁요인을 제시하고 기업이 이들 경쟁요인의 평가를 통해 시장에서의 잠재 수익성과 경쟁력을 판단해 볼 수 있다고 보았다. 예를 들어, 경쟁의 증가, 낮은 진입장벽, 많은 수의 대체재, 고객 및 납품업자의 협상력 증가는 기업의 잠재 수익성에 부정적인 영향을 끼친다고 보았다. 또한 기업은 이들 경쟁요인 분석을 통해 경쟁우위를 확보하기 위한 일반전략(generic competitive strategy)을 개발할 수 있다고 주장하며, 일반전략으로는 〈그림 6-5〉와 같이 원가우위 전략(cost leadership), 차별화 전략(product differentiation), 집중화 전략(focus strategy) 등 세 가지를 제시하였다.

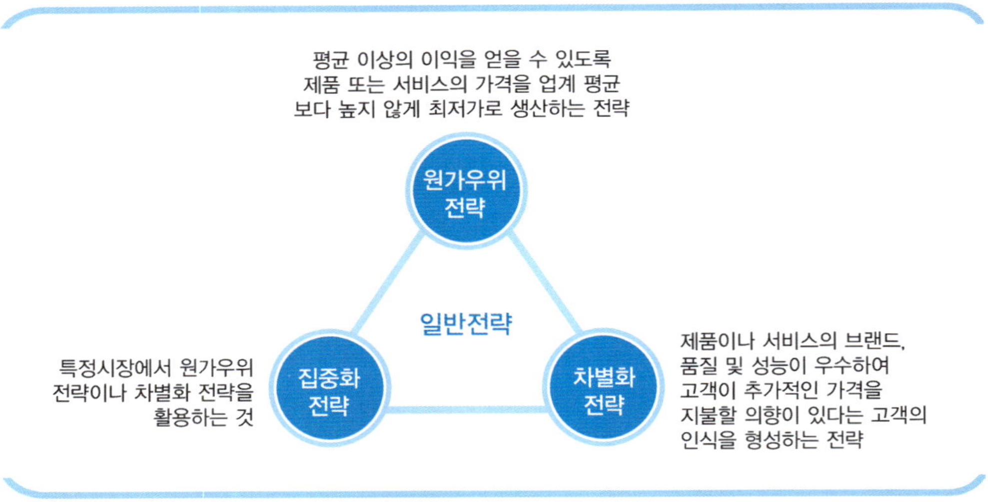

그림 6-5. **포터(1980)의 일반전략**

포터(1980)는 기업은 원가우위 전략이나 차별화 전략 중 하나를 선택해야 하며 중간에서 머뭇거릴 경우 실패할 가능성이 크다고 보았다. 일반전략이 기업에게 경쟁우위를 제공할지 여부는 경쟁사보다 제품과 서비스에 더 큰 가치를 성공적으로 부가하기 위해 기업의 가치 사슬이 일반전략을 성공적으로 지원하느냐에 달려 있다고 보았다.

또한 안소프(Ansoff, 2007)는 경영전략을 성장전략과 경쟁전략으로 구분하면서, 성장전략으로부터 점차 경쟁전략으로 나아갈 수 있는 전략적 매트릭스를 제시하였다. 즉, 기업은 기존의 제품을 가지고 시장 침투와 시장 개척을 통하여 기업이 성장할 수 있는 경영전략을 추구하면서 점차 기존의 시장에서 우위를 점할 수 있는 제품 개발의 전략을 실현하고 더 나아가 궁극적으로는 신제품으로 새로운 시장을 선점할 수 있는 블루오션 전략을 추구해야 경쟁전략은 성공적으로 완수될 수 있다.

	기존의 제품(성장전략)	신제품(경쟁전략)
기존의 시장	1. 시장 침투	2. 제품 개발
새로운 시장	3. 시장 개척	4. 시장의 다각화

그림 6-6. 안소프 매트릭스(Ansoff's Matrix)

출처: 김용현 외(2011). 평생교육경영론. 경기: 양서원.

따라서 평생교육기관에서의 경쟁전략 역시 현재 실현되고 있는 경영전략의 포지셔닝에 대한 종합적 분석과 해석에서 시작될 필요가 있다. 아울러 성장전략으로부터 경쟁전략으로 나아가는 경영전략의 로드맵이 수립, 구현될 수 있어야 한다. 특히 성공적인 평생교육기관의 경쟁전략은 '학습권 보장의 최적화'와 이를 통한 '경영 이윤창출의 극대화'에 초점이 주어져야 한다(김진숙 외, 2018).

3) 전략경영

경영전략의 개념이 보편화되면서 '전략경영'이라는 새로운 용어가 등장하게 되었다. 이는 1950년대부터 기업경영의 영역에 도입되기 시작하였는데, 1960년 전후에 첸들러, 젤즈니크(Selznick), 안소프, 드러커 등에 의해서 경영학의 영역에서 크게 부각되기 시작하였다. 오늘날 기업의 환경변화가 급격하게 이루어지면서 전략경영이라는 개념은 보다 부각되고 있는 실정이다. 경영을 최적화하고 최대화하기 위한 특별방안으로서 '전략'이 수립·실천될 필요가 있다는 것이 경영전략의 의미라면, 경영의 모든 과정이 처음부터 전략적으로 수립, 실천해야 한다는 논리가 '전략경영'이다. 일반적인 경영전략에 비해서 전략경영은 소유주, CEO 그리고 전문가의 입장에 비중을 두고 있다(Nag et al., 2007). 따라서 이는 긴급, 돌발, 위기상황 등 특별하고 특수한 상황에서 보다 실질적이고 추진력 있는 경영전략을 수립하여 추진하겠다는 경영진의 강한 의지의 표출이기도 하다.

이런 맥락에서 1980년대부터 보스턴컨설팅그룹에서는 SWOT 분석기법을 'TOWS 전략경영분석 매트릭스'로 전용하여 일반화시켜 왔다.

SWOT 분석은 1960년대 미국의 스탠포드 대학의 연구 프로젝트를 이끌었던 험프리(Humphrey) 교수가 처음 고안한 전략분석 도구이다. 그는 기업의 중장기 계획이 왜 실패를 하였는지를 분석하기 위해 SOFT 분석을 고안해 냈는데, 이것이 오늘날 SWOT 분석의 초석이 되었다.

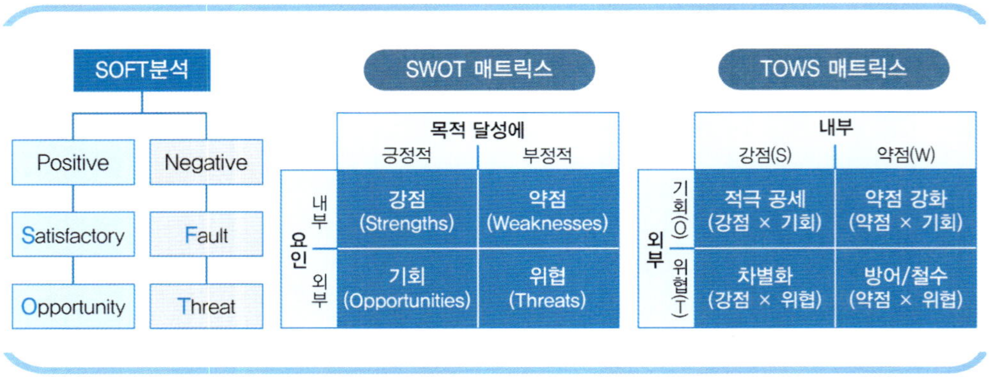

그림 6-7. **SOFT 분석과 SWOT 분석 및 TOWS 분석**

이후 하버드대학의 앤드루스 교수가 『기업전략의 본질』(1971)이라는 저서에서 SWOT 분석을 사용한 것이 오늘날과 같은 형태의 모델이 되었다. 그리고 샌프란시스코 대학의 하인츠 웨이리치(Heinz Weihrich) 교수가 그의 논문에서 SWOT 분석의 응용판인 TOWS 분석을 새롭게 만들어 냄으로써 이것이 오늘날 대중적으로 널리 알려진 SWOT 분석의 최신 버전이라고 할 수 있다.

SWOT 분석의 출발은 다음의 4가지 질문에서 출발한다. 첫째, 우리는 무엇을 할 수 있는가? 이것은 기업역량에 대한 질문으로써 강점과 약점을 의미한다. 둘째, 우리는 무엇을 하고자 하는가? 이것은 조직과 사업의 가치에 대한 질문으로써 기업 가치관과 철학에 관련된 것이다. 셋째, 우리는 무엇을 하게 될 것인가? 이것은 외부의 기회와 위협에 대한 질문이다. 넷째, 다른 사람들은 우리가 무엇을 하기를 기대하는가? 이것은 기업을 둘러싼 여러 이해관계자들이 우리 기업에 어떤 기대감을 가지고 있는지에 대한 질문이다. SWOT 분석은 이러한 4가지 질문들에 대한 의문점을 바탕으로 시작을 하게 된다.

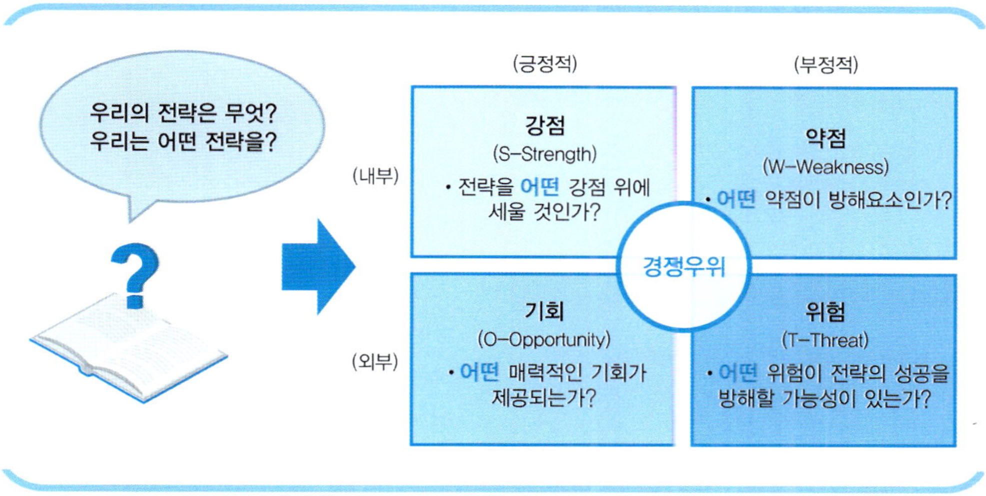

그림 6-8. SWOT 분석

다시 말해 SWOT 분석은 4개의 4분면 각각 강점과 약점 그리고 기회와 위협으로 구분을 하고 내부적 요인과 외부적 요인 그리고 긍정적 요인과 부정적 요인으로 구성된다〈그림 6-8〉. 강점은 내부적으로 긍정적인 부분들의 결합을 말하고, 약점은 기업 내부의 요소들 중 기업 목표달성에 방해가 되는 부정적인 요소들을 의미한다. 같은 원리로 기회와 위협은 기업 외부의 분석에 의해 긍정적인 요소는 기회가 되고, 부정적인 요소는 위협이 되는 것이다.

SWOT 분석을 수행하는 방법은 먼저 기업이 보유한 자원의 강점과 약점의 내부환경을 우선적으로 파악하는 것이다〈그림 6-9〉. 그다음 기업을 둘러싼 외부환경에서 기회가 될 만한 요인과 위협이 될 만한 요인들을 파악한다. 그리고 강점과 기회, 약점과 위협의 요소들을 서로 혼합해서 조합을 하게 된다. 이렇게 조합된 내용을 바탕으로 해서 전략적인 핵심이슈를 도출하면 된다.

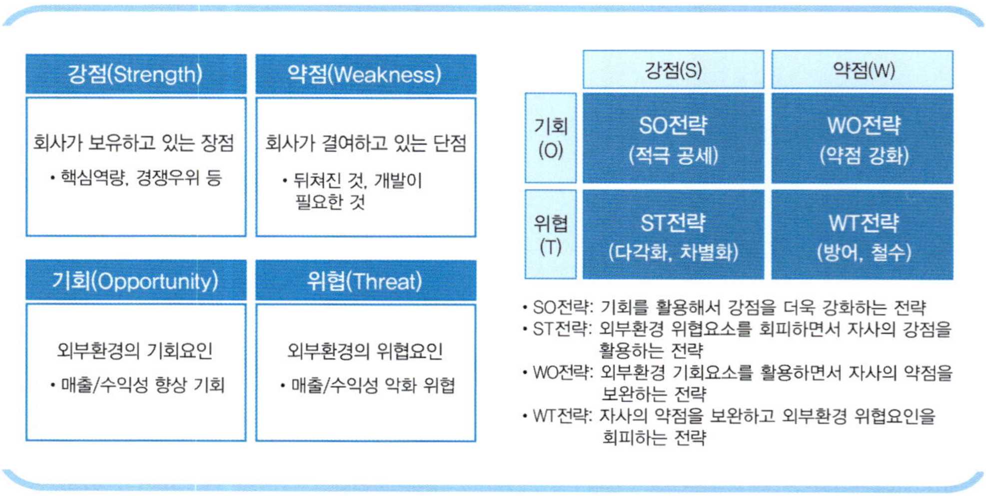

그림 6-9. **SWOT 분석을 수행하는 방법**

SWOT 분석의 진화 버전인 TOWS 분석을 살펴보면, 각 사분면에 있는 요인들의 항목들을 서로 조합해서 사용할 수 있다. 강점과 기회요인을 조합하면 SO전략이 되고, 강점과 위협요인들을 조합하면 ST전략이 된다. 마찬가지로 약점과 기회요인을 서로 조합하면 WO전략이 되고, 약점과 위협요인들을 조합하면 WT전략이 된다.

SWOT 분석이 많이 사용되고 있는 이유 중의 하나는 간단하면서도 실용적이고 이해하기 쉽게 만들어져 있기 때문이다. SWOT 분석을 통해 도출되는 평생교육기관 현장의 강점과 약점, 기회와 위협을 살펴보면 〈표 6-5〉, 〈표 6-6〉과 같다(김창엽, 2014; 이향란, 2015).

표 6-5. 평생교육기관의 SWOT 분석

구분	내용
강점	강점은 우리 평생교육 현장 또는 프로그램을 타 평생교육기관이나 타 프로그램보다 경쟁우위에 위치하도록 만드는 요소를 가리킨다. 강점의 구성요소로는 타 기관보다 월등한 경영자원과 조직문화, 구성원의 역량 등이 포함된다.
약점	약점은 우리 평생교육 현장 또는 프로그램을 타 기관이나 타 프로그램보다 열세우위에 위치하도록 만드는 요소를 가리킨다. 약점의 구성요소로는 목표달성을 저해하는 조직의 한계나 단점 또는 결함이 해당될 수 있으며, 경쟁기관에 비해 열등한 경영자원이나 구성원의 역량이 해당된다.
기회	기회는 우리 평생교육의 수요를 확대하고 조직의 포지션을 제고시키는 우호적인 현재나 미래의 상황을 의미한다. 기회요소로는 긍정적인 외부환경 내의 동향과 변화, 잠재적 학습자와 사회의 필요 등을 들 수 있다.
위협	위협은 우리 평생교육 현장의 경쟁력을 침해하거나 위협하는 비우호적인 상황이나 동향, 변화를 가리킨다. 이 요소로는 수익성 제고를 방해하는 장애물이나 자기관에 악영향을 미치는 수준이 해당된다.

표 6-6. 평생교육기관의 SWOT 분석에 따른 구성요소

구분	내용	구성요소
강점	• 다른 프로그램들보다 경쟁적으로 만드는 요소 • 특징적 우위나 경쟁자보다 우월한 자원 • 목표성취를 위해서 효율적으로 이용할 수 있는 자원이나 역량	• 경영자원 • 조직문화 • 구성원 역량
약점	• 목표달성을 저해하는 조직의 한계나 단점 또는 결함 • 조직이 제대로 수행하지 못하는 부문 혹은 경쟁자에 비해 열등한 자원이나 역량	
기회	• 프로그램에 대한 수요를 진작시키고 조직의 포지션을 제고시키는 우호적인 현재나 미래의 상황 • 동향, 변화, 미처 포착되지 못한 필요	• 프로그램 수요 • 시장규모 • 정부정책 • 경제상황 • 사회적 · 윤리적 · 문화적 발전수준
위협	• 현재나 미래 조직의 경쟁능력을 침해하거나 위협하는 비우호적인 상황이나 동향 또는 임박한 변화 • 장애물이나 제약 또는 조직에 문제, 손실, 악영향을 유발할 수 있는 것	

4) 평생교육기관의 경영전략

평생교육기관의 경영전략 수립은 일반 경영전략과 맥락을 같이한다. 그러나 평생교육기관경영의 고유성 때문에 경영전략 수립을 위해서 다음과 같은 평생교육의 기본원리가 경영전략의 요소로서 반영될 필요가 있다.

첫째, 탈정형성, 둘째, 자발성, 셋째, 상호학습성, 넷째, 현실성과 실제지향성, 다섯째, 다양성과 이질성, 여섯째, 과정중심성, 일곱째, 참여와 공존성, 여덟째, 경험중심성, 아홉째, 즐거운 학습 등이다(정지웅, 김지자, 1986).

교육의 목표는 국가별, 지역별, 시대별, 교육기관별로 매우 다양하다. 한국의 교육목표는 '홍익인간(弘益人間)'이고, 미국의 교육목표는 '시민(citizen)'이고, 영국의 교육목표는 '신사(gentleman)'이며, 일본의 교육목표는 무사, 즉 '사무라이의 정신을 양성하는 것'이며, 중세서구의 교육목표는 '하나님의 자손을 양육하는 것'이었다. 또한 듀이(Dewey)나 몰렌하우어(Mollenhauer)에게는 개인의 교육적 '성장'이 교육의 목표이며, 대부분의 학자에게 교육의 목표는 '전인격적 성장 또는 전인격적 도약'이다. 그러나 일반적으로 이러한 모든 교육과 학습의 목표는 학습자 개인의 '자아실현(自我實現)'으로 귀결된다. 왜냐하면 교육은 인간을 대상으로 하고 인간됨을 목표로 하기 때문이다. 그러나 학습자의 자아실현은 개인적 차원과 사회적 차원에서 함께 추구된다. 따라서 평생교육은 학습자의 개인적 자아실현과 동시에 사회적 자아실현에의 목표를 가지고 있다. 이렇게 본다면 평생교육기관 경영에서도 평생교육의 원리준수는 학습자의 개인적 · 사회적 자아실현을 조력하는 중요한 미션에 해당된다.

결국 평생교육기관 경영은 학습자가 자기학습을 통하여 자아실현을 할 수 있도록 도와주면서 이를 통해 '기관의 이윤추구'라는 경영의 목표를 달성하기 위한 전략을 구사해야 한다.

Chapter 07

평생교육기관 경영자의 역할과 리더십

배 울 내 용

1. 평생교육경영자의 역할과 역량
2. 리더십의 이해
3. 리더십의 유형과 특징
4. 리더십 기르기
5. 리더십과 평생교육

학 습 목 표

1. 평생교육경영자의 역할을 설명할 수 있다.
2. 평생교육경영자의 역량을 설명할 수 있다.
3. 리더십의 개념을 이해한다.
4. 리더십의 주요이론을 파악한다.
5. 리더십의 필요성을 설명할 수 있다.
6. 리더십의 유형과 특징을 설명할 수 있다.
7. 리더십 기르기의 구체적인 기술을 익힌다.
8. 평생교육기관에서 필요한 리더십을 설명할 수 있다.
9. 평생교육 최고경영자가 갖추어야 할 리더십을 파악한다.

CHAPTER

07 평생교육기관 경영자의 역할과 리더십

1. 평생교육경영자의 역할과 역량

1) 평생교육경영자의 역할

평생교육경영자의 가치관과 교육철학에 따라 평생교육의 운영 방향이 결정되기 때문에 평생교육경영자는 평생교육기관의 운명을 좌우하는 중요한 위치에 있는 사람이라고 할 수 있다. 따라서 평생교육경영자의 역할은 평생교육 경영의 총책임자이며 평생교육의 소유자로서 다양한 역할을 수행해야 한다. 구체적으로 평생교육경영자의 역할은 평생교육의 행정적 운영, 평생교육기관의 교육내용의 질적 수준에 대한 책임, 강사의 전문성 제고를 위한 역할 등의 많은 역할을 수행하게 된다.

여기서는 평생교육경영자의 역할에 대해 드러커의 리더의 조건 이론과 변혁적 리더십, 쿠인(1988)이 제시한 가치경쟁리더십을 중심으로 살펴보고자 한다. 먼저 드러커의 리더의 조건 이론으로 살펴본 평생교육경영자의 역할은 〈표 7-1〉과 같다

표 7-1. 평생교육경영자의 역할

- 평생교육경영자는 평생교육기관의 설립의 가치와 목표를 수립해야 한다. 그리고 수립된 목표를 평생교육구성원이 알기 쉽도록 구체적으로 제시해야 한다. 평생교육구성원이 목표를 달성하기 위해서 협력할 때 기대되는 공헌들이 포함되어 있어야 한다. 또한 목표에는 혁신에 대한 목표, 사회적 책임에 대한 목표, 평생학습자의 학업성취도에 대한 목표, 평생교육 이익에 대한 목표 등 구체적으로 제시되어야 한다.
- 목표관리를 위한 세부지침을 마련하여야 한다. 아무리 훌륭한 목표라 할지라도 실행에 옮기지 못하면 무용지물이 되기 쉽다. 조직구성원들이 합의된 세부지침을 마련하여 실행에 옮길 수 있을 때 목표 달성이 가능하다. 목표는 단기목표와 장기목표를 구분하여 지침을 마련하는 것이 실행에 옮기기 쉽다.
- 인사관리의 기본원칙을 수립하여야 한다. 인사관리는 투명해야 하며 구성원의 잠재능력과 장점을 파악하여 적재적소에 배치하므로 완성되는 것이다. 평생교육의 성과는 강사의 능력에 달려 있고 학생의 교육의 질을 좌우한다.
- 미래를 창조할 역량을 갖출 수 있는 준비를 해야 한다. 평생교육은 새롭게 수립되는 제도와 환경에 민첩하게 대응해야 하고, 더 나아가 미래의 평생교육을 예측하고 대응해야 한다. 따라서 평생교육구성원들이 새로운 패러다임에 적응할 수 있도록 평생교육경영자는 평생교육이 나아갈 방향과 미래의 가치를 제시해 주어야 한다.
- 사회적 책임을 이행하여야 한다. 평생교육은 인간이 더 나은 가치를 위해 살아갈 수 있도록 변화시키는 것이다. 평생교육기관은 교육에 대한 사회적 역할을 담당하는 교육기관으로 거듭나야 한다. 이에 더하여 평생교육은 솔선수범하여 취약계층 아동을 돌보고 함께 살아갈 수 있는 기반을 마련하여야 한다. 또한 지식기반 사회를 이끌고 함께 참여하는 평생교육경영자는 철저한 자기관리로 조직의 목표와 사명을 인식하고 그것을 명확하고 구체적으로 설정하여 설득력 있는 인과관계를 형성하여야 한다.
- 조직의 리더는 모든 구성원이 자신이 속한 사회와 공동체에 공헌할 수 있는 방향으로 이끄는 사람이다. 따라서 평생교육경영자는 조직의 리더가 될 학생들을 지도하는 위치에 있다. 평생교육경영자들의 역할이 강사가 학생지도에 발휘할 수 있는 역량을 키우는 역할인 만큼 교육의 본질을 확고히 인식하고 실행에 옮길 수 있도록 적극적으로 자기계발이 따라야 한다.

다음은 변혁적 리더십 측면에서 평생교육경영자의 역할을 살펴보면, 평생교육경영자들은 평생교육구성원의 교육적 사명감을 강화하는 역할을 해야 한다. 즉, 그 역할에 맞는 변혁적 리더십은 구성원들이 고차원의 목적을 추구하도록 격려하고 비전을 제시한다. 또한 구성원들이 자신의 발전과 타인의 발전을 위해 더 높은 책임의식을 고취하도록 권장함으로써 부하가 지도자가 되고 지도자는 변화촉진자가 되어 궁극적으로 조직이 변화하게 된다(Hoy & Miskel, 2013). 따라서 평생교육경영자에게는 변혁적 리더십이 무엇보다도 필요하다고 할 수 있다. 변혁적 리더십에 근거한 평생교육경영자의 역할은 〈표 7-2〉와 같다.

표 7-2. 변혁적 리더십에 근거한 평생교육경영자의 역할

- 평생교육종사자에게 신뢰와 믿음을 줄 수 있는 개별적 배려이다. 평생교육은 평생교육종사자들의 역할이 평생교육의 질을 결정짓기 때문에 평생교육종사자의 역량을 최대한 발휘할 수 있는 분위기를 조성하는 것이 무엇보다 중요하다. 따라서 평생교육경영자가 평생교육종사자의 상황과 노력에 관심을 기울임으로써 평생교육종사자는 평생교육기관의 목표를 위하여 최선을 다하게 된다.
- 평생교육종사자의 교육적 신념과 가치를 끌어내는 지적 자극이다. 평생교육에서의 평생교육종사자의 업무는 평생학습자들의 지적 호기심을 유발하여 교육적 성과로 이어지게 하는 다리 역할을 수행하게 된다. 그러므로 평생교육경영자는 평생교육종사자들이 능동적으로 학습자들을 관찰하고 학습자들의 능력을 키워 낼 수 있는 능력을 자극해 주어야 한다.
- 평생교육구성원이 미래를 계획할 수 있는 비전 제시이다. 비전 제시는 평생교육구성원의 합의로 실현 가능한 평생교육기관의 비전을 제시하고 공유하는 것이다. 미래의 관점에서 비전을 제시하여 현재보다 더 높은 교육적 가치를 실현해 가는 것이다. 평생교육기관의 미래를 기대하는 비전 제시는 평생교육종사자들의 근무 연속성을 확보하여 안정된 경영환경을 구축할 수 있으며 목표 달성에도 기여하게 된다.
- 평생교육구성원들의 상호 협동문화 조성이다. 이러한 상호 협동문화의 조성은 평생교육기관의 규범, 문화, 가치, 신념이 지켜지며 열린 의사소통은 평생교육기관의 발전과 성장을 도모한다.

그리고 최근 평생교육경영자에게 요구되는 리더십으로 가치경쟁리더십이 강조되고 있다. 쿠인(1988)이 제시한 가치경쟁리더십(competing values leadership)은 기존의 거래적 혹은 변혁적 리더십 연구와 달리 특정한 조직 내의 상황에서 상반된 가치들이 경쟁하면서 궁극적으로는 조직효과를 극대화시킬 수 있다는 점을 강조한다. 다시 말해 가치경쟁리더십은 단선적인 특정 리더십의 발휘라기보다는 상황 속에서 다양한 리더십 기술들이 통합적으로 발휘되어 궁극적으로 조직효과성을 극대화할 수 있다는 '상황이론'의 하나로서 제기된 이론이다.

일반적으로 특정 상황에서 서로 경쟁하는 가치들은 크게 두 차원, 즉 하나는 조직의 유연성과 안정성 그리고 다른 하나는 내부지향성과 외부지향성이다. 이 두 차원의 조합은 다시 네 가지 형태의 리더십 유형, 즉 비전제시가(Vision Setter), 동기부여가(Motivator), 목표달성가(Task Master), 분석가(Analyzer)로 구분된다(이서경, 2014; Quinn, 1988). 가치경쟁리더십 이론의 구성은 〈그림 7-1〉, 가치경쟁리더십에 근거한 평생교육 경영자의 역할은 〈표 7-3〉과 같다.

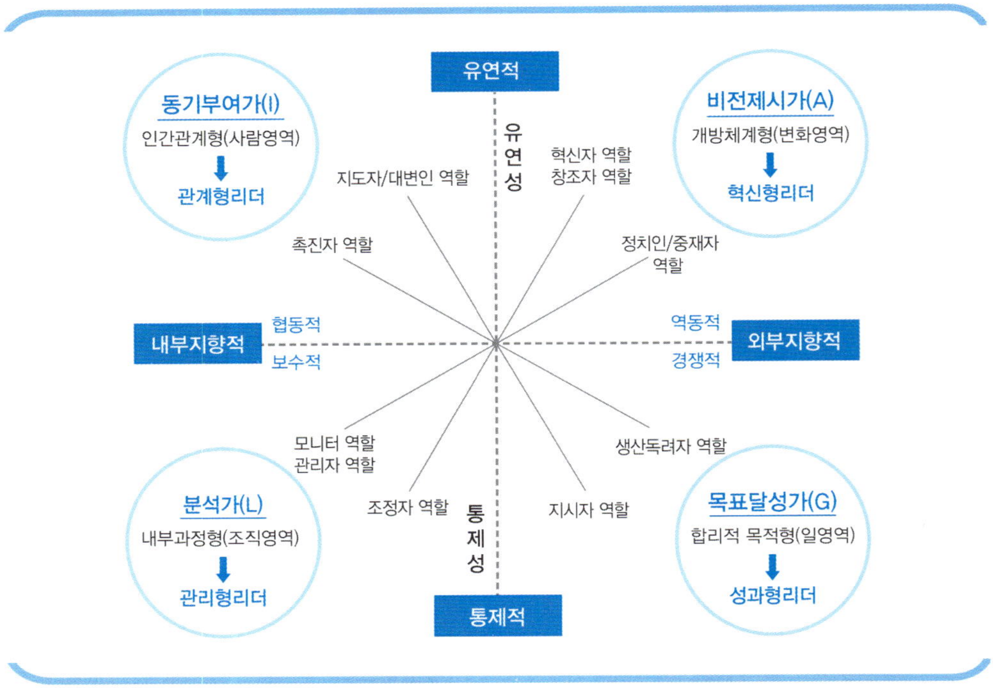

그림 7-1. 쿠인의 가치경쟁리더십 이론

출처: 이서경(2014). 평생교육기관 최고경영자의 가치경쟁리더십이 조직효과성에 미치는 영향: 팔로워십 매개효과를 중심으로. 원광대학교 대학원 박사학위논문.

표 7-3. 가치경쟁리더십에 근거한 평생교육경영자의 역할

구분	형태	내용
비전제시가형	개방체제형	평생교육기관 최고경영자는 평생교육기관 운영을 위한 새로운 방향모색, 기관운영과 관련된 외부환경 변화주시, 재원, 프로젝트를 위한 재정지원 확보, 기관 합법성을 유지하고 혁신적인 변화를 주도하는 역할을 수행해야 한다. 다시 말해 팔로워에게 새로운 훈련방법, 기술 등을 개발하고 적용시키는 창조자 및 혁신자로서의 역할을 한다. 또한 다른 한편으로는 외부의 물적 자원을 유입시키는 활동을 하며 조직의 위상을 확고히 하는 리더의 역할을 해야 한다.
동기부여가형	인간관계형	평생교육기관 최고경영자의 동기부여가형 리더의 역할은 구성원의 협동심과 팀워크를 강조하며 분위기를 고양시키는 것이다. 조직의 응집력과 구성원들의 사기를 진작시키고 갈등을 적극적으로 해소시킨다. 나아가 기관 구성원들의 사생활문제, 복지문제 또한 애정과 관심으로 배려하는 역할을 통해 기관인력을 효율적으로 관리할 수 있는 리더이다.
목표달성가형	합리적 목적형	평생교육기관 최고경영자의 목표달성가형 리더의 역할은 평생교육기관 활동의 목표달성 및 결과를 중시한다. 또한 목표달성을 위한 우선순위를 제시하여 성과를 극대화하기 위해 노력한다. 다시 말해 주어진 목표와 임무를 다할 수 있도록 훈련계획에 따라 팔로워들이 각자가 해야 할 임무를 명확하게 알도록 지시하는 역할을 한다.
분석가형	내부과정형	평생교육기관 최고경영자의 분석가형 리더는 평생교육기관 활동을 위한 내부규정을 강조하고 효율적인 전문 인력을 배치한다. 또한 기관 서비스 및 프로그램 실행에 대한 이론적, 기술적인 지식의 확보 및 프로그램 진행상황에 대한 면밀한 분석을 한다. 다시 말해 수립된 훈련기획과 내용을 계획대로 차질 없이 실행하는 역할을 말한다. 또한 업무에 대한 전문지식을 가지고 조직 내의 모든 역학적 관계와 구성원 개개인에 대한 사항을 파악하는 관료적이면서 상명하복적인 리더의 역할을 요구한다.

2) 평생교육경영자의 역량

지금까지 살펴본 평생교육경영자의 역할은 교육자이자 경영자인 역할을 두루 갖추어야 한다는 것이다. 평생교육경영자의 역할을 수행하는 데에 필요한 역량을 자세하게 살펴보면 〈그림 7-2〉와 같다.

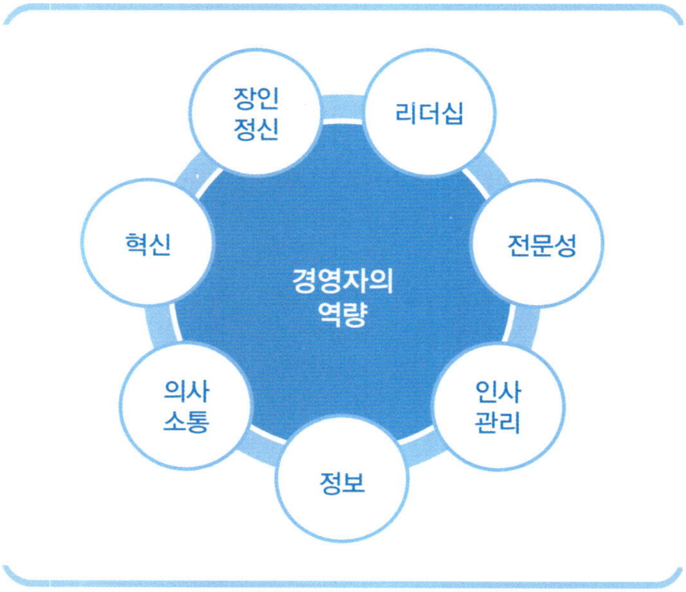

그림 7-2. 평생교육경영자의 역량

첫째, 평생교육경영자의 가장 중요한 역량은 리더십이다. 평생교육기관은 학습자들의 학생지도에 전문성이 확인된 종사자를 채용하여 학습자들의 미래를 위한 학습을 돕는 기관이다. 따라서 평생교육종사자가 주어진 업무를 잘 수행할 수 있도록 격려하는 한편 학습자들의 평생교육종사자들이 잘 따를 수 있도록 일차적으로 지도하는 역할이 필요하다. 따라서 평생교육경영자의 부드러운 카리스마를 겸비한 리더십이 평생교육기관의 운영과 교육철학을 펼칠 수 있는 기틀이 된다.

둘째, 평생교육서비스업의 기능을 할 수 있는 전문성이다. 평생교육경영자의 교육철학과 가치관이 뚜렷해야 학습자들의 미래를 책임질 교육을 할 수 있는 종사자들을 관리할 수 있다. 따라서 평생교육경영자는 자기계발을 통해 전문성을 겸비해야 한다.

셋째, 학습자의 수준과 성향에 맞는 종사자와 매칭시켜 주는 인사관리 능력이다. 평생교육기관의 성과는 학습자의 성향과 직무 내용을 정확하게 이해하고 있는 종사자를 적재적소에 배치하는 것으로 결정된다. 그리고 평생교육에 대한 가치관이 확고한 종사자를 채용하고 교육하는 학생에 대한 책임감을 부여하는 것이 필요하다.

넷째, 평생교육의 성공을 결정하는 정보력이다. 정보력이 낮거나 정보에 대한 대처가 늦으면 그 피해는 그대로 평생교육기관과 학습자들에게 돌아간다. 이러한 측면에서 본다면 평생교육경영자는 정보에 열려 있어야 하며 정보공유에 끊임없이 연구 노력해야 한다.

다섯째, 원활한 의사소통 능력이다. 평생교육경영자의 자리는 주요고객인 학습자와의 의사소통은 물론이고 평생교육구성원과 의사소통해야 하는 위치에 있다. 따라서 의사소통이 원활하지 않은 조직은 성장할 수가 없다.

여섯째, 창의력이 뒷받침된 혁신력이다. 교육은 미래를 책임질 미래 인재를 기르는 역할이다. 직업의 다양화, 디지털 경제의 활성화, 4차 산업혁명의 도래 등 글로벌 경제 환경의 변화에 따라 교육의 패러다임도 급속히 변화하고 있다. 따라서 평생교육의 역할이 학교 교육과정의 보완을 넘어 창의성과 인성을 겸비하고 국제역량도 갖춘, 전문 분야의 특화된 인력을 키우는 데 도움이 되어야 한다. 진화하지 않는 평생교육기관은 도태되기 쉽다.

일곱째, 끊임없이 노력하는 장인정신이다. 평생교육경영자는 인간의 평생교육 일선에 있는 사람이다. 이러한 점에서 평생교육경영자는 끊임없는 자기계발을 위해 철저한 자기관리가 필요하며 새로운 정보와 지식함양을 위한 평생학습의 습관화, 실패를 두려워하지 않는 도전정신이 무엇보다 중요하다. 이에 더하여 일을 수행할 때 최선을 다하여 완벽하게 처리하는 성실한 노력, 그리고 수행하고 있는 일의 가치를 명확히 인지하여 사회에 공헌하는 리더로 기억되려는 노력을 끊임없이 해야 한다.

2. 리더십의 이해

1) 리더십의 개념

앞에서 평생교육경영자의 역할과 평생교육경영자가 갖추어야 할 덕목 중에서 가장 중요한 요인으로 리더십을 강조하였다. 지금부터는 리더십에 대해 살펴보고자 한다. 리더십(leadership)의 어원을 살펴보면 'lead'는 바이킹의 언어에서 유래된 것으로 배의 방향을 잡는 사람을 뜻하며, 이는 한 배의 선장을 뜻한다. 조직에서는 조직을 진두지휘하여 목적지까지 안전하게 도착할 수 있도록 이끄는 '리더십 능력(leadership)'을 갖춘 리더를 필요로 한다. 왜냐하면 리더십을 갖춘 사람이 조직의 발전에 크게 기여할 수 있기 때문이다.

리더십에 대한 정의를 살펴보면, 리더십이란 공동목표를 달성하기 위하여 한 개인이 집단의 구성원들에게 영향력을 미치는 과정이라고 정의할 수 있다. 각각의 의미를 살펴보면, 이 정의에서의 '집단'은 리더십이 일어나고 있는 현장을 의미하고, '과정'은 리더가 구성원들에게 미치는 영향이기도 하지만 구성원들에 의해 영향을 받기도 하는 상호작용을 의미한다. 이러한 과정에서 리더와 구성원은 밀접한 연결관계를 지속적으로 유지하고, 리더는 이 관계를 주도하기도 하고 소통하면서 관계를 유지해 나갈 책임을 가진다. 따라서 리더가 구성원들에게 어떤 영향력을 미치는지가 리더십의 가장 중요한 요건이 된다고 할 수 있다. 여러 학자들에 의해 정의되고 있는 리더십의 정의에서 나타나는 공통점은 〈표 7-4〉와 같다.

표 7-4. 리더십 정의들의 공통점

공통점	리더십의 내용
공통적 사항	목표지향성, 사람들 간의 영향력, 상호교류의 힘, 영향력 행사과정
리더십의 요소	• 개인 특성(property)의 리더십: 영향력을 성공시키는 자질과 조건, 리더들이 갖는 성취능력, 성격, 기업가정신 등을 의미 • 집단 과정(process)의 리더십: 강제성을 가지지 않는 영향력 행사 과정, 조직목표 달성을 위해서 조직화된 집단의 구성원들에게 방향을 제시하고 활동을 조정하는 것

리더십의 중요성은 간과할 수 없는 문제이다. 훌륭한 리더가 되기 위해서는 올바른 리더십에 대한 이해가 있어야 하며, 리더의 자질을 갖추기 위한 노력과 훈련이 지속적으로 뒷받침되어야 한다. 리더란 리더십을 가진 사람을 말하며, 미래 통찰력을 가지고 공유된 목적을 중심으로 한 조직의 구성원과 함께 공유목적을 달성할 수 있도록 리더십을 발휘하여야 한다.

리더십은 학계에서 오랜 시간 동안 여러 학자들의 주목을 받아 온 연구주제이다. 리더십이라는 용어 속에는 해당 집단의 운명을 결정할 수 있는 강력하고 열정적인 리더의 이미지가 담겨 있다고 볼 수 있다.

2) 리더십의 주요이론

20세기 이후 다양한 기업 조직이 나타나면서 리더십에 관한 연구도 활발하게 진행되었다. 리더십 이론은 전통적인 특성이론, 행동이론, 상황이론 이후에 변혁적 리더십을 기점으로 서번트 리더십, 셀프 리더십, 윤리적 리더십, 카리스마 리더십 등이 등장하고 있다(김은영 외, 2021).

(1) 특성이론(1940년대)

리더십에 대한 특성이론은 훌륭한 리더는 이미 출생시 부터 훌륭한 리더가 되는 어떤 특성을 가지고 태어난다는 것이다. 1940년대 이후 특성이론에 근거한 훌륭한 지도자가 갖는 공통된 개인적 자질이나 특성을 찾는 연구들이 진행되었는데, 효과적인 리더십을 발휘하는 데 필요한 공통적인 자질로는 추진력(성취의욕, 야심, 정력, 끈질김, 주도성), 리더십 동기(개인적 권력동기, 사회적 권력동기), 정직성과 성실성, 자신감(정서적 안정), 지적 능력(사업에 대한 지식) 등을 주장하고 있다.

표 7-5. 리더십의 특성이론

이순신

신체, 지능, 책임감, 교육 수준 등 리더의 유능한 자질, 즉 리더의 개인적 특성은 효과적인 리더십과 관련이 있다. 따라서 리더는 외모, 성격 등 모든 면에서 타고나는 것이며, 리더의 특성을 가진 사람은 효과적인 리더가 될 수 있다는 이론이다.

이순신 장군, 칭기즈칸 같은 뛰어난 개인이 리더십을 발휘한다.

출처: 김은영 외(2021). 4차 산업혁명 시대의 인성과 리더십. 양성원.

(2) 행동이론(1950년대)

리더십을 지도자의 신체 특성 및 성격 특성에 의해 발휘되는 것으로 간주되는 특성이론이 바람직한 결과를 얻지 못하자 성공한 자도자의 행동에 초점을 맞추는 연구가 진행되기 시작하였다. 즉, 훌륭한 지도자는 특정한 행동을 보여 주고 있다는 것을 가정하였으며, 이는 훌륭한 지도자가 되려면 지도자의 행동을 관찰하고 모방함으로써 지도자로서의 리더십을 갖추는 것이 가능하다고 믿었다. 이렇게 해서 나온 이론이 행동이론이다. 행동이론은 리더가 무엇을 어떻게 행동하는가에 초점을 두고 있다. 행동이론에서 효과적인 리더가 발휘할 수 있는 리더십 행동을 의사결정, 타인에의 영향력, 관계의 구축, 정보의 교환 등 4개 영역으로 나누어 제시하고 있다.

표 7-6. 리더십의 행동이론

히딩크

리더의 행동이 조직의 성과와 얼마나 관련이 있는지를 제시한 이론으로 성공한 리더의 행동유형을 규명하려고 하였다. 즉, 리더가 어떠한 행동을 보여 주는가에 따라 리더십의 효과가 결정된다는 이론이다.

히딩크 감독은 리더의 행동이 조직을 어떻게 변화시킬 수 있는지를 보여 주었다.

출처: 김은영 외(2021). 4차 산업혁명 시대의 인성과 리더십. 양성원.

(3) 상황이론(1970년대)

리더십 유형에 관한 연구들의 일관된 과제는 모든 상황에 적용할 수 있는 최적의 이상적인 리더십 유형을 발견하는 것이다. 그러나 어떠한 상황에서는 효과적인 유일한 리더십 스타일은 존재할 수 없다는 사고에서 리더십의 유효성을 상황과 연결시키려는 상황이론이 등장하게 되었다. 리더십의 상황이론은 리더의 특성이나 행위가 구성원이나 조직에 미치는 영향을 조절해 주는 변수를 파악하여 특성이나 행동과 상황 간의 적합관계를 설명하는 이론이다.

표 7-7. 리더십의 상황이론

정주영

리더는 주어진 상황에 맞게 가장 적합한 리더십을 발휘해야 한다는 이론이다. 유사한 특성과 자질을 지닌 리더라도 주어진 상황에 따라 결과가 달라질 수 있기 때문이다. 리더십은 조직구성원의 속성, 조직의 문화, 일의 성질 등에 따라 달라진다는 것이다.

정주영 회장은 주어진 상황에서 어떻게 리더십을 발휘하여야 하는지를 보여 주었다.

출처: 김은영 외(2021). 4차 산업혁명 시대의 인성과 리더십. 양성원.

(4) 변혁적 리더십(1990년대)

변혁적 리더십은 획기적 변화를 유도하는 유형이다. 변혁적 리더십은 장기적 효과와 가치의 창조에 중점을 두어 부하에게 단순히 복종할 것을 요구하는 것이 아니라 부하의 신념, 욕구, 가치를 바꾸고, 틀 자체를 변화시켜 새로운 기회를 창출하도록 하는 매우 진취적인 리더십이다. 즉, 변혁적 리더십은 리더와 부하가 서로 보다 높은 수준의 도덕성과 동기부여의 상태로 상호 고양시켜 주는 과정으로 정의된다. 그러므로 리더가 부하들에게 공포, 욕심, 질투, 미움과 같은 감정에 호소하는 것이 아니라 자유, 정의, 평등, 평화, 인간주의 등과 같은 고차원의 이념과 도덕적 가치에 호소하여 부하들의 의식을 고양시키는 것이다. 변혁적 리더는 조직의 어떤 지위에서도 나타날 수 있는데, 이러한 리더십에는 부하뿐만 아니라 상사나 동료에 대한 영향력도 포함된다.

표 7-8. 변혁적 리더십

잭 웰치

현재와 같이 경영 환경의 변화가 심한 상황에서는 조직이 끊임없이 변화해야 하며, 리더는 조직구성원이 조직 목표 달성을 위해 노력하도록 의식이나 행동을 바꿀 수 있는 능력을 갖추어야 한다는 것이다.

잭 웰치는 스스로 변화할 수 있도록 자율적이고 혁신적인 리더십을 보여 주었다.

출처: 김은영 외(2021). 4차 산업혁명 시대의 인성과 리더십. 양성원.

(5) 현재: 다양한 리더십

급격히 변화하는 현대사회는 전 구성원들에게 임파워링(empowering)이 가능하도록 하기 위해 모든 사람들이 리더십을 가지고 있어야 한다는 방향으로 리더십의 패러다임이 바뀌고 있다. 현재는 지식 정보화 시대 및 4차 산업혁명 시대가 도래함에 따라 수평화, 전문화 및 다원화의 물결 속에서 개인의 자율성과 창의성이 강조되는 환경이 되었고, 이에 적합한 리더십이 필요하다. 구체적으로 셀프 리더십(개인이 스스로 목표한 바를 이루기 위해서, 주도적이고 적극적으로 자신의 행동과 생각을 통제하고 관리하는 능력), 수퍼 리더십(구성원들이 자신의 능력을 이끌어 낼 수 있도록 최대한 자율권을 부여함으로써 스스로 성장해 나가기 위한 최소한의 영향력만을 끼치는 능력), 진실 리더십(진실한 리더들이 펼치는 리더십을 말하는 것으로 긍정적인 심리상태와 조직가치에서 유도된 과정으로 그에 의해 리더와 동료들 편에서 더 큰 자아인식과 자기규제적인 행동을 만들어 내며 긍정적인 자기개발을 촉진하는 과정) 등이 있다.

표 7-9. 현재의 다양한 리더십

김수환 추기경

섬기는 리더로 대표되는 서번트 리더십과 스스로 자신을 리드하여 자신이 참된 리더가 되는 것을 실현하는 셀프 리더십, 타인의 절대적 가치에 개인차가 있음을 인정하고 수용적인 자세를 가지는 윤리적 리더십, 자신의 내면을 깊이 성찰하고 부하의 감성이나 욕구를 이해하고 배려함과 동시에 공동의 선을 찾아 자연스럽게 구성원들을 이끌어 가는 감성 리더십 등이 있다.

김수환 추기경의 경우 자신을 낮추고 타인을 배려하며 스스로를 이끄는 다양한 현대적 리더십을 보여 주었다.

출처: 김은영 외(2021). 4차 산업혁명 시대의 인성과 리더십. 양성원.

3) 리더십의 필요성

조직의 목적을 달성하기 위해서는 조직구성원의 행동을 변화시키기 위한 노력이 필요하다. 이러한 관리에 성공을 거두기 위한 핵심은 리더십이다. 조직의 구성원들은 개개인이 서로 다른 가치관과 정서를 가지고 있으며, 구성원들 사이의 인간관계도 매우 복잡하므로 업무가 처음부터 리더의 의도와는 달리 다른 방향으로 진행되는 경우가 많고, 또한 시간이 지날수록 조직 안에서도 분열과 단합이 계속 진행되는 가운데 낙오자와 이탈자가 생기기 때문에 이를 극복할 종합적인 리더십이 반드시 필요하다.

그렇다고 해서 리더십이 신비롭고 무언가 특별한 것이라는 생각은 오산이다. 리더십은 카리스마와는 전혀 다르며, 타고난 성격과도 무관하다. 또한 선택받은 소수만이 가질 수 있는 특권도 아니다. 조직을 둘러싸고 있는 다양한 기능들을 효율적으로 다루기 위한 것이 관리라면, 리더십은 변화에 대처하는 능력이다. 특히 현대사회처럼 불확실성이 만연하고 급변하는 환경에서는 리더십 능력의 함양은 필수적이다.

오늘날 훌륭한 리더로 칭송받는 사람들의 예를 살펴보면, 자신의 권력을 이용한 리더십이 아니라 하급자를 먼저 배려하고 존중하는 서번트 리더십(servant leadership)을 효율적으로 잘 이용한 것을 볼 수 있다. 서번트 리더십이란 리더가 부하를 섬기는 자세로 그들의 성장 및 발전을 돕고 조직 목표 달성에 부하 스스로 기여하도록 만들어 리더와 부하 간의 신뢰를 형성시켜 궁극적으로 조직성과를 달성하게 하는 리더십이다.

미국에서 가장 일하기 좋은 회사로 손꼽히는 구글(google)은 사원들의 복지를 위해 타사와는 전혀 다른 사무실의 구성을 자랑한다. 사무실에 설치된 다양한 형태의 미끄럼틀, 창의적인 생각을 위해 마련된 공간들, 정해진 근무시간을 없애는 등 사원들을 배려한 획기적인 리더십이 세계적인 기업으로 우뚝 서는 원동력이 되었다.

3. 리더십의 유형과 특징

일반적으로 리더십 유형은 크게 독재자 유형, 민주적 유형, 파트너십 유형, 변혁적 리더십 유형 등 4가지로 구분할 수 있다. 이에 대해서 좀 더 자세히 살펴보면 다음과 같다(한국산업인력공단, 2016).

1) 독재자 유형

정치학에서 그 어원이 비롯된 독자재 유형은 정책의사결정과 대부분의 핵심정보를 그들 스스로에게만 독점하여 소유하고 고수하려는 경향을 가지고 있는 경우이다. 전형적인 독재자 유형의 특징은 〈표 7-10〉과 같다.

표 7-10. 독재자 유형의 특징

구분	내용
질문은 금지	독재자는 집단의 규칙하에 지배자로 군림하고, 동료에게는 그의 권위에 대한 도전이나 반항 없이 순응하도록 요구하며, 개개인들에게는 주어진 업무만을 묵묵히 수행할 것을 강조한다.
모든 정보는 내 것	독재자는 '지식(정보)이 권력의 힘'이라고 믿는다. 이러한 이유로 대부분의 구성원들과 조직에 대한 핵심정보를 혼자 독점하고 유지하려고 애쓰며, 다른 구성원들에게는 기본적 수준의 정보만을 제공한다.
실수를 용납하지 않음	독재자 유형은 언제 어디서나 가장 최고의 질적 수준을 요구한다. 실수는 결코 용납되지 않으며, 한번의 실수는 곧 해고로 이어지거나 다른 형태의 징계로 이어진다.

독재자 리더십은 업무 중심적이다. 독재자 리더십이 보여 주는 가장 큰 특징은 주어진 업무의 완성을 중시한다는 것이다. 이 유형의 리더는 설명과 토의보다는 명령에 더 많은 시간을 할애한다. 또한 자신이 그룹의 리더임을 구성원에게 강조한다. 독재자 리더십의 장점은 업무가 신속히 처리되며, 명령 통일을 하기 쉽고, 집단이 안정되지 않은 초기에 효과적이며, 위급한 상황에 효과적이다. 단점은 구성원의 사기 저하로 인해 자발적인 협력을 기대하기 어렵고, 행동 의욕과 열의가 낮으며, 명령에 의한 기계적 행동에 불만족이 있을 수 있고, 리더 자신도 피곤하며, 의사소통의 결핍으로 구성원 간에 갈등이 조성될 수 있다는 것이다.

2) 민주적 유형

민주주의에 근접한 유형의 리더십은 독재자 유형의 리더십보다 관대한 편이다. 리더는 그룹에 정보를 잘 전달하려고 노력하고, 전체 그룹의 구성원 모두를 목표방향 설정에 참여하게 함으로써 구성원들에게 확신을 심어 주려고 노력한다. 예를 들어, 팀장은 회의 때 회의자료를 준비하여 부하직원들에게 나누어 주고 그들의 의견을 구하고 경우에 따라 새로운 제안을 받기도 한다. 팀장은 부하직원들의 의견을 수렴하여 팀원들의 참여 속에서 의사결정을 한다. 민주주의에 근접한 리더십 유형의 특징은 〈표 7-11〉과 같다.

표 7-11. 민주적 유형의 특징

구분	내용
참여	리더는 팀원들 한 사람도 소외됨이 없이 동등하다는 것을 확신시킴으로써 비즈니스의 모든 방면에 종사하도록 한다.
토론의 장려	리더는 경쟁과 토론의 가치를 인식하며, 팀이 나아갈 새로운 방향의 설정에 팀원들을 참여시킨다.
거부권	이 유형의 리더는 비록 참여와 토론을 존중하지만 최종 결정권은 리더에게 있다.

민주형 리더십은 가장 일반적인 리더십 유형으로서, 공정하고 합리적인 의사결정을 위해 구성원과 함께 업무에 참여하는 것이다. 구성원들은 각자 자신의 의견을 제시할 수 있으며 의사결정 또한 이러한 과정을 통해 이루어진다. 전형적인 민주형 리더십의 형태는 구성원이 둘러앉아 의견을 나눈 후 투표를 통해 의사결정을 하는 것이다. 민주형 리더십의 장점은 구성원들이 집단 활동과 목표에 대하여 최대한의 적극성을 가지며 욕구가 만족되고, 일체감과 연대감이 만들어지고, 의사소통이 촉진되며, 리더 자신의 권위와 능력을 구성원들로부터 인정받을 수 있다는 점이다. 이에 비해 단점은 인원이 많을 경우 지도가 어렵고, 의사결정에 시간이 많이 걸리며, 위급 시 신속한 대처가 어렵고, 인정되지 않는 집단에는 불리하다는 것이다.

3) 파트너십 유형

파트너십은 지금까지 논의한 리더십 형태와 다른 형태의 리더십이다. 즉, 독재자 유형과 민주적 유형은 리더와 집단 구성원 사이에 명확한 구분이 있지만 파트너십에서는 그러한 구분이 불분명하고, 리더가 조직의 한 구성원이 되기도 한다. 파트너십 유형의 특징은 〈표 7-12〉와 같다.

표 7-12. 파트너십 유형의 특징

구분	내용
평등	리더는 조직구성원들 중 한 명일 뿐이다. 리더는 다른 조직구성원들보다 경험이 더 풍부하겠지만 다른 구성원들보다 더 비중 있게 대우받아서는 안된다.
집단의 비전	집단의 모든 구성원들은 의사결정 및 팀의 방향을 설정하는 데 참여한다.
책임 공유	집단의 모든 구성원들은 집단의 행동에 따른 결과 및 성과에 대해 책임을 공유한다.

파트너십 유형은 소규모 조직이나 성숙한 조직에서 풍부한 경험과 재능을 소유한 개개인들에게 적합하다. 신뢰와 정직, 구성원들의 능력에 대한 믿음이 파트너십 유형의 핵심요소이다.

4) 변혁적 유형

변혁적 리더는 개개인과 팀이 유지해 온 지금까지의 업무수행 상태를 뛰어넘고자 한다. 변혁적 리더는 전체 조직이나 구성원들에게 변화를 가져오는 원동력이다. 변혁적 유형의 특징은 〈표 7-13〉과 같다.

표 7-13. 변혁적 유형의 특징

구분	내용
카리스마	변혁적 리더는 조직에 명확한 비전을 제시하고, 집단 구성원들에게 그 비전을 쉽게 전달할 수 있다.
자기 확신	변혁적 리더는 뛰어난 사업수완 그리고 어떠한 의사결정이 조직에 긍정적으로 영향을 미치는지 예견할 수 있는 능력을 지니고 있다.
존경심과 충성심	변혁적 리더는 개개인에게 시간을 할애하여 그들 스스로가 중요한 존재임을 깨닫게 하고, 존경심과 충성심을 불어넣는다.
풍부한 칭찬	변혁적 리더는 구성원이나 팀이 직무를 완벽히 수행했을 때 칭찬을 아끼지 않는다. 사람들로 하여금 한 가지 일에 대한 성공이 미래의 여러 도전을 극복할 수 있는 자극제가 될 수 있다는 것을 깨닫게 한다.
감화	변혁적 리더는 구성원들이 도저히 해낼 수 없다고 생각하는 일들을 구성원들로 하여금 할 수 있도록 자극을 주고 도움을 주는 일을 수행한다.

성공적인 리더는 이끌고 나가야 할 집단에 따라 리더십의 한 가지 유형을 엄격히 고수하거나 여러 상황에서 다양한 유형의 리더십을 혼용할 것이다. 따라서 자신이 속한 전체 조직의 문화 속에서 조직의 특성이 도전적인지, 성공적인지, 변화지향적인지에 따라 어떤 유형을 활용할 것인지 결정할 수 있다.

4. 리더십 기르기

1) 동기부여

동기부여는 리더십의 밑바탕이 되는 힘이다. 왜냐하면 이루고자 하는 성과와 목표의 실현은 동기부여를 필수적인 요건으로 하기 때문이다. 리더십이 공동목표를 향하여 조직의 구성원들이 나아갈 수 있도록 이끄는 힘이라면, 동기부여는 조직의 구성원들로 하여금 실천적인 관점에서 움직일 수 있는 원동력을 주는 저력의 밑바탕이다. 팀의 구성원으로서 일을 하든 다른 사람의 지도를 받지 않고 자기 소신껏 일을 하든 간에 일을 멋지게 처리하도록 자기 자신에게 동기를 부여해야만 좋은 결과를 얻을 수 있다. 더구나 팀의 리더라면 구성원들이 좋은 성과를 내도록 동기부여 할 수 있는 능력을 반드시 갖추어야 할 뿐만 아니라 자기 자신에게 동기를 부여할 수 있어야 한다(한국산업인력공단, 2016). 동기를 부여할 수 있는 구체적인 방법들을 살펴보면 다음과 같다(김은영 외, 2021).

(1) 긍정적 강화법을 활용한다

목표 달성을 높이 평가하여 구성원에게 곧바로 보상하는 행위를 긍정적 강화라고 한다. 긍정적 강화법은 조직원들의 동기를 부여하는 데 더없이 효과적이다. 높은 성과를 달성한 구성원에게는 곧바로 따뜻한 말이나 칭찬으로 보상해 주는 것이 필요하다.

(2) 새로운 도전의 기회를 부여한다

환경 변화에 따라 구성원들에게 새로운 업무를 맡을 기회를 준다면, 팀에는 발전과 창조성을 고무하는 분위기가 자연스럽게 조성된다. 즉, 구성원들은 매일 해 왔던 업무와 전혀 다른 일을 처리하면서 새로운 도전이 주는 자극과 스릴감을 톡톡히 맛볼 것이다. 나아가 자신의 능력을 인정받았다는 뿌듯함과 성취감을 느끼며, 권한을 가지게 되었다고 생각한다.

(3) 창의적인 문제해결방법을 찾는다

조직생활 중 자유롭게 의사결정을 하지 못하고 자신의 소신대로 업무를 진행하지 못할 경우, 구성원들은 자칫 피해의식에 사로잡혀 사사건건 다른 조직원들을 비난할 수도 있다. 창의적인 문제해결방법은 구성원들이 자신의 실수나 잘못에 대해 스스로 책임지도록 동기를 부여한다. 리더는 조직원이 문제를 해결하도록 지도하고 개입할 수는 있지만, 실질적인 해결책만큼은 조직원 스스로 찾도록 분위기를 조성해 주는 것이 바람직하다.

(4) 책임감으로 철저히 무장한다

자신의 잘못에 대한 책임을 다른 구성원에게 전가하는 구성원처럼 리더를 화나게 하고 좌절하게 하는 것은 없다. 구성원들이 자신의 실수나 잘못에 대해 책임은 지지 않고, 오히려 다른 구성원들에게 책임을 전가하는 일이 지속된다면 팀의 근무환경은 현저히 나빠지기 마련이다. 하지만 자신의 업무에 책임을 지도록 하는 환경 속에서 일하는 구성원들은 오히려 자신의 위치에서 안정감을 느낄 뿐 아니라 자신이 의미 있는 일을 하고 있다는 긍지를 갖는다. 또한 어떤 어려움이든 극복하겠다는 의지가 강하며, 달성 가능한 목표점을 계속해서 높여 간다. 이러한 팀에서는 리더와 구성원들이 의기투합해 의사결정과 문제해결방법을 함께 찾아간다.

(5) 코칭을 한다

코칭은 상당히 폭넓게 사용된다. 일반적으로 코칭은 문제 및 진척 상황을 구성원들과 함께 자세하게 살피고 지원을 아끼지 않으며, 지도 및 격려를 하는 활동을 의미한다. 구성원들을 코칭하는 리더는 구성원 자신이 권한과 목적의식을 가지고 있는 중요한 사람이라는 사실을 느낄 수 있도록 이끌어 주어야 한다. 또한 구성원들이 자신만의 장점과 성공 전략을 활용할 수 있도록 적극 도와주어야 한다.

(6) 변화를 두려워하지 않는다

안전지대(Comport Zone)란 모든 것이 친숙하고 위험 요소가 전혀 없는 편안한 상황을 의미한다. 더욱 높은 목표를 달성하고자 한다는 것은 이러한 안전지대를 떠난다는 것을 의미한다. 그것은 위험을 감수한다는 말과 같다. 변화에 대한 두려움은 리더나 구성원들을 정신적 고통에 직면하게 할 수 있다. 그럼에도 불구하고 리더는 구성원들이 안전지대에서 벗어나 더욱 높은 목표를 향해 나아가도록 격려해야 한다. 위험을 감수해야 할 이유가 합리적이고 목표가 실현가능한 것이라면 구성원들은 기꺼이 변화를 향해 나아갈 것이며, 위험을 선택한 자신에게 자긍심을 가지며 좋은 결과를 이끌어 내고자 지속적으로 노력할 것이다.

(7) 지속적으로 교육한다

리더는 구성원들에게 지속적인 교육과 성장의 기회를 제공함으로써 구성원 자신이 상사로부터 충분히 인정받고 있으며 일부 권한을 위임받았다고 느낄 수 있도록 동기를 부여해야 한다. 구성원들 개개인이 자신의 능력에 확신을 갖는다면 팀의 업무 성과가 몰라보게 좋아진다. 모름지기 리더는 구성원들의 일에 대한 열망과 의지를 간과해서는 안된다. 그뿐 아니라 리더가 명확한 지침을 제공하고 적절한 교육을 하며 필요한 자원을 아낌없이 지원해 줄 때 구성원들은 조직생활을 성공적으로 해 나간다는 사실을 알아야 한다.

한편 모든 종류의 동기부여가 그 나름 효과가 있겠지만, 부정적인 동기부여는 여러 가지 문제를 낳을 수 있다. 예를 들어, 회사가 제시한 목표를 달성하지 않을 시 감봉, 강등, 해고 등의 불이익을 주겠다고 하면, 직원들이 단기적으로는 그 일에 주의를 기울일 것이다. 그러나 부정적인 동기부여를 받은 사람은 장기적으로는 심각한 한계상황을 초래하게 된다. 때로는 공포 분위기가 동기유발제의 역할을 할 수도 있지만 공포의 리더십은 결국 실패하고 만다.

조직 내에서 공포가 업무를 처리하는 수단으로 항상 활용되면, 구성원들은 사기가 떨어지고, 리더의 눈치만 살피면서 조직을 떠날 기회만 엿보기 때문이다. 이와 반대로 칭찬과 격려 속에서 긍정적인 동기부여를 받은 구성원들은 업무에 열의를 가지고 더욱 더 노력하게 되므로 더 큰 성과를 얻게 된다.

2) 리더 역할의 실제

인생은 일련의 변화의 과정이다. 현대 비즈니스 역시 끊임없이 변화하고 있는데, 현대 비즈니스의 특징은 상황과 여건이 끊임없이 변하고 유동적이라는 점이다. 따라서 변화관리는 리더에게 있어서 매우 중요한 자질로 부각되었다. 변화를 관리하는 기술을 연마하는 데는 여러 가지 방법이 있다. 특히 리더는 열린 의사소통, 역지사지(易地思之)의 자세, 신뢰감 형성, 긍정적인 자세, 구성원의 의견을 받아들이고 그들에게 창조적으로 권한을 위임하는 방법 등에 관심을 기울여야 한다.

리더가 효과적인 변화관리를 하기 위한 방법은 다음과 같이 변화 이해, 변화 인식, 변화 수용의 3단계로 설명할 수 있다(김은영 외, 2021; 한국산업인력공단, 2016).

(1) 변화관리 1단계: 변화를 이해하기

리더는 변화에 대처하려는 구성원들을 어떻게 도울 것인가를 고민하기에 앞서, 변화와 관련한 몇 가지 공통 기반을 마련하고 변화 과정에 어떤 것들이 있는지를 파악해야 한다〈표 7-14〉. 먼저 변화의 실상을 정확하게 파악한 다음, 익숙했던 것들을 버리는 데서 오는 감정과 심리적 상태를 어떻게 다룰 것인가에 대해 심사숙고해야 한다. 변화관리에서 변화를 다루는 방법만큼 중요한 것은 없다.

표 7-14. **변화 이해에 대한 생각 파악하기**

구분	내용
변화가 왜 필요한가?	직업 세계에서 현재의 자리에 안정적으로 머물러 있겠다는 생각은 환상에 가깝다고 할 수 있다. 변화는 더디게 일어날 수도 있으며, 그날그날의 변화를 일일이 알아차릴 수는 없지만, 변화가 일어나고 있다는 사실만은 부인할 수 없다. 변화는 발전을 더욱 가속화한다. 일체의 변화 없이 시간만 흘러간다면 인생이 얼마나 따분하고 재미없겠는가?
무엇이 변화를 일으키는가?	믿을 수 없을 정도로 과학기술이 발전하면서 세계적으로 경쟁이 치열해지고 있다. 이러한 경쟁에서 살아남도록 외부에서 자극을 주는 것으로부터 변화는 시작된다. 변화는 역동적이다. 조직 내부의 변화는 위에서 아래로 이루어지며, 지위고하를 막론하고 모두에게 영향을 미친다.
변화는 모두 좋은 것인가?	한마디로 말하면 그렇지 않다. 변화를 단행하기 전에는 반드시 현재의 상황을 면밀히 검토해 보아야 한다. 면밀한 검토를 통해 불완전한 생각이나 형편없는 판단, 실행에 옮기기 전에 다른 사항을 충분히 검토해야 할 필요성 등에 대해 확실히 알게 될 것이다. 이렇게 단계적으로 진행해 가면 섣부르게 변화를 서둘러 실패를 초래하는 위험을 막을 수 있으며, 구성원들이 변화를 자신의 일처럼 생각하게 된다.

(2) 변화관리 2단계: 변화를 인식하기

변화가 일어나면 모든 구성원들이 눈치를 채기 마련이다. 이들은 변화에 대한 소문이 돌거나 변화 내용에 대한 설명을 하기도 전에 그것을 알아차린다. 불확실하고 의심스러운 분위기가 조성되면 구성원들은 두려움과 스트레스에 시달리며, 사기는 땅으로 떨어진다. 그러므로 리더가 할 수 있는 최고의 결정은 구성원들에게 변화와 관련된 상세한 정보를 제공하는 것이다. 무엇보다 구성원들 자신이 변화를 직접 주도하고 있다는 마음이 들도록 이끌어야 한다. 사람은 누구나 자신의 능력을 발휘하는 데 도움이 되는 아이디어 및 변화에 열정적으로 대응한다. 〈표 7-15〉는 변화에 저항하는 구성원들을 성공적으로 이끄는 데 도움이 되는 방법들이다.

표 7-15. 변화 저항을 극복하는 방법

구분	내용
개방적인 분위기를 조성한다	솔직히 지금까지는 개방이란 말을 싫어했을지도 모른다. 하지만 개방만큼 구성원들을 자신의 편으로 만드는 데 좋은 것은 없다. 구성원들에게 되도록 많은 사실을 알려 준다. 구성원들이 거리낌 없이 질문하게 하고, 이에 솔직하게 답변하도록 한다.
객관적인 자세를 유지한다	가능한 객관적인 자세로 업무에 임한다. 변화를 수행하는 것이 힘들더라도 변화가 필요한 이유를 구성원들이 명확히 알도록 한다. 변화의 유익성을 밝힐 수 있는 객관적인 수치 및 사례를 구성원들에게 직접 확인시킬 필요가 있다.
직원들의 감정을 세심하게 살핀다	사람은 본능적으로 안정을 추구하기 때문에 자신의 안전을 해칠 것으로 생각되는 것들은 거부하려는 성향이 있다. 따라서 변화가 이루어지면 자신에게 매우 도움이 될 만한 이익이 생기는 한편, 자신이 중요하게 여기는 것을 잃거나 포기해야 할 수도 있다는 점을 구성원들에게 알려야 한다.
변화의 긍정적인 면을 강조한다	구성원들이 변화의 긍정적인 측면을 인식하도록 돕는다. 또한 변화를 긍정적으로 받아들이는 방법을 찾도록 용기를 준다. 변화의 잠재적인 문제점을 최소화하고 긍정적인 면을 최대한 드러냄으로써, 구성원들 스스로 변화가 주는 긍정적인 영향을 깨닫게 한다.
변화에 적응할 시간을 준다	기존의 방식에 변화의 요소를 접목하는 방식도 효과적이다. 이전 방식에 새로운 것을 접목함으로써, 구성원들에게 적응하는 시간을 충분히 주는 것이 중요하다. 기존의 업무를 바탕으로 구성원들이 새로운 것에 집중하도록 자극하며, 긍정적인 목표들을 달성하도록 이끌어 내는 것이 중요하다.

(3) 변화관리 3단계: 변화를 수용하기

변화를 받아들이도록 이끄는 방법은 다양하다. 변화를 바라보는 리더의 자세, 변화에 동기를 부여하는 행위, 변화에 필요한 행동 등은 구성원들을 변화시키는 데 상당히 중요하다. 구성원들은 리더가 자신들이 모르는 것을 알려 주는 한편, 긍정적이고 신뢰하는 태도로 자신을 대한다고 느낄 때, 리더의 방식을 신뢰하며 따른다. 그러므로 리더는 왜 변화가 일어나야 하는지를 구성원들에게 상세하게 설명하고, 변화를 위한 구성원들의 노력에 아낌없이 지원해야 한다.

부정적인 행동을 보이는 구성원은 개별 면담을 통해, 늘 관심 있게 지켜보고 있다는 사실과 언제든지 대화를 나눌 수 있다는 점을 주지시킨다. 리더가 자신에게 관심을 가져 주고 있고 리더에게 고민을 말할 수 있다는 사실에 구성원들은 마음이 편해질 것이다.

변화에 스스로 대처하려는 구성원들에게도 도움을 주어야 한다. 이런 구성원들에게는 '인간은 자기실현적 예언자'라는 점을 인식시키면 좋다. 자기 자신에게 긍정적인 말을 함으로써 성공을 불러오는 경우도 많기 때문이다. 스스로 동기를 부여하도록 '나는 할 수 있다'와 같은 신념이 담긴 말을 들려준다면, 변화와 성공의 가능성이 더욱 높아진다. 무엇보다도 구성원들과 수시로 커뮤니케이션하는 것이 중요하다. 정기적인 회의를 하고, 변화에 대한 구성원들의 반응을 계속 주지한다. 규모에 관계없이 변화는 적어도 부서의 한두 구성원에게 영향을 미치게 마련이다. 시간을 내어 변화와 관련해 자주 논의하고, 구성원들이 자신의 생각이나 제안을 직접 말할 수 있는 분위기를 만드는 데 최선을 다하는 것이 중요하다.

5. 리더십과 평생교육

1) 평생교육기관의 리더십

평생교육기관을 효율적으로 이끌어 가기 위해서 평생교육기관의 경영자가 추구해야 할 방향은 고전적인 교환적 리더십에서 조직의 변화를 추구할 수 있는 변혁적 리더십으로의 전환이 요구되고 있다. 지식창조 사회에서 한 조직의 리더에게 필요한 역량은 지식경영 마인드와 조직구성원들이 자율적 리더십을 개발하고 촉진하여 평생교육기관의 경영혁신을 도모하는 것이다(최은수, 배석영, 2018).

그리고 평생교육기관이 추구해야 할 윤리적 문제들이 있다. 즉, 급변하는 사회 속에서 평생교육기관의 규모가 대형화되고, 프로그램 개발의 신종 패러다임의 구축 및 학습자의 참여욕구가 증대해지는 오늘날 평생교육 활동도 점차 다양화, 전문화 추세에 있다. 이에 평생교육 분야의 과다경쟁에 따른 윤리적 문제들이 대두되기 시작하면서 바람직한 윤리의식과 행동견제가 필요하게 되었다. 이러한 윤리경영은 영리조직이든 비영리조직이든 시대에 부응하는 모든 조직이 경영활동을 전개해 나감에 있어 당연히 취해야 할 경영 패러다임으로 등장하고 있다.

따라서 리커드(Likett)가 제시한 성공적인 리더들의 특성을 기초로 평생교육기관의 경영을 위한 효과적인 리더십을 제시하면 〈표 7-16〉과 같다.

표 7-16. 평생교육기관의 경영을 위한 효과적인 리더십

- 조직구성원들과 발전하는 기관을 만들기 위하여 좋은 인간관계 등의 사회적 지원을 최대로 한다.
- 평생교육을 사랑하고 기관의 목표를 분명히 하여 비전을 설정하고 구성원들에게 그 중요성을 인식시켜야 한다.
- 평생교육에 관한 다양한 지식과 정보를 획득하여 전문성을 제공한다.
- 조직구성원들과 함께 호흡하지만 모든 일에 지나칠 정도로 함께 행동하지 않으며 그들과 역할 차별성을 유지한다.
- 미세하고 세부적인 지시보다는 기관 전체적인 시각에서 일반적인 지시 감독만을 한다.

평생교육기관 경영의 효과적인 리더십은 리더가 사회적 지원, 과업중심, 기술적 전문성, 역할 차별성, 일반적인 지시 감독을 잘 진행함으로서 조직구성원들의 만족을 높여 경쟁력을 극대화시키게 된다.

2) 평생교육 최고경영자의 리더십

평생교육에서의 리더십은 대체적으로 일반적 영역의 리더십보다 더 포괄적이다(최은수, 2006). 따라서 평생교육 리더는 성인교육 조직의 구성원인 동시에 여러 구성원들의 직무수행을 책임지는 사람이며, 일반적인 리더십 이론에 기초하면서도 성인 교육적 특성을 바탕으로 조직을 운영해야 한다고 주장하고 있다.

최고 경영자의 리더십은 조직 내 각 기능을 통합하고 계획을 수립하며, 활동을 최종적으로 지시할 뿐만 아니라, 각각의 부서와 조직 기능들이 자신의 역할과 기능에 대한 책임감을 갖고 목표를 달성하려는 태도와 동기부여에 영향을 미친다. 따라서 조직원의 태도와 반응 또한 최고 경영자의 리더십 행동유형에 따라 달라진다.

전략적인 인적자원개발이 수행되기 위해서는 최고 경영자의 지원과 참여가 절대적인 상황에서(Burgoyne, 1988), 최고 경영자의 리더십 유형은 인적자원개발 업무 수행에도 상당한 영향을 준다. 최고 경영자는 리더십 유형에 따라 인적자원개발 부서의 역할과 기능을 인식함에 있어 차이를 보인다. 일부 최고 경영자는 인적자원개발 부서를 전략적 파트너로 중요하게 인식하고 예산과 인력을 충분히 지원하며, 연수원과 같은 학습공간을 제공하는 등 조직원의 역량개발을 최우선 과제로 추진한다. 반면, 인적자원개발을 단지 비용으로 생각하고 최소한의 학습과 인력양성만을 지원하는 경우도 있다. 인적자원개발 부서의 기능과 역할이 전략적 단계에 이르기 위해서는 최고 경영자가 인적자원개발 부서에 전략적인 역할을 수행할 수 있는 과업을 부여하여 조직에 기여할 수 있게 하여야 한다.

데이븐포트와 클라르(Davenport & Klahr, 1998)는 최고 경영자의 지원이 인적자원개발 및 지식경영에 중요한 성공요인임을 주장하면서 지원형태로 세 가지를 제시하였다. 지원형태로는, 첫째, 최고 경영자가 지식관리와 조직학습 등 인적자원개발 활동이 기업의 성공을 위해 꼭 필요하다는 메시지를 보내거나, 둘째, 이를 뒷받침하는 기반구조

확보에 필요한 자금과 기타 재원을 제공해 주는 것, 셋째, 조직에 어떤 지식유형이 필요한지를 정의하는 것 등이다.

권상진 등(2003)은 최고 경영자의 지원을 심리적 지원과 비심리적 지원으로 구분하였다. 조직과 조직구성원 간에는 무언의 심리적 계약이 있게 마련인데, 구성원은 조직을 통해 자신의 욕구를 충족시키기를 원하며 반대로 조직은 조직원을 대해 그 반대급부를 요구한다. 최고 경영자의 심리적 지원은 최고 경영자가 인적자원개발에 대해 지속적인 관심을 갖고 이에 필요한 분위기를 조성하는 등 인적자원개발에 필요한 환경적 여건을 지원해 주는 조치를 말한다. 이는 최고 경영자가 인적자원개발에 대한 적극적인 관심을 표명하고 분위기를 조성하는 것, 그리고 인적자원개발 활동에 적극적으로 참여하는 것을 포함한다. 비심리적 지원은 인적자원개발에 필요한 심리적 요소를 제외한 비심리적 요소 및 여타의 물질적 요소를 지원해 주는 것을 말한다. 인적자원개발 활동에 필요한 예산 및 인력배정, 인적자원개발 시스템 도입 또는 구축, 학습공간의 확보 등이 이에 해당된다.

Chapter 08

평생교육기관의 마케팅 및 홍보

배울내용

1. 마케팅과 평생교육
2. 평생교육기관의 홍보

학습목표

1. 마케팅 개념의 이해를 바탕으로 평생교육기관에서의 마케팅의 구성요소를 파악한다.
2. 평생교육기관의 서비스마케팅 삼각모델을 설명할 수 있다.
3. 평생교육기관의 홍보전략을 파악한다.
4. 홍보매체의 종류 및 각 매체의 장단점을 설명할 수 있다.

CHAPTER

08 평생교육기관의 마케팅 및 홍보

1. 마케팅과 평생교육

1) 마케팅의 개념

마케팅(marketing)이란 소비자 혹은 고객의 요구(needs)와 욕구(wants)를 파악하여 그것을 충족시키기 위한 제품이나 서비스를 제공하는 경영활동을 말한다. 마케팅에 대한 정의는 학자들마자 다양하게 정의되고 있는데, 구체적으로 마케팅의 아버지로 불리는 코틀러(Kotler, 1980)는 교환을 통하여 인간의 욕구를 충족시키는 사회적 행위라고 하였으며, 미국마케팅협회(AMA)에서는 마케팅은 고객과 클라이언트, 파트너, 넓게는 사회에게 가치를 부여하는 제공물들을 창조하고, 알리고, 전달하고, 교환하기 위한 활동이자 제도적 집합이며 프로세스라고 정의하고 있다. 그리고 한국마케팅학회(KMA)에서는 마케팅은 조직이나 개인이 자신의 목적을 달성시키는 교환을 창출하고 유지할 수 있도록 시장을 정의하고 관리하는 과정으로 정의하고 있다〈그림 8-1〉.

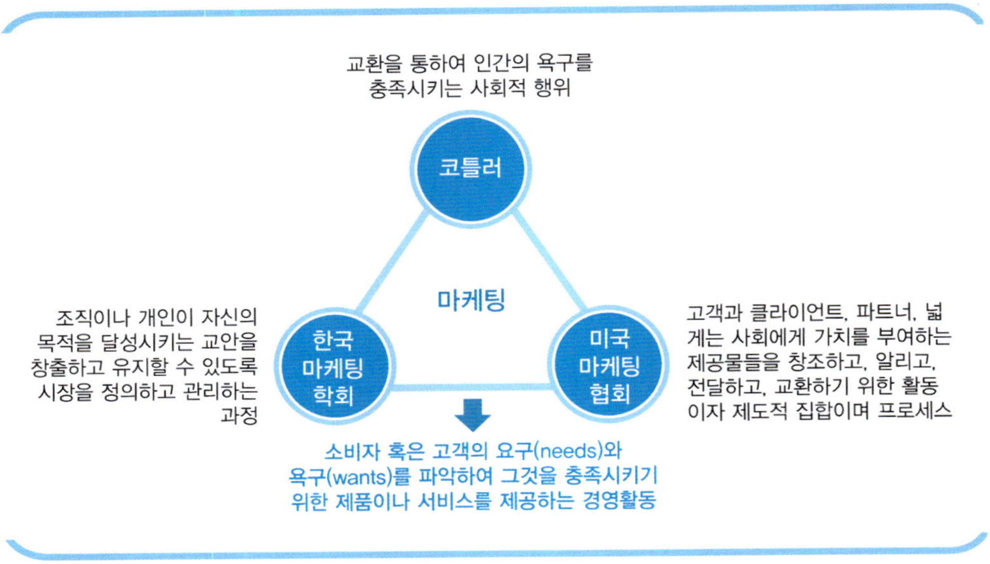

그림 8-1. **마케팅의 정의**

일반적으로 경영학에서 말하는 마케팅의 시대적 흐름은 〈그림 8-2〉와 같다. 마케팅에 대한 관심은 1950년대 소비재 시장을 중심으로 영리기관에서 시작되었다. 1960년대는 산업재 시장, 1970년대는 비영리 조직 및 사회적 조직에서 집중되었다. 이때까지 마케팅은 대체로 특정 형태를 가지고 있는 유형의 제품을 대상으로 이루어졌다. 그러나 1980년대 들어서면서, 서비스 부분으로 그 관심을 확대하게 되면서 서비스 마케팅에 관심을 가지게 되었다. 1990년대에 들어서는 제품이나 서비스에 대한 거래 중심의 마케팅을 넘어 이해 관계자 사이의 관계로까지 확장하는 관계 마케팅으로 발전하게 되었다.

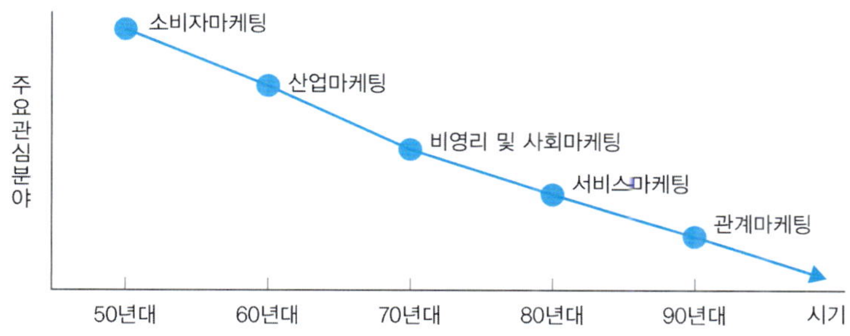

그림 8-2. 마케팅 초점의 변화

출처: Christopher, M., Payne, A., & Ballantyne, D.(1991). Relationship Marketing: Bringing Quality, Customer Service, and Marketing Together. London: Butterwrth.

또한 오늘날 마케팅의 개념은 고객을 중심으로 하는 새로운 의미로 영리를 추구하는 기업뿐만 아니라 정부, 공공기관, 평생교육기관 등과 같은 비영리기관에서도 적용 가능하며 실제로 적용되고 있는 개념 중의 하나이다.

2) 평생교육기관에서의 마케팅

(1) 평생교육기관 마케팅의 개념

우리나라에 마케팅의 개념이 처음 도입된 시기는 1950년대이며, 교육분야에 마케팅이란 개념이 적용된 연구는 임영균(1995)의 대학관리자의 마케팅전략에 관한 연구에서 시작되었다고 할 수 있다.

평생교육기관의 마케팅에 대한 개념은 일반적으로 두 가지 관점에서 논의된다. 첫 번째 관점은 평생교육기관을 경영하는 철학으로서의 마케팅이다. 즉, 학습자들의 현재 요구를 이해하고 반영하며, 향후 기대되는 요구사항을 미리 예측하여, 반영하는 것이 평생교육기관의 성장과 발전을 달성하는 지름길이라는 믿음을 기반으로 한다(성낙돈, 김창엽, 2010). 따라서 학습자의 요구와 수요에 민감하게 반응하고, 이를 충족시켜 주기 위해 전 조직이 협력하여 움직이는 기관차원의 통합 마케팅(company-wide integrated marketing)이다〈표 8-1〉.

표 8-1. 경영철학으로서 마케팅을 수행하는 평생교육기관의 특성

구분	특성
고객 지향성 (Customer orientation)	학습자의 눈으로 보고 학습자의 입장에서 생각
경쟁 지향성 (competitor orientation)	현재 그리고 미래의 경쟁 프로그램을 분석하여 이들의 움직임을 예측
통합 지향성 (interfactional coordination)	학습자에게 더 큰 가치를 제공할 수 있도록 평생교육기관의 부서 간 협조가 잘 이루어짐

경영철학으로서 마케팅을 실행하는 평생교육기관은 고객 지향성, 경쟁 지향성, 통합 지향성의 특성을 가지고 있기 때문에 경영철학으로서의 마케팅을 실시하는 평생교육기관들은 그렇지 않은 평생교육기관보다 높을 성과를 얻을 수 있다고 주장하고 있다(김창엽, 2012).

두 번째 관점은 평생교육기관 활동으로서의 마케팅 관리를 의미한다. 평생교육기관의 활동으로서의 마케팅은 학습자의 관점에서 더 큰 가치를 제공하기 위한 노력이 아니라, 경쟁 평생교육기관의 프로그램보다 더 큰 가치를 제공하기 위하여 제품(program), 가격(price), 촉진(promotion), 유통(place)을 계획하고, 실행 및 통제하는 과정으로서의 마케팅 관리(marketing management)를 의미한다(김창엽, 2012). 이때 마케팅 관리는 평생교육기관을 총체적인 개념으로 관리하는 것이 아니라, 단위프로그램이나 프로그램 카테고리 차원에서 이루어진다.

이와 같이 평생교육기관의 마케팅의 개념은 단지 기관의 효율성, 기관의 생존을 위한 전략이 아니라 수요자, 즉 학습자 지향적 마케팅의 수행을 의미한다. 평생교육기관의 마케팅 개념은 학습자의 필요와 요구에 민감하게 반응하여 이를 예측하고 대응할 수 있도록 하는 기관차원의 다양한 활동을 통해 학습자의 가치를 실현하고, 기관목표를 달성하는 것이다.

(2) 평생교육기관에서의 마케팅의 필요성과 기능적 영역

평생교육기관에서의 마케팅이란 학습소비자, 즉 프로그램 참가자나 학습자들의 만족 요인을 규정하고 장기간 이익을 실현할 수 있는 교육과정(교육 프로그램, 교육서비스, 아이디어, 커뮤니케이션 방법의 개발)이 무엇인가를 찾아내는 것이다. 구체적으로 고객(학습자)의 요구(needs)를 파악하고, 그 요구를 충족시키기 위해 사회·문화적 요인과 개인적 특성을 고려해서 필요(wants)를 개발하고 제공함으로써 궁극적으로 고객(학습자) 가치를 높여 평생교육기관 목표를 달성하고자 하는 활동이라는 것이다(권두승, 최운실, 2009). 평생교육기관에서의 마케팅의 필요성을 살펴보면 〈표 8-2〉와 같다.

표 8-2. 평생교육기관 마케팅의 필요성

- 다양한 평생교육기관이 급증하고 있기 때문이다. 즉, 학령기를 대상으로 하는 정규교육기관의 학습자 수는 날로 감소하고 있는 반면, 평생교육기관에 참여하는 학습자의 수와 평생교육기관의 수는 날로 급증하고 있는 추세이다. 또한 각 평생교육기관은 다양한 유형의 평생교육기관과 학습자의 참여를 확보하기 위한 과다경쟁을 하고 있는 실정이다.
- 정부의 미흡한 재정지원이다. 현재 우리나라는 사회구성원의 요구에 따라 평생교육기관이 증가하고 있으나 정부지원은 매우 미흡한 상태로 자체적인 생존경쟁을 통해 경영을 할 수밖에 없다. 따라서 평생교육기관은 국가가 지원하는 미흡한 재정으로 경영하는 것을 탈피하여 적극적인 마케팅 전략으로 평생교육기관 운영을 활성화해야 한다.
- 학습권에 대한 시민의식의 고조이다. 오늘날 시민사회의 성숙 및 소비자의 주권과 더불어 평생교육기관의 학습자는 주체적인 참여자로서 학습권을 주장하고 있다. 학습권은 학습활동의 자유, 학습기회의 보장, 교육선택의 권리와 참여권, 지식 창출의 자유 등을 말한다. 이와 같이 성인학습자의 학습권에 대한 요구가 고조됨으로써 이를 수용하기 위한 평생교육 마케팅이 필요하다.

• 시장논리에 의한 평생교육기관의 경영추세이다. 글로벌시대의 도래에 따라 사회는 자본주의 체제 속에서 무한경쟁을 하고 있다. 평생교육 분야도 예외는 아니어서 시장논리를 따르게 됨에 따라 사설 영리 평생교육기관이 급증하고 있는 추세이다. 예를 들어, 대형 백화점 부설 평생교육기관이나 언론매체, 기업체 및 대학 부설 평생교육원 등의 기관은 영리추구를 위하여 마케팅 기법의 도입이 절실히 필요하다.

이처럼 최근 평생교육기관의 마케팅에 대한 욕구가 증대되고 있는데, 평생교육기관의 마케팅은 일반 기업의 마케팅과는 차이가 있다고 할 수 있다. 이는 비영리기관이 갖는 독특한 성격 때문이다. 이러한 비영리기관의 성격에 비추어 볼 때, 평생교육기관의 마케팅은 〈표 8-3〉과 같은 기능적인 영역을 가지고 있다.

표 8-3. 평생교육기관 마케팅의 기능적 영역

• 자원개발 마케팅이다. 평생교육기관에서는 기금개발을 위한 마케팅과 자원봉사자를 확보하기 위한 마케팅으로 구분된다. 평생교육기관은 뜻있는 사람들로부터 기금을 개발하는 것이 중요하다. 이때 마케팅의 관점에서 중요한 것은 이러한 기금개발이 일종의 가치교환이라는 사실이다. 그리고 평생교육기관에서 필요한 자원봉사자는 평생교육기관의 직업적 정규 지도자를 돕거나 그들을 대신해서 일하는 사람들이다. 평생교육 분야의 광범위함과 그 활동의 다양성으로 지도자 확보가 어려운 상황이므로 자원봉사자의 기능과 역할이 크게 요구된다.
• 자원배분 마케팅이다. 마케팅의 관점에서 평생교육기관과 수요자 사이에는 가치의 교환이 이루어진다. 즉, 평생교육기관은 수요자의 참여를 촉진하고 그들의 욕구를 최대한 만족하게 하는 것이 동시에 잠재적인 후원자를 얻게 도는 것이다. 따라서 자원배분 마케팅과 관련하여 평생교육기관의 효과적인 운영을 위해서는 기관과 학습자 사이의 대화와 조정이 필요하다.
• 내부 마케팅이다. 서비스 조직의 경우 일선에서 고객을 상대하는 직원에 대한 대우가 매우 중요하다. 그들의 만족도가 소비자에 대한 태도와 직결되기 때문이다. 평생교육기관에 근무하는 강사, 전일제 및 시간제 직원, 자원봉사자 등을 위한 내부 마케팅이 필요하다. 특히 마케팅은 서로의 만족을 위한 가치교환이다.

일반적인 마케팅은 상품, 가격, 촉진, 장소, 사람, 물리적 증거, 과정으로 구분되며,

각각의 구성요소는 그 하부요인을 가지고 있다. 이러한 내용을 토대로 평생교육마케팅의 구성요소를 살펴보면, 프로그램, 강사, 수강료, 장소, 홍보, 상담, 시설 및 장비로 구분할 수 있다.

그림 8-3. **평생교육마케팅의 구성요소**

표 8-4. **평생교육마케팅의 구성요소**

구분	내용
프로그램	프로그램이 평생교육 수강생들의 욕구를 충족시켜 주지 못한다면, 다른 요소들이 아무리 뛰어나게 운영한다 하더라도 교육수강이 지속되기 어렵다. 따라서 평생교육기관에서는 다양하고 차별화된 교육 프로그램 제공 및 수준별, 단계별 반 편성 등의 체계적이고 전문화된 교육서비스를 제공해야 한다.
강사	강사는 교육자, 동기 부여자, 상담자 등의 다양한 역할을 하기 때문에 평생교육에서 있어 지대한 영향을 미치는 요인이다. 교사의 교육, 자질, 지식, 경험 등은 평생학습자의 성과에도 영향을 미친다. 평생학습자들에게 강사는 평생교육기관의 실제적인 프로그램을 제공하는 사람이기에 평생학습자들은 기관보다 강사를 보고 수강을 하는 경우가 흔하다. 따라서 강사는 평생교육마케팅의 중요한 요인이 될 수 있다.

구분	내용
수강료	제품, 유통, 촉진과 같은 마케팅 요소들은 환경 변화에 즉각적으로 대처하는 데 많은 시간과 노력이 필요한 반면 가격은 즉각적 대응이 가능하다. 가격은 시장의 변화에 따라 지속적으로 관리되어야 하는 연속적인 과정이다. 따라서 평생교육경영에서 수강료 결정은 전략적 차원에서 매우 중요한 요소이다. 수강료 결정을 위해서는 고객들의 가격에 대한 인지도를 사전에 파악할 필요가 있다.
장소	장소에 대한 조건은 지리적 위치와 교통 환경 등을 포함하며, 독점적 경쟁 상태가 될 수 있는 중요한 요소 중의 하나이다. 장소는 고객과의 가까운 접점에 위치하는 것이 중요하며, 장소는 한번 결정되면 바꾸기 어렵기 때문에 마케팅 요인 중에서 가장 비탄력적이라는 특성을 지니고 있다.
홍보	홍보란 잠재고객인 평생학습자의 태도와 행동에 영향을 주기 위해 평생교육기관과 학습자 간의 커뮤니케이션을 통해 교육생 유치를 위한 기관의 최종적인 활동이다. 따라서 평생교육기관의 홍보는 제한되어 있는 홍보 비용에 대해서 효율적으로 활용할 수 있는 매체 선택이 매우 중요하다.
상담	평생교육기관에서의 상담은 매우 중요하다. 교육서비스 제공자인 강사의 신속한 의사전달과 학습자의 애로사항을 경청하는 자세는 학습자의 추후 연속수강 의도에 결정적인 영향을 줄 수 있다.
시설과 장비	평생교육 수강 결정 전 교육서비스의 내용을 평가하는 단서가 되기도 하기 때문에 시설과 교육환경에 주의를 기울이는 것이 필요하다. 즉, 시설과 장비에는 평생교육기관의 외관과 내부 인테리어, 냉·난방시설의 상태, 기구의 설비상태 및 용품들의 청결도가 포함된다.

3) 평생교육기관의 서비스마케팅 삼각모델

평생교육기관의 서비스마케팅은 평생교육 프로그램과 관련 서비스를 상품으로 제공하여 평생학습자의 참여를 확대하고, 경영의 효율성을 높이기 위해 수행하는 경영 전반의 전략적 활동을 의미한다. 서비스마케팅 삼각모델은 경영철학으로서 서비스마케팅을 실행하는 평생교육기관의 특성(학습자지향성, 경쟁지향성, 통합지향성)을 통합적으로 나타낼 수 있는 준거이다. 평생교육기관 서비스마케팅 현상을 분석하는 준거로 서비스마케팅 삼각모델을 적용하고 있다. 평생교육기관의 서비스마케팅 삼각모델의 구성요소를 살펴보면 〈그림 8-4〉와 같다(강은이, 2018).

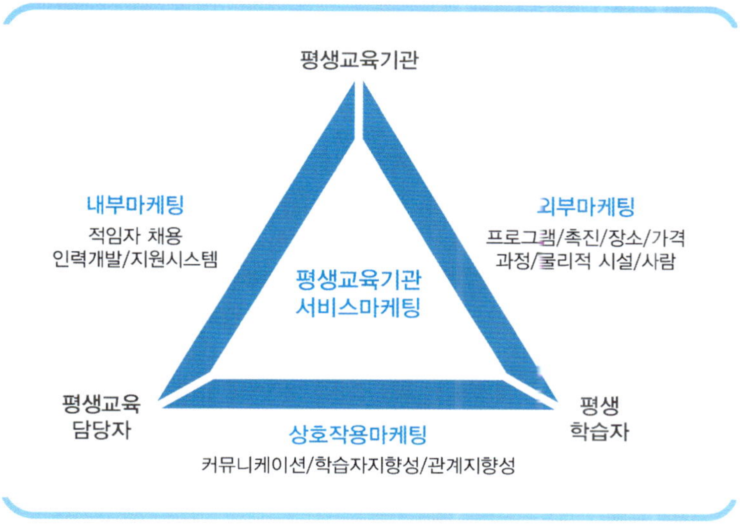

그림 8-4. **평생교육기관의 서비스마케팅 삼각모델**

평생교육기관이 학습자들을 대상으로 차별화된 프로그램과 서비스를 제공하기를 약속하는 외부마케팅의 하위 요인은 제품(program), 촉진(promotion), 장소(place), 가격(price), 물리적 근거(physical evidence), 과정(process), 사람(people)이다. 평생교육기관이 내부고객인 평생교육 담당자를 대상으로 하는 내부마케팅의 하위요인은 적임자 채용, 인력개발, 지원시스템이다. 평생교육 담당자가 평생학습자를 대상으로 하는 상호작용마케팅의 하위요인은 커뮤니케이션, 학습자지향성, 관계지향성이다.

(1) 외부마케팅의 구성요소

평생교육기관의 외부마케팅은 확장된 마케팅 혼합을 말한다. 붐스와 비트너(Booms & Bitner, 1981)는 확장된 마케팅 믹스를 개발하였다. 마케팅 전략을 수행하기 위한 필수요소로서, 수립한 전략목표를 달성하기에 가장 효율적으로 조합한 것을 의미한다. 평생교육기관의 주요 상품인 평생교육 프로그램을 학습자들의 필요와 요구를 반영하여 학습자들에게 약속하는 활동이라고 할 수 있다. 평생교육기관의 외부마케팅에 관한 연구를 토대로 구성요소를 정리하면 〈표 8-5〉와 같다(강은이, 2018).

표 8-5. 평생교육기관 외부마케팅 구성요소

구성요소	평생교육기관 영역
제품(progrom)	평생교육 프로그램 및 서비스 등
촉진(promotion)	광고 및 홍보 활동 등
장소(place)	시간 및 장소의 접근성, 편리성, 위치 등
가격(price)	수강료, 수강료 외 비용(교재비, 재료비) 등
과정(process)	운영과정 및 제도, 업무의 시스템, 서비스 제공과정
물리적 시설(physical evidence)	강의실, 교육기자재 등
사람(people)	강사 및 평생교육 담당직원 등

첫째, 평생교육기관의 제품(progrom)은 평생교육 프로그램과 평생학습자에게 제공되는 서비스이다. 평생교육 프로그램은 학습자의 요구 및 필요를 반영하여야 하며, 평생교육기관의 운영 목적에도 부합해야 한다. 평생교육기관은 평생학습자가 어떤 프로그램에 참여하는지와 참여하고 싶어 하는지를 주목하고 프로그램을 계획·운영한다. 따라서 평생교육 프로그램은 학습자의 다양성을 만족시킬 수 있어야 한다. 또한 평생학습자와 사회적 요구를 반영한 신규 프로그램의 개설도 필요하지만, 기존의 프로그램의 세분화 및 전문화도 필요하다.

둘째, 평생교육기관의 촉진(promotion)은 평생교육 프로그램을 잠재적 학습 소비자에게 알리기 위한 다양한 활동을 의미한다. 평생교육 프로그램이 고객에게 주는 이익은 무엇이며, 이러한 평생교육 프로그램을 어디에서 어떻게 제공받을 수 있는가에 대한 정보를 알리는 적극적인 활동이다. 구체적으로 촉진 방법에는 광고, PR, 홍보 등이 있다. 주요 매체는 브로셔, 홈페이지 및 블로그, SNS 등이 있다. 잠재적 학습자를 유인하고, 학습자들이 다양한 프로그램을 신청할 수 있도록 하는 다양한 제도 등을 포함한다.

셋째, 평생교육기관의 장소(place)는 프로그램이나 서비스를 얼마나 효과적으로 학습자에게 전달할 것인가와 관련이 있다. 시설의 외관은 평생교육 프로그램의 성격에 적합하도록 결정되어야 하며, 학습자에게 첫인상이 될 수 있다. 또한 잠재적 학습자가 평생교육 프로그램을 선택할 때 주요 요인으로 작용한다. 이처럼 평생교육기관의 장소는 평생교육기관이 위치하는 곳을 의미한다. 평생교육기관의 접근성 및 기관 내 위치 등 주변 환경을 포함한다.

넷째, 평생교육기관의 가격(price)은 수강료를 의미한다. 수강료는 프로그램에 참여하는 학습자가 지불하는 비용으로 교재비, 재료비 등을 포함한다. 수강료는 교환과정에서 중요한 의미를 가질 뿐 아니라 평생교육기관의 수입을 결정한다는 측면에서도 중요한 기능을 한다. 또한 평생교육 프로그램 수강료는 기관의 운영목적에 따라 달리 책정되며, 기관의 이미지 결정에 큰 역할을 한다. 수강료는 시장가격으로서의 의미와 함께 기관의 마케팅 요소로 크게 작용한다.

다섯째, 평생교육기관의 과정(process)은 평생교육 프로그램이 기획되어 학습자에게 전달되는 과정이다. 서비스가 제공되는 실행절차, 메카니즘 등 서비스 제공 및 운영 시스템 등이 포함된다. 평생학습자의 욕구를 조사하고 수렴하여 적극적으로 반영하는 서비스 전략, 학습자 관련 데이터를 관리하고 분석 활용하는 것이 포함된다. 또한 마케팅의 중요한 요소인 인력을 교육하고 지원하는 것도 과정의 일부분이다.

여섯째, 평생교육기관의 물리적 증거(physical evidence)는 물리적 환경과 기타 유형적 요소로 구성된다. 물리적 환경은 무형의 서비스를 유형적으로 경쟁사와 차별화할 수 있는 수단이 된다. 구체적으로 평생교육기관의 물리적 증거는 교육기관의 시설 및 설비, 교육기자재, 작품전시 공간, 커뮤니티 공간 등이 해당된다. 프로그램의 특성에 맞는 강의실, 운영에 필요한 기자재, 학습자들의 신체적 특성을 반영한 환경을 포함한다.

일곱째, 평생교육기관의 사람(people)은 기관 평생교육 담당자와 프로그램을 실질적으로 운영하는 강사가 있다. 강사는 프로그램의 내용과 방법상의 전문가로 학습자의 만족도에 큰 영향을 미친다. 강사의 사명감, 전문성, 학습자에 대한 태도와 자세 등은 학습자들에게 영향을 준다. 평생교육 담당자는 전체 프로그램 기획과 운영을 위해 학습자와 평생교육기관의 대표성을 갖고 만나게 된다.

(2) 내부마케팅의 구성요소

평생교육기관의 내부마케팅 개념은 평생교육기관이 내부 고객인 평생교육 담당자의 중요성을 인식하고, 우수한 평생교육 담당자를 채용하여, 좋은 환경에서 근무할 수 있도록 지원하는 것을 의미한다. 평생교육 담당자를 만족시킴으로 인해 고객지향성이 높아지고, 학습자에게 마케팅을 효율적으로 수행할 수 있도록 하는 마케팅 활동으로 정의하고 있다. 내부마케팅에 대한 선행연구(이주영, 2002; 정기한, 2005; Rafig & Ahmed, 2000; Zeithaml et al., 2013)를 토대로 평생교육기관 내부마케팅의 구성요소를 정리하면 〈표 8-6〉과 같다(강은이, 2018).

표 8-6. 평생교육기관 내부마케팅의 구성요소

구성요소	평생교육기관 영역
적임자 채용	평생교육 업무지식과 서비스마인드를 갖춘 인재 채용
인력개발	직무교육과 학습자 이해, 교육비 및 기회 제공 등 평생교육 담당자의 역량을 향상할 수 있는 교육훈련
지원시스템	평생교육 담당자의 원활한 업무를 지원할 수 있는 물리적 환경 및 프로세스, 업무협조 등

첫째, 내부마케팅의 출발은 적임자, 즉 알맞은 사람(right people)의 채용이다. 적임자 채용이란 직무가 설계되고 무슨 직무에 어떤 사람이 어느 정도 필요한가가 정해졌으면

거기에 알맞은 사람을 채용해서 배치하는 것으로 인력모집과 선발의 과정을 말한다(김난경, 2017). 이는 기관의 업무 특성에 맞는 직무역량과 태도를 가진 인재를 확보하는 것을 의미한다. 지식기반사회에서 우수인력 확보는 기관의 경쟁력과 직결된다. 내부구성원들의 직무역량, 스킬, 노하우, 서비스 마인드는 외부로부터 쉽게 얻을 수 있거나 빠르게 길러지는 자산이 아니기 때문이다. 새롭게 등장하는 기술을 빠르게 습득하는 능력을 가진 인적 자원을 확보하는 것은 기관 운영의 필수적 조건이다. 특히 평생교육기관과 같이 고객을 직접 대면하게 되는 기관일수록 적임자 채용이 중요하다.

둘째, 내부구성원에 대한 인력개발은 기관의 목적을 달성하기 위하여 인력의 지식과 기능을 향상시키고, 기관 환경에 적응하는 태도를 길러, 맡은 바 직무를 효과적으로 수행할 수 있도록 지원하기 위하여 계획된 조직적인 활동이라고 정의할 수 있다. 조직에서 인력개발을 실시하는 목적은 전 구성원의 지식 · 기능 · 태도를 향상시킴으로써 기관을 성장 · 발전시키는 데 있다. 이는 기관 측면에서 내부구성원의 업무능력을 향상시키고, 이를 계속적으로 발휘할 수 있도록 우수한 인재를 육성하는 것이며, 구성원 측에서 보면 인격적인 완성을 위한 성장과 이에 따른 처우의 향상을 가져오는 것이다. 인력개발의 긍정적 결과로는 인력개발의 효과가 기관에 대한 친밀감과 안정감을 갖게 한다는 것이다. 개인에게는 업무의 질과 양이 표준수준 이상으로 향상되어 임금증가를 도모할 수 있다. 기관의 차원에서는 새로운 지식과 기술 습득과 신속성, 정확성을 제고시킬 수 있고, 구성원의 불만과 결근 및 이직을 방지할 수 있게 한다. 결국 인력개발을 통하여 구성원들은 향상된 업무능력을 획득함으로써 자신들의 처우개선과 더불어 외부고객을 확보하기 위한 긍정적 태도와 능력을 개선함으르써 조직 전체에 이득이 되는 결과를 가져온다. 이와 같은 내부서비스 품질 관리를 위해서는 업무능력 평가, 개선, 요구사항 등을 관리해야 한다. 이를 위해 다면평가(multisourse assessment)[1], 목표관리

1) 다면평가란 소수의 인사 책임자가 근무평정을 하는 것과 달리 상관, 본인, 동료, 외부인에 이르기까지 다양한 사람들이 평가에 참여하는 제도를 말한다. 다면평가표란 승진심사자 등에 대한 다면평가를 시행하기 위해 평가 항목을 기재한 문서를 말한다. 다면평가표에는 업무추진 실적, 기획력, 추진력, 문제해결능력, 성실성, 협조력

(management by objectives: MBO)[2] 등의 제도가 필요하다.

셋째, 내부마케팅의 지원시스템은 내부구성원이 업무할 수 있는 환경을 제공해 주는 것이다. 지원시스템에는 보상시스템, 내부커뮤니케이션, 업무프로세스, 사무환경 및 공간 등이 포함된다.

지원시스템은 적임자 채용, 인력개발, 권한위임, 내부커뮤니케이션 등 다른 내부마케팅 구성요인을 활성화하기 위한 전제조건이다. 더불어 내부마케팅의 성공적 실행을 위한 정책지원뿐 아니라, 구성원들과 접촉하여 기업의 방향과 이에 대한 구성원의 역할, 고객과 서비스 등에 대한 대화와 의견 교환 그리고 긍정적 피드백을 제공하는 등의 경영활동을 수행한다.

보상시스템은 기업과 구성원 간의 교환과정에서 구성원이 노동력을 제공하고 대가로 받게 되는 임금, 상여금, 복리후생 등을 포함한 포괄적인 개념으로 이를 기업이 할당, 배분, 전달하는 것을 포함한다. 또한 보상시스템은 구성원이 내부고객으로서 고객지향적인 행동과 태도를 수용하고 활용할 수 있도록 동기를 유발하는 유인책이 되어야 한다(조인성, 2009).

내부커뮤니케이션은 효과적인 서비스를 제공하기 위한 조직과 구성원 간에 효율적이며 지속적인 정보교환 활동을 의미한다(여용재, 최호규, 2008). 조직과 구성원, 구성원 간, 그리고 구성원과 고객 간의 상호작용에서 중요한 역할을 하는 내부교환의 달성과

등의 평가항목을 기재하고, 이에 따른 평가 점수를 상세히 표기하도록 한다. 다면평가표는 승진 등 인사고과에 중요한 자료가 되므로, 최대한 공정하고 객관적으로 작성해야 한다. 또한 조직구조와 업무환경을 폭넓게 고려하고, 경영자의 경영철학 등에 따른 평가항목 또한 다양하게 구성하는 것이 좋다.

2) 조직 전체의 목표와 각 부문의 목표를 설정할 뿐만 아니라, 전체목표와 부분목표를 달성하기 위하여 개개의 관리자나 일의 담당자가 분담하는 일의 범위 안에서 개인목표를 구체적으로 설정하고, 성과의 자기평가를 통하여 동기부여를 꾀하는 등 자율적으로 일을 수행해 가는 제도를 말한다. 경영관리의 실제적 필요성에서 생겨난 것으로 드러커의 '목표와 자기통제에 의한 관리'의 사고방식에서 출발했으며, 미국에서는 1965년경 붐을 이루었으며, 우리나라에서는 1970년대 업적향상 · 능력개발 등을 목적으로 기업에 도입되었다. MBO는 조직목표와 개인목표를 연결함으로써 효율적인 조직운영과 동시에 각 개인의 자발적 의욕과 창의를 확보하는 것을 목표로 하고 있다. 조직이 목표를 설정하는 것은 당연하며, 여기에서는 일정한 기간에 전체목표에서 부분목표, 그리고 개인목표까지가 명확한 목표의 연쇄체계로서 설정되는 것이 강조된다.

정이다. 내부커뮤니케이션이 내부고객 지향적일수록 직무에 대한 내부고객의 만족도가 향상된다. 또한 원활한 부서 간 의사소통과 정보공유는 상호 간의 이해를 촉진하고 서로를 위한 지원활동을 활성화한다. 내부고객 지향성과 시장지향성의 발전을 위해 조직 내의 효과적인 커뮤니케이션은 기업경영의 가장 기초적인 요인으로서 쌍방향 커뮤니케이션이 될 수 있어야 한다. 특히 서비스를 생산하고 고객에게 제공하는 과정에서 구성원과 고객 상호 간 커뮤니케이션은 중추적인 역할을 한다.

(3) 상호작용마케팅 구성요소

평생교육기관의 상호작용마케팅은 평생교육 담당자가 학습자와의 관계를 유지하고 지속함으로써 새로운 이익을 창출하는 마케팅 활동을 의미한다. 상호작용마케팅은 평생교육 프로그램과 서비스가 상품이기 때문에, 그 서비스를 제공하기 위해서 학습자와의 상호작용은 매우 중요한 역할을 하게 된다. 학습자와의 쌍방향 커뮤니케이션에 의한 신뢰감 형성과 그에 따른 상호작용을 통해 약속을 지키는 활동이다. 평생교육기관의 상호작용마케팅 구성요소를 살펴보면 〈표 8-7〉과 같다(강은이, 2018).

표 8-7. 평생교육기관 상호작용마케팅 구성요소

구성요소	평생교육기관 영역
커뮤니케이션	평생교육 담당자와 학습자 사이의 정보제공 및 요구 파악을 위한 의사소통을 위한 활동
학습자지향성	학습자의 관점에서 기대수준을 파악하고 대응함으로써 학습자의 신뢰와 몰입을 위한 활동
관계지향성	지속적이고 협력적인 관계 유지를 위한 활동

첫째, 평생교육기관과 학습자와의 관계는 커뮤니케이션을 통해 정보를 교환함으로써 발생되고, 또한 지속적인 의사소통을 통해서 관계가 유지, 발전하게 된다. 따라서

보다 장기적인 관계 유지를 위해서는 커뮤니케이션이라는 요소가 필수적이라 할 수 있다. 마케팅에서의 커뮤니케이션은 관계에 대한 피드백이 지속될수록 커뮤니케이션의 빈도가 높아지고, 쌍방향성을 띠며, 비공식적인 교류가 증가하고, 내용에 있어서도 직접적인 거래 정보보다는 간접적인 비거래 정보의 교환이 많아진다. 기존의 평생교육기관 중심의 불균형적인 구조 안에서 이루어지던 공식적이고 일방적인 커뮤니케이션은 시장의 변화와 학습자 선택의 폭이 넓어짐에 따라 다양한 커뮤니케이션 채널을 통해 대화가 시도되는 등의 변화가 나타난다. 따라서 학습자와의 지속적인 관계 유지를 위해서 쌍방향적이고 공식적, 비공식적 모드를 포함하는 커뮤니케이션 채널을 구축해야 한다(박봉희, 2003).

둘째, 평생교육기관의 관점에서는 학습자가 무엇을 원하고, 왜 원하는지 파악하는 학습자지향성이 매우 중요하다. 특히 학습자의 기대와 요구가 발생하는 상황을 확인하고, 기존 학습자는 물론 잠재적 학습자의 필요와 요구를 충족시키는 것이 무엇보다 중요하다. 학습자지향성이란 학습자의 관점에서 그들의 기대와 요구를 파악하여 이에 맞는 교육프로그램과 서비스를 제공함으로써 학습자로 하여금 관계에 대한 신뢰와 몰입을 이끌어 내고 참여를 지속시켜 타 평생교육기관보다 경쟁우위를 가지는 것을 의미한다. 즉, 상호작용마케팅의 구성요소로써 학습자지향성은 무엇보다 학습자의 요구에 중점을 두고 평생교육 프로그램과 서비스를 제공함으로써 학습자와의 관계적 향상을 추구하는 것으로 볼 수 있다.

셋째, 관계지향성은 장기적인 관점에서 평생교육기관과 학습자 간의 상호 의존적인 관계에 초점을 두고 형성되는 것이며(Boyle & Dwyer, 1992), 이는 상호 간의 이익이라는 결과로 이어지는 것으로 볼 수 있다. 지속적이고 반복적으로 이루어지는 거래 관계는 이러한 관계지향성을 형성하는 토대가 될 수 있다. 하지만 지속적인 거래가 유지된다 하더라도 평생교육기관과 학습자 사이의 관계가 형식적이고 의무적인 만남에 그친다면 관계의 질에 부정적인 영향을 미치게 된다.

2. 평생교육기관의 홍보

1) 평생교육기관의 홍보전략

(1) 홍보의 중요성

홍보란 여러 사람에게 자신을 널리 알리는 행위이며, PR(public relations)과 유사한 개념으로 인식되고 있다. 평생교육에서 홍보란 평생교육기관에서 개발한 교육프로그램을 어떤 매체를 활용하여 잠재적 학습자와 지속적으로 상호작용함으로써 기관을 이해시키고 프로그램 참여를 촉진시키고자 하는 제반 활동을 말한다. 평생교육기관에서 홍보의 중요성을 살펴보면 〈표 8-8〉과 같다(김진숙 외, 2013; 권두승, 최운실, 2009; 권인탁, 임영희, 2013).

표 8-8. 홍보의 중요성

- 홍보를 통해 학습자와 참여자를 유인하고 확보할 수 있다. 평생교육기관은 외부 고객에게 서비스를 제공하는 조직이기 때문에 고객을 어떻게 유치하느냐가 가장 큰 관건이다. 평생교육기관은 회원이나 참여자의 회비 또는 수강료에 의해서 대부분의 재정이 충당되므로, 홍보에 의한 참여자의 등록이 평생교육의 질은 물론 그 기관의 생존과도 관계되는 중요한 문제가 된다.
- 홍보활동을 통해 평생교육기관의 인적 자원 및 재정적 후원자를 확보하는 것이 가능하다. 즉, 평생교육기관의 외부자원 중에서 재능기부자나 자원봉사자들을 홍보를 통해 스스로 찾아오게 할 수 있다는 것이다. 특히 자원봉사자의 유치는 그들 상호 간의 이해를 증진시키는 데 중요한 역할을 하는데, 비영리로 운영되는 평생교육기관의 경우, 이들의 활동은 기관을 운영하는 데 매우 중요하다. 또한 평생교육기관이 성공적으로 운영된다는 것은 반드시 학습자의 수만을 의미하는 것이 아니라 기관의 사명이나 가치 등을 공유하는 사람이 많다는 것을 의미한다.
- 각종 매체를 통한 홍보의 내용 자체가 교육적 효과를 발휘할 수 있다. 평생교육이 추구하는 교육적 가치 그 자체는 어느 누구라도 긍정적인 평가를 하기 때문이다. 이에 학습자는 홍보의 내용을 통해서도 충분히 학습할 가능성이 있다고 할 수 있다. 따라서 평생교육기관의 기본적인 성격을 이해한다면 기관운영자는 프로그램을 통한 교육과 함께 홍보활동을 통해서도 교육적 효과를 거둘 수 있음을 주시해야 한다.

- 평생교육기관은 홍보를 통해 종사자의 지지와 이해, 공감과 결속력을 제공하여 기관에 대한 일체감을 형성할 수 있다. 기관과 관련된 다양한 대중과 적절한 관계를 맺는 것은 기관의 활동을 활성화하고 성공적으로 운영하는 데 중요한 요소가 된다. 이러한 홍보를 통해 기관의 사명이나 프로그램 등을 다양한 대중에게 전달하고 바람직한 의견을 수렴함으로써 평생교육기관의 질도 효과적으로 관리할 수 있게 된다.

평생교육 실무자는 프로그램 개발이 종료되면 강좌를 개설한다는 것을 잠재적 학습자에게 공지해야 한다. 프로그램 홍보는 개설된 강좌에 사람들을 등록시키는 데에 결정적인 요소가 된다.

(2) 홍보의 원칙

홍보의 효과를 극대화하기 위해서는 대중에 대하여 일관성 있는 원칙을 가지고 홍보를 실시해야 한다. 일반적 홍보원칙을 구체적으로 살펴보면 〈표 8-9〉와 같다(김진숙 외, 2018; 이향란, 2015).

표 8-9. 일반적 홍보원칙

구분	내용
진실성의 원칙	홍보는 있는 그대로 정확한 내용을 전달해야 한다. 간혹 과장되거나 허위 사실을 전달하여 세상에 물의를 일으키는 보도를 접하는 경우가 있다. 이와 같은 행위는 범법행위이고 사회에 혼란을 야기하며 신뢰감을 잃게 만드는 행위가 된다. 따라서 홍보의 내용은 정확하고 진실된 사실들만을 전달해야 한다.
상호작용의 원칙	홍보는 제공자의 일방적인 정보의 제공에만 그치는 것이 아니라 대중과 공급 주체인 평생교육기관의 사이에 일어나는 상호작용에 근거해야 한다. 즉, 평생교육기관이 추구하는 교육적 이념을 공감하고, 자신들의 교육요구에 부합하는 프로그램을 접하였을 때 학습동기를 일으키게 되는 것이다. 이러한 상호작용이 있을 때 비로소 잠재 학습자는 수강을 결심하게 된다.
공공이익 합치의 원칙	홍보는 계몽적 성격을 바탕으로 대중을 의식하고 그들의 이익과 공공의 이익을 실현할 수 있는 모습을 담아야 한다. 즉, 단순히 기관과 교육프로그램을 알리는 데만 주력할

구분	내용
	것이 아니라 이러한 홍보를 통해 평생교육에 대한 새로운 시각과 생각을 가질 수 있도록 하는 것들이 포함되어야 한다.
인간적 접촉의 원칙	홍보는 대중을 상대로 하기 때문에 인간적인 관계가 중요시된다. 자칫 잘못하면 복잡한 매체들을 활용하게 됨으로써 비인간화를 초래할 수도 있기 때문에 조심해야 한다. 특히 인터넷 문화가 매우 확산된 시점에서 지나치게 디지털적인 홍보로 인하여 인간적인 면을 잃게 될 경우, 오히려 홍보의 역효과를 초래할 수도 있다.

(3) 홍보내용

홍보내용은 평생교육기관의 소식, 교육프로그램, 평생교육 소식 등으로 구성될 수 있다. 평생교육기관의 소식으로는 각종 사업, 지역사회 소식 등이 소개될 수 있으며, 교육프로그램은 교육과정, 교육내용, 교육방법, 교육기간 및 일시, 교육장소, 교육비 등을 포함하여 소개될 수 있다. 평생교육 소식으로는 국가의 평생교육정책이나 평생학습관 소식 등이 소개되기도 한다(김진숙 외, 2018; 권인탁, 임영희, 2013).

(4) 홍보매체의 선정원칙

홍보매체의 제작과 함께 중요한 것이 매체의 선정이다. 홍보매체 선정을 위한 몇 가지 기본원칙은 〈표 8-10〉과 같다(권인탁, 임영희, 2013; 김진숙 외, 2018; 이향란, 2015).

표 8-10. **홍보매체 선정을 위한 기본원칙**

- 홍보매체의 특성을 감안하여 주 매체를 선정하고 그 매체의 단점을 보완할 수 있는 보조매체를 다각적으로 활용한다.
- 무료 홍보수단(지역신문 등)을 보조 홍보매체로 최대한 활용한다.
- 홍보내용이 간단한 것은 '눈보다는 귀', 복잡한 것은 '귀보다는 눈'을 활용하는 홍보매체를 선택한다.
- 그 대상의 교육수준이 낮을수록 청각매체를 활용하고, 반면에 대상의 교육 수준이 높을수록 시각매체를 활용하는 것이 바람직하다.

- 광범위하게 홍보할 수 있는 매체를 선택한다.
- 내용을 정확하게 전달할 수 있는 매체를 선택한다.
- 빠른 정보전달이 가능한 동시성 있는 매체를 선택한다.
- 학습요구를 촉진시킬 정도의 내용전달이 가능한 매체를 선택한다.
- 최소한의 경비로 최대의 효과를 얻을 수 있는 매체를 선택한다.

2) 홍보매체의 종류

홍보매체의 종류를 구두 및 전화, 강의 안내지 및 브로슈어 등 인쇄물, 대중 잡지 및 신문, 안내책자, TV 방송매체, 현수막, 새로운 홍보매체로 구분하여 살펴보면 다음과 같다(김진숙 외, 2018).

(1) 구두(口頭) 및 전화

구두의 홍보방법으로는 전화상담, 공식적 연설, 종교기관 혹은 시민 사회단체 특강, 비공식적인 대화, 학습자 또는 회원들의 입소문 등을 활용할 수 있다. 구두 홍보의 장점은 개별적인 접촉을 통하여 정확하게 전달할 수 있으며, 보다 안정적인 학습자를 확보할 수 있고, 비용이 거의 들지 않는다는 것이다. 단점은 전달자의 자질과 신뢰성에 의해 좌우될 수 있다는 것이다. 그리고 전화를 통한 마케팅은 우편물을 통한 홍보보다 고객에게 쉽게 접근할 수 있는 매체이다. 그러나 인터넷과 함께 스팸이 만연하여 광고효과 면에서는 다소 효과성이 떨어진다.

(2) 강의 안내지 및 브로슈어 등 인쇄물

강좌명은 단순하고 이해하기 쉬워야 한다. 복잡한 강좌명은 혼동되기 쉬우며, 불명확한 제목은 학습자들의 시선을 유인하지 못한다. 강의 안내지 및 브로슈어 등 인쇄물을 이용할 때 주의할 점은 〈표 8-11〉과 같다.

표 8-11. 강의 안내지 및 브로슈어 등 인쇄물을 이용할 때 주의할 점

- 개요는 강사명, 교육장소, 시간, 기간, 비용, 교재비, 강좌번호, 그 외에 필요한 정보가 포함된다.
- 과정설명은 처음 한두 단락은 극적이거나 흥미로워야 한다. 처음 몇 단어를 가지고 고객은 계속 읽을 것인가, 아니면 다른 쪽으로 갈 것인가를 결정하게 된다. 다음 개요과정은 어떠한 설명이든 고객들의 관심을 끌어야 하며, 사실에 입각한 완전하고 정확한 요소를 갖추어야 한다.
- 강사의 약력은 과정 설명 하단에 간략하게 독립된 문장으로 기술한다. 강사의 자격은 그의 경력을 소개하는 것으로 설명하고, 그 과정을 진행하면서 갖는 흥미와 동기를 약력에 첨부하면 참가자가 강사를 호감 있게 받아들일 수 있다. 학위 등의 소개는 가능한 한 삼가하는 것이 학습자들과의 간격을 좁힐 수 있다.

프로그램에 대한 안내문을 인쇄 제작하여 게시판을 붙이거나, 신문의 간지로 삽입하여 신문구독자에게 전달될 수 있도록 하는 데 활용한다.

(3) 대중 잡지 및 신문

잡지는 일반적으로 크게 주간지와 월간지로 나누어 볼 수 있는데, 특수한 층을 대상으로 하기 때문에 광고효과 측면에서는 효과성이 떨어질 수 있다. 신문의 홍보내용은 강좌명, 교육기간, 수강료, 모집기간, 전형방법, 문의처 등으로 지역신문 중 무료 배포지를 활용한다(예: 교차로, 벼룩시장 등). 신문 홍보의 장점은 전문적인 교육내용일수록 효과가 크고, 불특정 다수를 대상으로 광범위한 홍보가 가능하며, 모집기간에 맞춘 빠른 정보전달이 가능하다는 것이다. 그리고 단점은 홍보비가 많이 들고, 무료 홍보일 경우 게재될 가능성이 적다는 것이다.

(4) 안내책자

안내책자의 홍보내용은 교육목적이나 목표, 교육기간, 강사명, 수강료, 특전, 모집기간, 문의처, 기타 공지사항 등으로 구성된다. 안내책자의 장점은 최소의 경비로 실속있게 제작하고, 학습안내를 받고자 하는 학습자에게 배부하거나 상담용으로 활용할 수 있다는 것이다. 보다 자세한 학습 정보를 수록한 안내책자를 개별 우송함으로써 학습동기를 유발하고, 장기간 활용할 수 있다. 단점은 한 번 제작하면 수정하기 어렵다는 것이다.

(5) TV 방송매체

방송을 통한 홍보는 대중적 매체로 가장 넓은 층에게 전달될 수 있는 장점을 갖고 있다. 그러나 비용의 부담이 크기 때문에 신중히 고려할 필요가 있다. 더욱이 재정적으로 열악한 평생교육기관이 방송매체를 활용하여 광고하기란 그리 쉬운 일은 아니다. 방송매체는 라디오 매체와 TV 매체로 나눌 수 있는데, 라디오에 비해 TV가 좀 더 많은 비용을 지출하는 대신 광고 효과 측면에서는 높은 효용성을 나타낸다.

최근에는 홈쇼핑을 활용한 홍보도 등장하고 있다. 활용방법은 뉴스, 인터뷰, 공공서비스 프로그램 등이다. 장점은 TV는 시각적 효과를 가지고 있으므로 야외활동 강좌와 같이 시각적 장면이 요구되는 강좌라면, TV 방송국에서 흥미를 가질 수도 있다. 지역방송을 활용한다면 그다지 값은 시간을 들이지 않고 효과를 얻을 수도 있다.

(6) 현수막

홍보내용은 가급적 단순하게 구성, 교육기관의 존재와 모집기간 등을 집중 홍보하고, 홍보전략은 궁금증을 자아내게 하고 문의처만 남긴다(예: "직업 진로개발 이것이 해법이다~!", "나를 행복하게 만드는 비법, 도전하세요~!"). 현수막의 장점은 재활용이 가능하다는 것이다(내용 중에서 기간 부분을 공란으로 하면 매 교육 시 재사용 가능).

(7) 새로운 홍보매체

단편영화 제작, 이벤트 사업, 인터넷 홈페이지, 홍보용 비디오 제작, CF 제작, 홍보용 CD 타이틀 제작 등이 있다. 최근 인터넷 블로그나 카페 그리고 스마트폰을 활용한 무료 실시간 홍보는 많은 인기를 얻고 있다. 이처럼 최근 SNS를 이용한 홍보마케팅이 주로 활용되는 이유는 〈표 8-12〉와 같은 특징을 지니고 있기 때문이다.

표 8-12. SNS 홍보마케팅의 특징

구분	내용
불특정 타인과 관계를 맺을 수 있는 서비스	다양한 온라인 마케팅 중에서도 최근 가장 각광받고 있는 마케팅은 바로 SNS 홍보마케팅이다. SNS는 Social Networking Service라는 영어의 약자로 온라인상에서 불특정 타인과 관계를 맺을 수 있는 서비스를 뜻한다. 네트워크상에서 사람과 사람 간의 사회적 관계를 지원하고 있는 서비스이다.
한 번에 통합 홍보가 가능	SNS 홍보마케팅은 이러한 SNS의 특징을 활용하여 마케팅을 하는 것이라고 할 수 있다. SNS 홍보마케팅의 장점으로는 SNS 마케팅은 블로그나 인스타그램, 페이스북 등의 다양한 플랫폼과 링크를 통해서 상호 연동이 가능하기 때문에 SNS를 사용하고 있는 사용자를 구분하여 마케팅을 하지 않아도 한 번에 통합 홍보가 가능하기 때문에 시간과 비용을 절약할 수 있다.
끊임없이 공유되는 과정	대부분의 SNS에서는 공유하기, 리그램 등의 기능을 갖추고 있기 때문에 이 기능을 통해서 사용자들이 클릭 한 번으로도 본인의 지인에게 전달하고자 하는 정보를 쉽게 공유할 수 있으며, 공유된 정보를 통해 다른 지인에게도 전달하게 되면서 끊임없이 공유되는 과정으로 널리 정보가 확산되어 자연스럽게 넓은 범위까지의 홍보가 가능하다.
저비용 고효율의 마케팅 효과	기존의 다른 마케팅 방식은 초기 비용에 대한 부담이 크며 시간과 공간의 제약이 따르지만 SNS를 활용하게 되면 시간과 공간의 제약 없이 자유로운 홍보가 가능하며, 비용에 대한 부담 없이 저비용 고효율의 마케팅 효과를 얻을 수 있다.

Chapter 09

평생교육기관의 평가

배울내용

1. 평생교육기관의 평가
2. 평가모형
3. 평생교육기관 평가 사례

학습목표

1. 평가의 개념과 평생교육기관 평가의 개념을 이해한다.
2. 다양한 평가모형을 숙지하고 각 모형을 비교 분석한다.
3. 평생교육기관 평가 사례를 통해 평가의 전반적인 내용을 설명할 수 있다.

CHAPTER

09 평생교육기관의 평가

1. 평생교육기관의 평가

1) 평가의 개념

평가는 대상의 가치를 판단하고 의사를 결정하는 과정이다. 즉, 검사나 측정을 통하여 얻어진 결과를 바탕으로 대상의 특성을 확인하고 가치를 판단하여 평가자의 의사결정을 도와주는 활동이라고 볼 수 있다(권인탁, 2011). 평가는 〈그림 9-1〉과 같이 평가수준 및 범위에 따른 구분(교육평가, 교육기관 평가, 교육과정 평가, 수업평가), 평가시기에 따른 구분(진단평가, 형성평가, 총괄평가), 평가유형에 따른 구분(절대평가, 상대평가), 평가대상에 따른 구분(교육담당자, 학습자, 교수자), 자료수집방법에 따른 평가(양적 평가, 질적 평가)로 구분할 수 있다(김진숙 외, 2018).

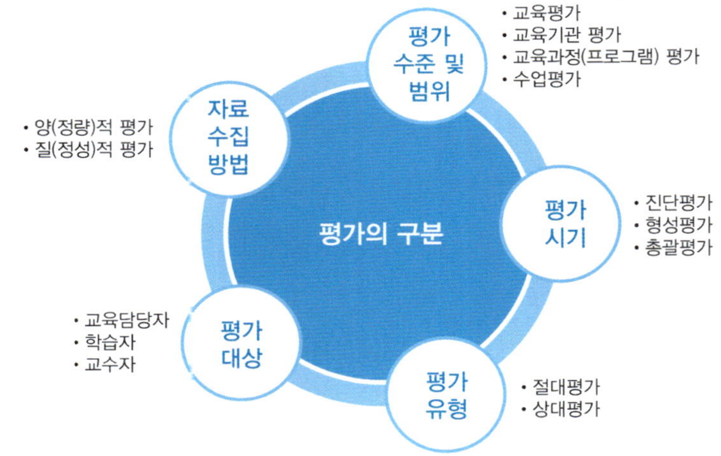

그림 9-1. 평가의 구분

먼저 평가수준 및 범위에 따른 평가는 교육평가, 교육기관 평가, 교육과정(프로그램) 평가 및 수업평가로 구분할 수 있으며, 구체적인 내용은 〈표 9-1〉과 같다.

표 9-1. 평가수준 및 범위에 따른 구분

구분	내용
교육평가	평가수준 및 범위에서 가장 넓은 의미로 사용되는 것으로, 교육기관에서 이루어지는 모든 수준의 평가를 총칭한다.
교육기관 평가	교육기관 전체의 시설 여건이나 운영 상태 등을 평가하는 것으로 교육과정 평가와 구별하여 사용되고 있다. 흔히 일정한 평가수준을 충족한 경우에 교육기관으로서 적합함을 인증하는 인증평가로 시행되고 있다.
교육과정(프로그램) 평가	교육기관에 개설되어 운영하고 있는 교육과정이나 프로그램을 평가하는 것으로 교육이나 학습목표의 성취 여부, 교수학습과정, 교육이나 학습의 결과 등을 평가한다. 교육기관 평가와 대비하여 학문 영역이나 프로그램별로 구분하여 평가가 이루어진다.

구분	내용
수업평가	평가수준 및 범위에서 가장 좁은 의미로 사용되는 것으로 수업활동이나 학습활동을 평가하는 것이다. 일정단위의 수업이나 학습을 통한 학습자들의 성취도나 태도의 변화 정도를 평가하고, 교육만족도나 교수자의 교수방법의 적합성 등을 평가한다.

평가시기에 따른 평가에는 진단평가, 형성평가 및 총괄평가로 구분할 수 있으며, 구체적인 내용은 〈표 9-2〉와 같다.

표 9-2. 평가시기에 따른 구분

구분	내용
진단평가	진단평가(diagnostic evaluation)는 프로그램이 실시되기 전 출발점에서, 학습자들의 특성과 학습상태를 평가하는 것이다. 학습자들에게 적합한 학급편성과 학습실패의 원인을 발견하여 대책을 마련하는 데 목적이 있다.
형성평가	형성평가(formative evaluation)는 프로그램을 실시하는 도중에 이루어지는 것으로 학습 진행 과정을 수시로 평가하는 것이다. 어떤 활동이 개선되거나 강점이 유지되고 약점이 보강될 수 있도록 하기 위해 증거를 수집하고 그것을 평가하는 과정이다. 창조적인 탐구 과정을 통하여 끊임없이 대안을 찾아냄으로써 학습의 성취나 수업과정의 개선사항 내지 결함을 찾아내서 그것을 보강하기 위한 것이다.
총괄평가	총괄평가(summative evaluation)는 프로그램 최종단계에서 프로그램의 효과를 종합적으로 평가하여, 프로그램을 계속할 것인지, 아니면 종료할 것인지를 판단하는 것이다.

평가유형에 따른 평가는 절대평가와 상대평가로 구분할 수 있으며, 구체적인 내용은 〈표 9-3〉과 같다.

표 9-3. 평가유형에 따른 구분

구분	내용
절대평가	절대평가란 준거지향평가라고도 하며, 학생의 학업성취도를 어떤 절대적인 기준에 비추어서 평가하는 방법을 말한다. 즉, 절대평가는 어떤 절대적인 기준(교육목표)에 의하여 개개 학생의 성적을 평가하는 방법이다. 이 평가는 각자의 성적을 그대로 표현하기 때문에 각 개인이 목표에 얼마나 도달하였는지 알 수 있다는 장점이 있다.

구분	내용
상대평가	상대평가는 규준지향평가라고도 하며, 학업성과를 다른 학생과 비교하여 성적의 위치를 부여하는 평가방법이다. 상대평가는 한 집단의 점수를 성적의 높은 순으로 배열하기 때문에 집단 내에서의 개인의 변별력 확보는 쉽게 비교할 수 있으며, 평가자의 주관적 입장이 개입되지 못하기 때문에 형평성으로는 공정하다는 장점이 있으나, 우수한 집단만 있는 등급과 우수하지 못한 집단만을 갖고 비교할 때, 어느 집단이 더 우수한지 등은 평가할 수 없다는 것과 교육의 질적 개선에 도움을 줄 수 없다는 것, 과도한 경쟁심으로 인해 수험자의 정서적인 피해를 주는 등 정신건강에 악영향을 준다는 단점이 있다.

평가대상에 따른 평가는 교육 담당자를 대상으로 하는 평가, 학습자를 대상으로 하는 평가 및 교수자를 대상으로 하는 평가로 구분할 수 있으며, 구체적인 내용은 〈표 9-4〉와 같다.

표 9-4. 평가대상에 따른 구분

구분	내용
교육 담당자를 대상으로 하는 평가	평생교육 프로그램을 운영했던 담당자들을 대상으로 업무수행 과정이나 교육 내용, 교수자 등을 평가하는 것이다.
학습자를 대상으로 하는 평가	프로그램에 참가한 학습자들을 대상으로 프로그램 전반에 대한 만족도와 교수자의 자질, 학습효과, 시설 여건 등을 평가하는 것이다. 주로 설문지를 통하여 평가하며, 대표자를 선발하여 인터뷰를 개최하여 의견을 집약할 수도 있다.
교수자를 대상으로 하는 평가	프로그램에 참여한 교수자들을 대상으로 학습 분위기와 학습자들의 태도, 학습지도상의 어려움, 프로그램 내용 구성과 운영 전반에 대한 건의 사항 등을 평가하는 것이다.

자료수집방법에 따른 평가는 양(정량)적 평가와 질(정성)적 평가로 구분할 수 있으며, 구체적인 내용은 〈표 9-5〉와 같다.

표 9-5. **자료수집방법에 따른 구분**

구분	내용
양(정량)적 평가	평가결과를 수량화하는 평가방법이다. 실증주의적 인식론에 바탕을 두고 있으며, 일반적으로 가설을 설정하고 객관도, 타당도를 활용한 질문지법을 사용하여 증명한다. 평가에 따른 시간을 절약할 수 있고, 대량표집을 할 수 있다는 장점이 있지만, 평가자 위주의 질문 작성과 응답자의 주어진 질문에 피동적으로 답변해야 하는 한계를 지니고 있다.
질(정성)적 평가	구성주의적 인식론에 바탕을 두고 있으며, 일반적으로 참여관찰법을 활용하여 평가자의 주관적인 해석으로 의미를 파악한다. 평가자의 겸손한 자세와 피평가자의 논리와 상황 위주로 평가를 실시한다는 장점이 있지만 시간과 비용이 많이 소요되고 소량만 평가할 수 있으며 평가결과를 객관화하는 데 어려움이 따른다. 평가척도로 활용될 때 정성평가는 정량화할 수 없는 문제에 체크리스트를 활용하여 평가자가 주관적으로 수준을 결정한다.

2) 평생교육기관 평가의 개념

평생교육기관의 평가에 대한 개념을 살펴보기 위해서는 교육기관과 평가라는 개념에 대한 명확한 구분이 필요하다. 먼저 교육기관이란 교육의 목적을 달성하기 위한 기관으로 사람과 물건을 기본 구성요소로 하는 조직기구이며, 일정한 장소에서 불특정 다수 또는 특정인을 대상으로 지식과 기술을 전수하는 문화적 시설로 유치원, 초·중·고등학교, 대학교, 교육행정기관(교육청) 등이 포함된 개념이며(이승희 외, 2005), 평가란 이를 바라보는 철학적, 방법론적 관점에 따라 목표달성여부 결정, 평가 대상의 가치, 장점에 대한 판단, 의사결정을 위한 정보 제공 등 학자마다 다양한 관점에 따른 정의를 가지고 있는 개념이다(이재분 외, 2013).

따라서 교육기관 평가란 "대상 기관들이 추구하는 목표들이 얼마나 달성되었는지에 대한 그 성취 수준을 알아보고, 조직(기관)의 구조와 운영 면에서의 충실성과 타당성을 검토하고 이를 개선하기 위한 올바른 의사결정을 하는 데 필요한 정보를 제공하는 활동이자 기관 자체의 장점과 가치를 판단하는 일련의 과정"이라고 할 수 있다(이승희 외, 2005).

이러한 교육기관에 대한 평가는 평가대상 기관의 종류와 운영형태에 따라 달라질 수 있다. 즉, 평가대상 기관에 따라 유치원 평가, 초 · 중등학교 평가, 대학평가, 교원양성기관 평가, 교육행정기관 평가 등이 있을 수 있으며, 운영형태에 따라 교육부의 시도 교육청 평가, 교육부와 정부출연 연구기관이 공동으로 주관하는 국가수준 학교평가와 교원양성기관 평가, 시도 교육청이 주관하는 학교평가, 한국대학교육협의회가 주관하는 대학평가, 언론기관이 실시하는 대학평가 등으로 구분된다.

평생교육기관 평가에 대한 이해는 교육기관 평가(학교평가) 개념과 의미에 대한 이해를 바탕으로 분명해질 수 있다. 일반적인 학교교육에서의 평가는 학생평가와 교육과정 및 프로그램 평가로 구별되며, 최근에는 학교를 하나의 조직 또는 체제로 보고 학교행정체제의 통합적인 유지 · 관리 · 발전에 관련된 활동, 학교행정가의 리더십, 학교조직 건강 및 풍토 등을 종합적으로 평가하는 '기관차원의 학교평가'가 새롭게 강조되는 실정이다. 평생교육에서의 평가 역시 학습자 평가, 프로그램 평가, 기관 평가 등으로 구별된다는 점에서 학교평가와 유사한 의미가 있다. 하지만 학교는 균일한 대상으로 정부의 시설 · 설비 기준령에 의해 시설이나 환경, 교육내용이나 방법도 유사하여 평가기준이나 준거틀 마련이 용이하지만 평생교육기관은 다양한 연령층과 삶의 경험, 교육수준이 현격히 다른 학습자를 대상으로 하며 기관의 설립 주체나 목적 또한 상이하여 시설 · 설비가 다양할 뿐 아니라 교육내용이나 방법 등도 다양해서 객관적인 평가기준이나 준거틀 마련이 어렵다는 측면에서는 서로 차이를 보인다고 할 수 있다.

평생교육기관의 평가에 있어서 평가의 목표, 내용, 기준이나 준거, 실시 절차 등의 여러 가지 전문적인 결정과 기술이 필요한 과정이기 때문에 평가에 앞서 평생교육기관 평가에 대한 기본철학과 방향을 명확하게 인지하는 것이 중요한데, 평생교육기관 평가에 대한 기본철학과 방향에 대해 살펴보면 〈표 9-6〉과 같다.

표 9-6. 평생교육기관 평가에 대한 기본철학과 방향

- 양적으로 확대되고 있는 평생교육기관의 질적 제고를 촉진해야 한다. 더구나 정규학교와 동등한 학력이나 학위를 취득할 수 있게 되어 있는 현행 체제에서는 교육의 질을 정규교육 수준으로 유지해야 하며 이를 확인하고 관리한다면 전문적 수준의 평가가 필요하며 나아가 전체적인 질적 향상으로의 발전을 꾀할 수 있을 것이다.
- 평생교육기관 운영의 효율성과 책무성을 제고해야 한다. 평생교육기관 목표의 타당성, 학습자와 교육자 및 행정직원의 인사관리, 재원의 확보와 배분 및 집행상의 우선순위, 교육과정과 프로그램의 계획과 조직 및 운영 등 평가의 결과에서 얻는 정보는 구성원의 공동체적 노력에 의해 경영의 효율성을 제고하게 되고, 경영자는 그 문제점과 원인의 규명 및 개선방안을 제시함으로써 경영에 대한 책무성이 제고될 것이다.
- 기관의 독자성과 특수성, 개별성을 존중해야 한다. 다양한 연령층과 설립목적에 따른 독자적인 교육과정과 프로그램, 지역의 독특한 문화와 관습으로 차별화된 부분을 가능한 한 최대한 존중하도록 융통성을 고려한 평가가 필요하다.
- 평생교육기관의 자율성을 최대한 신장하도록 평가가 이루어져야 한다. 기관평가는 자체평가, 즉 내부평가를 전제로 수행되며, 평생교육기관은 자체평가의 과정을 통해서 외부의 간섭이나 지시보다는 독자적인 도덕적 준거와 전문적 판단에 입각해서 자체의 문제를 비판적으로 파악하여 발전적으로 해결하려는 주체의식과 책임을 가지고 수행해야 한다. 이는 외부평가의 경우에도 평생교육기관의 자율성이 침해되지 않도록 노력하여야 한다.
- 사회적 신뢰와 적절성을 제고하는 데 기여해야 한다. 평가의 결과는 학점이나 학력으로 인정받는 기관으로 공인되거나 그렇지 못한 기관으로 사회에 공표되므로 평생교육기관의 평가인증은 사회적으로 인정받을 수 있도록 적절성이 확보되고 신뢰를 획득할 수 있도록 하는 데 기여를 할 필요성이 있다.
- 학점은행제, 독학학위 취득 등과 연계되어 정규의 학교교육과 학점을 인정받고자 하는 평생교육기관과의 상호 연계성을 강화하여 평생교육의 이념을 실현하는 데 기여해야 한다.
- 평생교육기관 발전을 위한 의사결정에 실질적인 도움을 줄 수 있어야 한다. 평생교육기관에서 평가를 받기 위해서는 평생교육종사자를 비롯한 기관의 종사자들이 많은 에너지와 노력을 기울이게 된다. 이런 노력이 헛수고가 되지 않도록 하기 위해서는 평가로 인해 평생교육기관이 발전할 수 있다는 믿음을 주는 것이 필요하다.

평생교육기관의 평가는 위에서 언급한 평생교육기관의 기본철학을 바탕으로 평가의 목적을 설정하고, 평가의 영역이나 범위를 결정하여, 어떤 상태에서 어떤 도구를 사용할 것인가를 결정하고 도구를 제작한 다음, 평가를 실시하고 결과를 처리하여 해석하고 결론을 내리는 과정이다(남정걸, 2002).

따라서 평생교육기관의 평가란 평생교육기관에서 운영하는 프로그램이 설정한 학습목표를 어느 정도 달성했는지, 학습활동이 계획대로 진행되었는지, 그리고 학습자들의 학습과 성장에 어떤 영향을 주었는가를 확인하고 가치를 판단하는 과정이다. 또한 학습자의 학업성취도를 평가할 뿐만 아니라 학습자가 직면한 여러 가지 문제를 진단하고 교육효과를 평가하여 평생교육정책이나 프로그램 개발에 반영하는 데 목적이 있다.

평생교육기관의 평가는 경영과정의 마지막 단계이다. 경영목표달성 정도의 점검과 조직성과를 평가한다. 평생교육의 질 관리의 핵심 요소로 경영 전 과정에 대한 평가와 피드백이 필수적이다. 교수 · 학습, 행정활동의 평가를 통한 관계자에 대한 피드백은 조직원의 역량강화의 초석이 된다.

평생교육에서는 끊임없이 다양하게 변하는 상황을 확인하고 판단하는 일련의 과정이 평가라고 할 수 있다. 평가는 양적으로 표현되는 측정에만 의존하여서는 안되며, 평가의 자료나 증거는 질적인 것도 포함할 뿐 아니라 인간의 심리적 과정이나 행동, 표현, 그리고 이들을 야기하는 환경이나 상황 등 측정하기 어렵거나 수량화할 수 없는 것, 즉 질적인 것까지 포함되어야 한다.

2. 평가모형

평가모형(evaluation model)이란 '평가목적을 효과적으로 달성하기 위하여 특정 탐구방식을 적용하여 평가방법 및 절차를 체계화해 놓은 것'이라고 정의할 수 있으며, '복잡한 평가현상을 구체적으로 파악하는 데 매우 유용한 정보를 제공해 주는 역할'을 한다(서민원, 2004).

일반적으로 교육기관 평가는 그 기관의 성격이나 평가목적에 따라 평가의 의미가 달라질 수 있지만 교육기관을 일종의 조직유효성으로 접근했을 때, 조직이 성취하고자 하는 목표달성에 초점을 두는 목표달성 접근법, 조직의 존속과 목표달성 능력제고 수단이 되는 하위 시스템의 업무수행 능률성에 초점을 두는 시스템적 접근법, 조직의 존속과 발전에 결정적으로 중요한 영향을 미치는 외부 이해관계 집단의 확인 능력 및 대처 능력에 초점을 두는 전략적 이해관계 접근법, 조직의 상황 및 성장단계에 적합한 모형 내에 포함된 항목들의 달성정도에 초점을 두는 경합적 가치 접근법 등이 있다.

이러한 교육기관 평가 접근법을 기초로, 평생교육 기관의 평가가 어떠한 목적, 방식, 기준, 결과선정 등의 관점으로 이루어졌는지 분류한 접근 모형을 살펴보면 다음과 같다(강훈, 2016; 이승희 외, 2005; 홍영란 외, 1997).

1) 목표달성 모형

이 모형은 조직의 목표달성 능력에 초점을 두고 평가기준을 조직이 설정한 목표에 의하여 결정하려는 방식으로 두 가지 기본가정을 두는데, 먼저 복잡한 조직은 그들이 추구하는 궁극적인 목적을 갖는다는 점과 추구하는 궁극적 목적은 실증적으로 입증이 가능하다는 점을 전제로 하는 평가모형이다. 그러므로 평생교육기관 평가에서는 평생교육 프로그램별 목표와 학습자들의 학습결과를 비교하여 목표달성도 파악을 통해 평생교육기관을 평가하는 데 중점을 두게 된다. 그러나 이 평가모형의 단점은 평생교육기관 평가를 단순히 학습자들의 학습성취 결과만을 가지고 보기 쉬우며, 학습자의 요구가 반영된 목표설정보다는 기관의 행정적인 목표에 더 많은 관심을 둘 수 있다는 점, 그리고 프로그램 목표의 다양성과 목표 간의 상충성을 간과할 수 있다는 점, 진술된 목표를 실행목표로 전환하기가 어렵다는 점 등의 문제를 가지고 있다.

2) 체제접근 모형

이 모형은 조직을 하나의 개방체제로 보고, 체제이론의 기본원리와 마찬가지로 조직의 효과성이란 가치 있는 자원획득 능력의 향상에 의한 것으로 보는 것이다. 따라서 매우 현실지향적 모형으로 목표달성을 위한 자원획득 능력을 강조함으로써 목표달성 접근 모형의 단점을 보완하는 평가모형이라고 할 수 있다. 그러므로 평생교육기관 평가에 적용할 경우, 평생교육 프로그램의 효과증진을 위한 인적, 물적, 재정적 자원획득 능력여부를 판단하는 데 중점을 두게 되며, 평생교육기관 내 각 하위 조직의 업무수행 능률성을 검토하게 된다. 따라서 평가의 대상이 광범위하고 실질적 평가과정에 적용하기가 비교적 용이하여 여러 측면의 기관 평가에 적용하는 경우가 많다.

3) 가치판단 접근 모형

이 모형은 평가 그 자체의 성질이나 평가 자체가 얼마나 바람직하고 좋은가를 판단하는 모형이다. 이 모형을 평생교육기관 평가에 적용할 경우, 특정 사업이나 프로그램을 수동적인 입장에서 운영하기보다는 평가 시마다 그 특정 사업이나 프로그램이 지니는 가치를 지속적으로 판단해서 프로그램 운영 여부를 결정하는 데 중점을 두게 된다. 이는 가치판단 준거에 비추어 얼마나 큰 가치와 장점을 가지고 있는지를 판단할 수 있으며 평가자의 역할이 사업이나 프로그램의 선택, 계속, 폐기 등을 깊고 빠르게 결정할 수 있다는 장점이 있지만 가치가 갖는 모호성과 평가자가 너무 깊이 관여함으로써 피평가자나 평가받는 프로그램 관련자들에게 심적 부담을 줄 수 있다는 단점이 있다.

4) 참여자 만족 모형

이 모형은 조직 참여자의 욕구를 충족시켜 주는 정도를 측정하는 데 목적이 있다. 즉, 조직구성원인 개인이나 집단의 어떠한 행동적, 능동적 특성이 조직 효과성을 가장 정확하게 제공한다고 보는 관점이다. 그러므로 이 모형을 평생교육기관 평가에 적용할 경우, 고객인 평생교육 학습자들에게 보다 나은 교육서비스를 제공할 것인가 아니면 전문인으로서 평생교육 관계자들의 만족도를 높일 것인가를 판단하는 준거 제공에 초점을 둔다. 학습자와 관계자는 모두 평생교육기관의 주된 참여자가 되므로 이들의 만족 여부 진단이 가장 중요한 평가목적이 되는 것이다. 하지만 이 모형은 조직구성원의 욕구를 중시한다는 점에서는 긍정적이지만 자칫 조직의 공식적인 목표가 경시될 수 있고, 조직행위가 참여자 개인에 의존하는 것이라기보다는 시간의 흐름에 따라 조직 자체의 규범이 조직의 질서보다 더 중요하게 작용한다는 문제가 야기될 수 있다.

5) 자연주의 모형

기존의 평가모형이 평가의 과정에서 다원적 가치가 수용되지 않았다는 점과 도구중심의 양적평가를 비판하면서 새롭게 등장한 모형이다. 즉, 과학적 패러다임에 입각하여 이루어진 전통적 접근법을 대체할 만한 새로운 접근법이란 의미에서 제4세대 평가모형을 의미하며 새롭게 등장하는 요구와 상황에 대응하여 평가자와 평가의뢰자가 협상을 통하여 평가의 근거와 영역을 결정하는 융통성 있는 평가의 설계가 필요함을 강조한다. 이 모형을 평생교육기관 평가에 적용할 경우, 평가과정에서 가치관, 사회적, 정치적 영향 등을 다각도로 고려하고 교육적이고 생산적인 평가과정을 중시함으로써 평가활동의 내재적 가치를 높이는 데 긍정적이지만 실제 평가 상황에서 평가자와 의뢰자 간의 협상이 용이하지 않고 과학적 접근방법의 결여로 일반화가 어렵다는 문제가 있다.

6) 인정 모형

어떤 특정 프로그램이나 기관이 관련 협의체의 협의를 통해 설정된 준거 및 기준에 합치하거나 도달하고 있는지의 여부를 판단하여 해당 프로그램이나 기관을 인정해 주는 접근법이다. 이 모형을 평생교육기관 평가에 적용할 경우, 평생교육기관들이 자체적으로 결성한 협의체나 정부의 평생교육 프로그램 평가담당기관을 중심으로 평생교육 평가 전문가가 구성되며, 이들이 현지방문을 하여 기관을 직접 관찰하고 평가 준거별로 판정하며 기관장과 평가결과에 대해 협의하고 피드백을 통해 기관이 개선하도록 돕는 것이다. 그러므로 평생교육기관으로 하여금 자체적인 개선을 위해 노력하도록 하는 자체평가방법을 적용하고 있다는 점과 인정과정이 비교적 쉽고 간편하다는 점, 방문과 보고의 간격이 짧아 교육활동에 지장을 주지 않고 신속한 피드백을 줄 수 있다는 장점이 있지만 전문가 집단의 체계적인 준거설정 노력이 필요하다는 점, 평가과정과 판단의 합리화 노력이 요청된다는 점, 방문평가 기간을 연장하거나 재방문 및 확인방문을 보완할 필요가 있다는 점, 준거별 기준을 체계화하여 최저에서 이상적인 수준까지 다양한 기준을 설정해 개선 지향, 발전 지향적으로 운영할 필요가 있다는 점, 자체 연구팀이나 전문가 평가팀에 대한 사전교육과 체계적 준비 작업이 필요하다는 단점이 있다.

7) 의사결정 모형

의사결정 모형은 의사결정자가 의사결정을 촉진할 수 있도록 다양한 정보를 제공해 주는 것으로 조직이 수행하는 프로그램의 요구분석, 계획, 시행, 결과 등 모든 부분을 평가하여 의사결정자에게 유용한 요약정보를 제공하는 데 평가의 목적이 있다. 여기에는 스터플빔(Stufflebeam)의 CIPP 모형, 알킨(Alkin)의 CSE 평가모형, 프로부스(Provus)의 불일치 평가모형 등이 포함된다(이승희 외, 2005).

스터플빔의 CIPP 모형〈표 9-7〉의 경우, 계획단계에서 추구할 목표를 설정하고 구성하는 결정과 관련된 상황평가(Context evaluation), 설정된 목표와 요구를 성취하는 데 필요한 수단을 구체화하기 위한 구조적 결정과 관련된 투입평가(Input evaluation), 설계한 대로 실천하기 위한 결정과 관련된 과정평가(Process evaluation), 프로그램을 존속시킬지의 결정여부와 관련된 산출평가(Product evaluation)로 구분된다(강훈, 2016).

표 9-7. CIPP 평가모형 4단계 4가지 유형

의사결정 단계	계획적 의사결정	구조적 의사결정	수행적 의사결정	순환적 의사결정
평가모형	상황평가	투입평가	과정평가	산출평가
목표	기관의 상황, 규정, 대상 집단 확인 및 요구사정, 요구충족의 기회탐색, 문제 진단 및 목표의 적절성 판단	체제의 능력, 대안 프로그램 전략, 전략수행 설계절차, 예산, 스케줄 확인	진행 중인 설계절차나 실행과정상의 결점 확인, 예견, 사전에 계획된 순차적인 결정들을 위한 정보 제공, 시행상의 사건과 활동의 보고 및 판단	성과에 대한 기술, 판단의 수집, 목표 상황 투입 과정 정보와의 연결, 가치와 장점의 해석

의사결정단계	계획적 의사결정	구조적 의사결정	수행적 의사결정	순환적 의사결정
방법	체제분석, 조사연구, 문헌검토, 공청회, 면담, 진단검사 및 델파이기법 사용	가용, 인적·물적자원, 해결 전략설계 절차 가능성 및 경제성 분석, 문헌연구, 시범프로그램 답사, 용호집단 파일럿 시도	절차상 장애 확인 및 우연적 장애의식, 예정된 의사결정을 위한 상세정보 확득, 실제 과정 기술, 프로그램 운영 직원과의 계속적 상호작용 및 행동 관찰	성과 기준의 조작적 정의 및 측정, 성과에 대한 이해 당사자들의 판단수집, 정성적 정량적 분석
용도	시작될 상황, 충족시킬 목적, 문제해결 목표에 대한 의사결정	지원 자원, 해결전략, 설계절차 선택용(변화활동 구성용), 실행과정 판단 기초 제공용	프로그램 계획 및 절차시행 및 개선용, 성과 해석을 위한 실제 상황 기초 제공용	프로그램 활동의 지속, 종결, 수정, 재조정, 의사결정용, 결과에 대한 명확한 기록 제시용

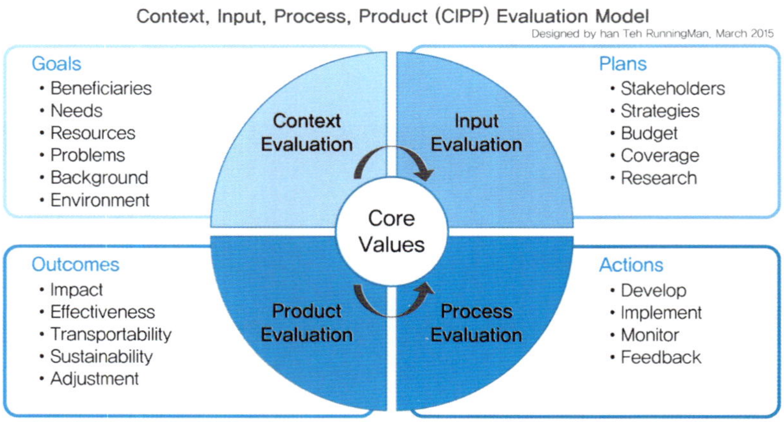

출처: 조양숙, 이윤식(2015). CIPP 평가모형에 의한 학교컨설팅 평가 준거 개발. 교육행정학연구, 33(4), 277-301.

첫째, 기관의 계획단계에서는 추구할 목표 선정과 검증이 필요하며, 이를 위해서 계획적 의사결정(planning decision)을 하게 된다. 계획적 의사결정 단계에서는 상황평가(context evaluation)를 실행한다(김석우, 이대용, 2012). 상황평가는 기관의 목표를 결정하기 위한 정당한 근거를 제공하기 위해 실시되며, 주어진 환경 내에서 요구, 문제점, 기회를 평가한다. 그러므로 어떤 준거나 기준을 근거로 판단하는 행위가 아니라 단지 현재 있는 그대로를 기술하고 이해하는 수준으로 실제적인 평가과정이라고 하기보다는 준비활동으로서 의미가 크다고 할 수 있으며, 따라서 환경에 대한 이해, 역사적 분석, 문헌연구, 면담, 진단검사, 델파이기법[1] 등이 활용될 수 있다(배호순, 2008).

둘째, 설정된 목표와 사정된 요구를 성취하기 위하여 필요한 수단을 구체화하기 위한 결정을 위해서는 구조적 의사결정(structuring decision)을 하게 된다. 구조적 의사결정을 위해서 투입평가(input evaluation)를 실행하게 된다(김석우, 이대용, 2012). 투입평가는 기관의 목적 달성을 위해서 어떻게 자원을 활용할 것인가를 결정하는 데 필요한 정보를 제공하기 위해 담당기관의 적절한 잠재력, 기관의 목표 달성 전략, 선정된 전략의 실천 방안 등을 확인하고 사정한다. 따라서 기관의 사업 진행 중에 취해야 할 행동의 적절성, 실천가능성, 경제성 등을 파악하기 위하여 가용한 인적 및 물적 자원, 해결전략, 절차 방안을 기술하고 분석하는 데 중점을 두며 참고문헌 탐색, 현지 방문, 변론팀 기법, 사전 탐색적 시행 등의 기법이 활용될 수 있다(배호순, 2008).

셋째, 기관의 계획 단계에서 추구할 목표를 설정하고 구성하는 결정을 하는 수행적 의사결정(implementation decision)을 하게 된다. 수행적 의사결정을 위해서 과정평가(process evaluation)를 실행한다. 과정평가는 기관의 실천단계에서 실천과정 및 절차 방안상의 결점을 파악하고, 이미 결정된 기관 운영 상황을 검토하여 절차적 사안과 활동을 기록하고 판단하는 데 목적을 두고 기관 운영의 설계와 절차를 개선하고 실천하는 데 중점을 두고 실시된다(김석우, 이대용, 2012). 따라서 기관의 방문 및 관찰, 관련 문서

1) 1964년 미국의 랜드사가 최초로 도입한 예측 방법이다. 랜드사는 공산품의 신제품 수요를 예측하고 미래 과학기술의 방향을 전망하기 위해 이 기법을 사용하였다. '델파이'라는 말은 그리스에서 예언가들이 미래를 점치던 아폴론 신전이 있던 델포이에서 유래되었다. 이 기법은 정리된 자료나 통계 모형을 통한 분석이 어려울 때 전문가들의 의견을 조사하여 전반적인 방향을 잡아 가는 사회과학 분야의 대표적인 조사 방법이며, 먼저 전문가를 선정하고 개략적인 질문을 정한 뒤 1차 설문을 한다. 설문 결과에 따라 질문을 수정하고 2차 설문을 하는 식의 과정을 수차례 반복하여 그 결과를 분석한 뒤 최종 결론을 도출하게 되는 기법이다.

검토, 관련자 미팅과 인터뷰 등의 기법이 활용될 수 있다.

넷째, 기관의 특정 프로그램이나 사업을 종료시킬 것인지 지속시킬 것인지, 예산을 증액시킬 것인지 또는 감축시킬 것인지 등을 결정하는 순환적 의사결정(recycling decision)을 해야 한다. 순환적 의사결정을 위해서 산출평가(product evaluation)가 요청된다. 산출평가는 장·단기적 결과와 의도하거나 의도하지 않은 결과를 확인하고 평가함으로써 평가자는 피평가자가 학습자 또는 다른 수혜자들의 주요 욕구를 충족시켰는지에 대해 성공의 수준을 평가하고 기록하며, 의도한 결과와 의도하지 않은 부차적 결과를 확인하고, 그런 노력을 유지, 중지, 개선할 것인지 결정하는 의사결정에 중요한 정보를 준다(김옥남, 2006).

그러므로 이 모형은 평생교육기관에서는 평가를 어떻게 활용하느냐에 따라 유용한 구조를 제공해 줄 수 있으며, 필요할 때 언제든지 평가할 수 있다는 장점을 가지지만 의사결정권자의 권한으로 자료가 사장되거나 제대로 해석되고 활용되지 않을 수 있다는 단점을 가지고 있다(강훈, 2016).

8) 결과중심 평가모형

결과중심 평가모형은 커크패트릭(Kirkpatrick)의 4가지 모형이 가장 대표적이다. 커크패트릭의 모형은 4가지 수준(반응평가, 학습평가, 행동평가, 결과평가)에서 프로그램의 결과를 중심으로 평가를 실시할 것을 주장하고 있는 평가모형이다〈표 9-8〉.

표 9-8. **결과중심 평가모형**

구분	내용
반응평가	반응평가(reaction evaluation)는 학습자나 교수자 또는 교육 담당자를 대상으로 교육 프로그램에 대한 만족도를 평가하는 것이다. 프로그램 종료 직후 프로그램에 참여한 학습자들이 그 프로그램에 대하여 얼마나 만족하는지를 설문지 형식으로 평가한다. 이를 통해 프로그램의 지속 여부를 결정한다. 반응평가는 학습내용에 대한 학습자들의 만족도 평가만이 아니라 교수자나 교육 담당자를 대상으로 학습자들의 태도나 분위기, 교육시설과 기자재 만족도, 교수자의 자질, 교육기관의 서비스 만족도 등 교육 프로그램 운영 전반을 평가하는 것이 필요하다.
학습평가	학습평가(learning evaluation)는 프로그램 참여자가 프로그램을 통하여 무엇을 배웠는지 학습내용에 대한 정도를 평가하는 것이다. 프로그램에 참여한 결과 얻어진 학습자들의 지식 증진, 태도 변화, 기술 향상의 정도를 평가하는 것이다. 학습자들의 태도 변화나 기술 향상의 정도를 평가하기 위해서는 지필평가 방법만이 아니라 실기, 시범, 역할연기, 토론 등을 통한 수행평가를 실시하는 것이 필요하다.
행동평가	행동평가(behavior evaluation)는 프로그램에 참여한 결과 얻어지는 학습자들의 행동변화를 평가하는 것이다. 프로그램을 통해서 학습한 지식과 기술이 현직에 돌아와서 그들의 실제 직무에 얼마나 기여했는지를 평가하는 것이다. 교육실시 후 대체로 3개월 정도 시간이 경과한 후에 평가하는 것이 일반적이다. 평가방법은 학습자 자신의 자기보고서와 주변인들을 대상으로 실시하는 다면평가 설문지를 주로 활용하고 있다.
결과평가	결과평가(result evaluation)는 교육 프로그램 운영결과로 발생하는 효과에 대하여 평가하는 단계이다. 개인의 지속적인 태도 변화, 조직이나 지역사회의 발전 기여도, 비용절감효과 등에 초점을 두고 있다. 따라서 비용절감, 노동산출 향상, 지각률 감소 등의 조사자료를 프로그램 실시하기 전과 후를 비교 분석하여 평가한다.

반응평가 (Reaction Evaluation) → **학습평가** (Learning Evaluation) → **행동평가** (Behavior Evaluation) → **결과평가** (Result Evaluation)

결과중심 평가모형은 평가절차와 정보분석상의 편의성으로 널리 활용되고 있다. 그러나 프로그램의 개발 및 실시과정에 대한 평가를 실시하기 어렵다는 문제점을 지니고 있으며, 결과중심 평가모형 준거(반응–학습–행동–결과) 간의 영향관계가 명확하지 않다는 비판을 받고 있다.

9) 균형성과 모형

기관 및 조직의 재무 성과를 강조했던 전통적 방법들은 기관이나 조직의 비전을 구체적인 행동전략과 성과로 연결하기에는 어려움이 있고, 객관적 평가의 합리성을 이유로 과거 실적에 기반한 재무지표를 주로 측정 자료로 활용하였다. 때문에 기관 및 조직의 미래를 생각하는 경영전략과 비재무적 측면의 진단에 어려움이 있었다(Kaplan & Norton, 1998). 이러한 기존 성과평가의 약점과 모호함을 개선하고자 1990년대에 들어와 하버드대학의 회계학 교수인 카플란(Kaplan)과 경영컨설턴트인 노턴(Norton)은 10여 곳의 우량 기업들을 대상으로 실제 성과평가를 시행하였다. 이를 토대로 재무지표뿐만 아니라 조직의 사람, 정보, 문화와 같은 다양한 비재무지표와의 균형이 고려된 새로운 성과측정 방법으로 균형성과표(BSC)를 제안하게 되었다(Niven, 2005). 즉, 균형성과표(Balanced scorecard: BSC)는 재무 결과만을 중요시하던 과거지향적인 전통적 성과평가 방식을 탈피하여 과거와 현재 및 미래 가치를 균형적 시각에서 평가하고, 핵심성과지표를 통하여 정량적 · 과학적으로 평가하며, 단기 업적 중심의 평가 방식에서 조직의 장기 비전과 목표를 향해 나아가는 과정까지 측정하려는 특징을 가지고 있다(김경희, 2014).

균형성과표(BSC)의 구성 체계는 최상위 개념인 미션(Mission), 비전(Vision)과 전략(strategy), 그리고 이로부터 기관의 성과를 조망할 수 있는 균형적인 관점(Perspectives)에 따라 핵심성과요인(Critical Success Factors: CSF)과 핵심성과지표(Key Performance Indicators: KPI) 등이 도출되는 위계구조이다. BSC의 구성체계는 〈그림 9-2〉와 같다.

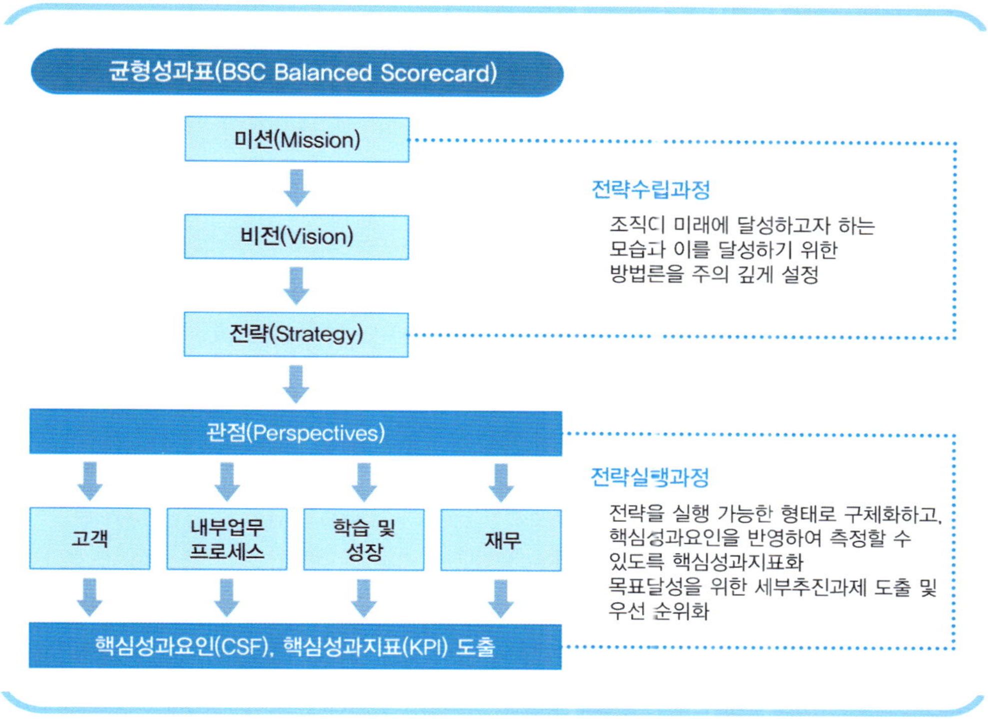

그림 9-2. BSC의 구성체계

출처: 김경희(2014). 대학평생교육원의 BSC 성과평가모형 개발. 동의대학교 대학원 박사학위논문.

〈그림 9-2〉와 같은 체계를 통하여 기관 및 조직이 존재하는 이유와 가치가 어디에서부터 창출되는지를 정의하고, 이를 위한 기관 및 조직의 경쟁우위를 밝히는 과정이 된다. 균형성과표(BSC)를 이용하여 기관의 비전과 경영전략을 수립하고 이를 기관 구성원들에게 전달한다. 기관 구성원들은 조직의 장기 전략에 대해 함께 공유하고 다양한 전략적 목표 사이의 관계를 이해함으로써 성과를 창출할 수 있게 된다. 균형성과표(BSC)를 적용한 성과평가체제를 구축하는 절차는 기관의 미션, 비전 그리고 기관이 지니고 있는 핵심가치(corevalue)의 원천은 무엇인가에 대한 성찰로부터 출발한다.

기관이 균형성과표(BSC) 체계를 구축하는 첫 번째 단계는 기관의 미래 역할과 목표들, 즉 바람직한 미래 모습을 제시하는 것에서 시작한다. 이를 위한 방법론으로 미션, 비전 및 전략이 제시된다(김영준, 라은종, 2006). 기관의 미션, 비전과 전략은 조직구성원의 에너지를 발산하게 하는 원동력이며, 경영진에게는 의사결정의 기준이 된다. 모든 조직은 미션과 비전을 이루고자 하는 장 · 단기적 목표를 가지고 있으며, 이러한 목표들은 비전과 전략에 의해 보다 합리적이고 효과적으로 달성될 수 있다(권오준, 2008). 미션은 기관 및 조직이 존재하는 이유이며, 미션 선언문에는 궁극적이고 근본적인 목적을 포함한다. 즉, '우리 기관 및 조직이 왜 존재하는가?'에 대한 답으로 기관 및 조직이 가고자 하는 방향을 찾는 것이다(김영준, 라은종, 2006). 비전은 실현 가능한 기관의 장기적 목표와 바람직한 미래의 이미지이다. 즉, 비전은 현재의 위치를 넘어선 기관의 미래 역할 및 목표에 대한 도전적이고 창의적인 청사진이라 할 수 있다(김동주, 2007). 비전은 기관 구성원들에게 기관의 미래에 대한 윤곽을 제시하고, 기관과 주요 이해관계자들 사이의 관계를 설정하는 프레임워크를 제시하며, 전반적인 기관의 목적이 포함되어야 한다. 그리고 장기적 안목에서 미래의 목표와 현실을 연결하는 다리 역할을 하는 전략은 비전보다는 구체적으로 서술되어야 한다(서희정, 김경희, 2013).

기관의 미션과 비전 등이 수립되면, 균형성과표(BSC) 체계를 구축하는 두 번째 단계로 관점을 설정해야 한다. 성과를 조망하는 관점은 균형성과표(BSC)의 가장 중요한 핵심적 뼈대라고 할 수 있으며, 평가할 영역을 의미한다. 균형성과표(BSC)에서 설정한 관점을 통해 기관이 추구하는 가치 창출 근원을 어느 측면에서 볼 것인지 파악할 수 있다(Niven, 2005).

균형성과표(BSC)의 개발자인 카플란과 노턴(1992)은 '고객, 내부업무 프로세스, 학습 및 성장, 재무'라는 네 가지를 기본 관점으로 제시하였다. 각 관점은 별개의 측면이 아니라 서로 연계되어 있다. 다시 말해 균형성과표(BSC)는 과거의 성과에 대한 재무적인 측정지표에 추가하여 미래성과를 창출하는 동안에 대한 측정지표인 고객, 공급자, 종업원, 프로세스 및 혁신에 대한 지표를 통하여 미래가치를 창출하도록 관리하는 시스템이다(김경희, 2014).

표 9-9. 균형성과표(BSC)의 관점

구분	정의	개념
고객관점	고객들의 주요 관심사항을 반영한 측정지표를 사용하여야 한다. 고객 관심사항은 시간, 품질, 성능 · 서비스, 비용 등의 범주로 구분된다.	• 조직에서 대상으로 하는 고객이 누구이며, 그들에게 전달해야 할 가치는 무엇인가? • 조직과 관련된 이해관계자, 외부 환경에 초점을 둠
내부 프로세스 관점	고객 측면과 핵심역량의 측면에서 접근할 수 있다. 고객측면에서는, 고객들의 기대에 부응하기 위하여 내부적으로 무엇을 어떻게 해야 하는가를 결정하는 것을 말한다. 즉, 균형성과표의 내부 프로세스 측정지표는 고객 만족에 가장 큰 영향을 미치는 업무 프로세스에서 나와야 한다. 핵심역량 측면에서는 경쟁사보다 뛰어나야 하는 주요 기술과 업무 프로세스를 확인하고 그것에 대한 측정을 구체화한다.	• 조직의 성과를 극대화하기 위해 조직의 핵심 프로세스와 관련된 역량을 규명하는 과정 • 조직의 목적 달성에 가장 중요한 내부 프로세스
학습, 혁신, 성장 관점	기업의 비전을 달성하기 위해 조직이 어떠한 학습을 하고 무엇을 개선해야 하는지 측정한다.	• 조직이 지속적으로 가치를 개선하고 창출하기 위해서 필요한 조직원의 능력을 어떻게 유지하고 키워 갈 것인가? • 조직 성장에 영향을 주는 핵심역량에 초점을 둠
재무 관점	재무성과 측정지표는 기업 경영이 기업의 손익 개선에 기여하고 있는지를 나타내 준다.	• 조직의 합리적 내부 프로세스의 운영과 자원의 효율적 활용을 통한 결과로 인한 성과에 초점 • 전략 실행과 수행이 조직의 성과에 기여한 정도를 파악함

구분	정의	개념
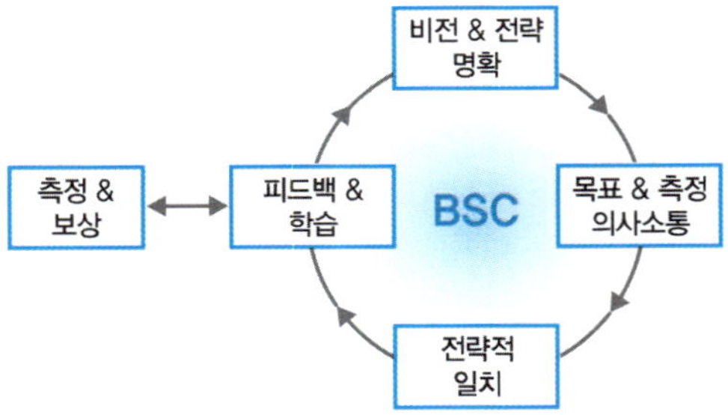		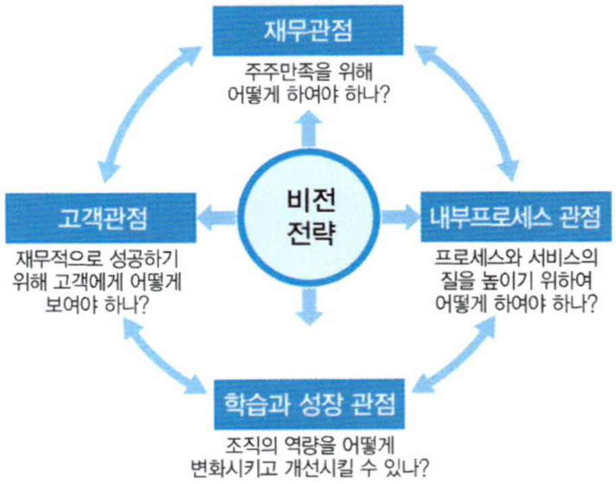

균형성과표(BSC)를 구축할 때는 〈표 9-9〉에서 언급된 네 가지 관점이 모든 기관이나 조직에서 동일하게 적용되는 것은 아니다. 기관의 특성과 서비스 제공방법이나 형태 등에 따라 대체 혹은 추가될 수 있다(서희정, 김경희, 2013; Olveetal., 1999).

균형성과표(BSC) 체계를 구축하는 세 번째 단계는 각 관점별로 핵심성과요인, 핵심성과 지표를 도출하는 것이다. 이 단계에서는 다소 추상적으로 표현된 미션과 비전, 관점을 실제적이고 구체적으로 해석함으로써, 기관 및 조직의 구성원이 이것을 이해하고 실무 활용을 용이하게 해 준다. 우선 핵심성과요인은 기관 및 조직의 비전을 달성하고, 진출하는 시장에서 좋은 성과를 이룰 수 있게 하는 핵심과제, 요구 조건을 의미한다(성은숙, 2009). 관점으로부터 기관 및 조직이 지속적으로 생존하고 성장하기 위해 필요한 가장 중요한 요소인 핵심성과요인이 도출된다. 즉, 비전 달성을 위해 '무엇을 할 것인가?'에 대한 답을 찾는 것이라고 할 수 있다. 다음으로 핵심성과요인을 바탕으로 기관이 설정한 목표를 달성하고 있는지, 수립된 전략을 달성하기 위한 방향으로 기관이 나아가고 있는지를 확인하기 위해 핵심성과지표가 도출되어야 한다. 핵심성과지표는 현재 기관의 경영에 대한 재무 성과뿐만 아니라 미래 가치를 증대시키기 위해 무엇을 관리해야 하는지를 정확하게 알려 주며, 균형성과표(BSC)의 구체적인 산출물이 된다. 핵심성과지표는 각 관점별로 도출한 핵심 성과요인들을 구체화하고 정량적으로 측정할 수 있도록 세분화하여 구체적인 변수들로 제시해야 한다(Kaplan & Norton, 1996a, 1996b). 따라서 핵심성과지표를 정할 때는 기관 및 조직의 경영전략 특성에 따라 업무의 결과를 반영하는 결과지표와 이후 다른 성과를 이끌어 내는 원인지표를 신중하게 생각해야 한다.

니븐(Niven, 2005)은 공공 및 비영리조직의 특성에 맞게 7단계 계획과정과 10단계 균형성과표(BSC) 설계 및 개발과정으로 구분하여 설명하였다. 계획과정의 1단계는 균형성과표(BSC)에 대한 목표개발, 2단계에서는 필요자원과 가용자원 결정, 3단계는 균형성과표(BSC)를 적용할 조직단위 결정, 4단계는 경영진으 지지와 후원 확보, 5단계는 BSC팀 구성, 6단계는 균형성과표(BSC) 팀 교육실시, 마지막 7단계는 커뮤니케이션 계획 개발로 이루어진다고 하였으며, 이러한 계획과정을 통한 준비과정 이후에 설계와 개발과정으로 이어진다고 보았다. 균형성과표(BSC) 설계 및 개발과정으로는, 1단계에 기관의 미션, 비전, 전략 개발 및 확인, 2단계는 균형성과표(BSC) 역할 확인, 3단계는 균형성과표(BSC) 핵심영역인 관점 확인, 4단계는 관련 기초자료 리뷰, 5단계는 경영진 인터뷰, 6단계는 경영의 전략맵 작성, 7단계는 피드백 받기, 8단계는 성과지표 개발, 9단계는 목표치와 이니셔티브(initiatives) 개발, 마지막 10간계는 소프트웨어 시스템 구축으로 지속적 균형성과표(BSC) 구축 실행 계획 수립 등으로 이루어진다. 이상으로 니븐(2005)이 구체화시킨 공공 및 비영리조직의 균형성과표(BSC) 구축 추진과정을 살펴보면 〈그림 9-3〉과 같다(김경희, 2014).

공공 및 비영리조직의 BSC 구축 추진과정		
BSC 계획과정		BSC 설계 및 개발과정
1단계: BSC에 대한 목표 개발		1단계: 기관의 미션, 비전, 전략 개발 및 확인
2단계: 필요자원과 가용성 결정		2단계: BSC의 역할 정의
3단계: BSC 위한 조직단위 결정		3단계: BSC의 관점 정의
4단계: 경영진의 지지와 후원 확보		4단계: 관련 기초자료 리뷰
5단계: BSC팀 구성	→	5단계: 경영진 인터뷰
6단계: BSC팀 교육실시		6단계: 전략맵 작성
7단계: 커뮤니케이션 계획 개발		7단계: 피드백 받기
		8단계: 성과지표 개발
		9단계: 목표치와 이니셔티브 개발
		10단계: 소프트웨어 시스템 구축으로 지속적 BSC 구축 실행

그림 9-3. 공공 및 비영리조직의 균형성과표(BSC) 구축 추진과정

출처: 김경희(2014). 대학평생교육원의 BSC 성과평가모형 개발. 동의대학교 대학원 박사학위논문

3. 평생교육기관 평가 사례

그동안 평생교육기관 평가에서는 기관차원의 성과평가보다는 기관에서 운영하는 프로그램이나 사업의 효과성 분석에 치중되어 왔다(박혜영, 2009). 그리고 일부 진행된 평생교육기관의 경영에 관한 연구도 기관의 경제적 가치 분석(김창엽, 성낙돈, 2010) 및 재정구조 분석(최은수, 2006)에 초점을 두었으며, 평생교육기관 경영의 특성 및 변화 동향(현영섭, 권대봉, 2007) 등의 논의를 통해 기관 경영전략의 필요성을 제안하는 수준에 머무르고 있다.

한편 평생교육 통계자료를 이용하여 국민들의 평생교육 실태와 평생학습 수준 등을

파악하고, 정책수립 및 추진 근거를 마련하기 위해 평생교육 지표개발 연구(최돈민 외, 2003)와 평생학습 지표개발 및 통계조사체제 수립 연구(한숭희 외, 2007), 평생교육통계를 중심으로 한 한국의 평생학습지도에 관한 연구(홍영란, 현영섭, 2009)가 한국교육개발원에서 진행되었다.

지금부터 제시하는 평생교육기관의 평가 사례를 통해 평생교육기관의 평가가 어떻게 이루어지는지에 대한 시사점을 얻을 수 있다. 구체적으로 대학평생교육원의 균형성과표(BSC) 성과평가모형의 사례는 〈표 9-10〉, 창원시 사회교육센터 평가지표의 사례는 〈표 9-11〉, 평생교육기관의 사업성과 평가지표 및 내용의 사례는 〈표 9-12〉, 대전평생교육진흥원 경영평가지표의 사례는 〈표 9-13〉, 지방자치단체의 평생교육기관 평가모형에 대한 사례는 〈표 9-14〉에 제시하였다.

표 9-10. 대학평생교육원의 균형성과표(BSC) 성과평가모형

대학평생교육원의 미션		평생교육 이념의 실현
대학평생교육원의 비전		대학의 인적 물적 자원을 활용하여 지역사회의 학습자에게 다양한 평생교육 및 학습의 기회를 제공하여 학습자의 만족을 제고하고, 지역과 함께하는 사회를 지향하는 평생교육기관
관점	핵심성과요인	핵심성과지표
학습자 및 이해 관계자	A. 학습자 만족 제고	A1. 학습자 만족도 A2. 학습자 중도탈락률 A3. 재등록률 A4. 강좌 수료율 A5. 자격증 취득률
	B. 수탁기관 만족 제고	B1. 정부 및 지자체 공모사업 참여 건수 B2. 위탁 평생교육 프로그램 기획 제안 건수 (교육내용 및 방법, 운영기간, 운영비 등) B3. 위탁 교육과정 운영결과 보고 건수 (운영비 결산, 학습자 만족도, 수료율 등)
	C. 지역사회기여	Cl. 지역 학습축제 및 전시 참여 수 C2. 지역자원 연계 특화프로그램 기획 및 운영 강좌 수 비율

대학평생교육원의 미션		평생교육 이념의 실현
	및 본교의 위상 강화	C3. 지역주민 교육비(바우처) 지원 비율 C4. 지역사회 평생교육원 선호도
업무 수행 프로 세스	D. 평생교육원의 비전 관리	D1. 평생교육원 비전 및 목적 설정 타당성 D2. 평생교육원 특성화 전문화 목표 달성 D3. 연간 분기별 운영계획 수립 및 점검 여부 D4. 평생교육원 경영성과 평가 및 컨설팅 여부
	E. 평생교육과정 기획 및 운영 지원	E1. 전체 교육과정 수 대비 개강강좌 수 E2. 심화 및 연계 과정 강좌 수 E3. 신규 교육과정 기획 및 개강 수 E4. 강좌운영 모니터링 시스템 구축 및 활용도 E5. 교육과정 및 홍보 및 운영지원 매뉴얼 활용도
	F. 학습자 관리 서비스 제고	F1. 학습자 관리 DB 구축 및 활용도 F2. 학습상담 시스템 활용되는 사례관리 수 F3. 학습자 추후 지속관리 서비스 활용도 (학습동아리 심화과정 등에 대한 안내전화, 문자 등) F4. 학습자 행정지원 만족도 F5. 홈페이지, 모바일(SNS) 관리 및 활용도
조직 (원)의 학습 및 성장	G. 업무 파트너십 강화	G1. 대학평생교육협의회를 통한 네트워킹 정도 G2. 정책 추진기관 및 지자체와 협력 정도 G3. 대외기관 네트워킹 및 협력 정도 (산업체, 지역 평생교육기관, 민간단체 등) G4. 교내기관 네트워킹 및 협력 정도 G5. 자문/운영위원회 구축 및 연간운영 수
	H. 강사 전문성 강화	H1. 우수강사 임용 및 계약 기준 마련 H2. 강사 1인당 연간 교육훈련 참여시간 H3. 강의 모니터링 및 평가 시스템 활용도 H4. 교육과정 연구 및 아이디어 제안제도 마련 및 활용도
	I. 기관 종사자 및 경영자 역량 강화	I1. 역량 개발 지원 제도 1인당 연간 교육훈련 비용 I2. 종사자 1인당 연간 직무교육 참여시간 I3. 평생교육사 자격증 소지 직원 비율 I4. 직무만족과 업무내용, 근무시간, 보수, 복지 등
	J. 협력적	J1. 평생교육원장의 대학평생교육에 대한 이해수준 (평생교육원장의 경영 의지)

대학평생교육원의 미션		평생교육 이념의 실현
	조직문화 강화	J2. 조직원의 평생교육원 비전 및 목표 공유 J3. 조직구성원 간의 합리적 의사소통 J4. 상근자의 규모 및 비율
자원	K. 재정자원 확보 및 관리	K1. 예산 규모 및 효율적 집행 실적 K2. 기부금 및 지원금 확보 비율 K3. 예산 확보 및 지원의 지속성 K4. 예산 및 결산의 감사
	L. 물적자원 확보 및 관리	L1. 교육시설 규모 및 관리 정도 (전용면적, 강의실 수, 실습실, 시설유지비 등) L2. 교육 기자재 확보율 및 관리 정도 (프로젝트, 컴퓨터, 마이크, 전자칠판 등) L3. 기타 교육시설 이용 및 서비스 지원 제도 (도서관, 세미나실, 주차시설 이용 등)
	M. 인적자원 확보 및 관리	M1. 교강사 인력풀 구축 M2. 전임강사 구성 비율 M3. 교육원 종사자 고용형태 규모 및 비율 M4. 학습동아리 및 자원봉사자에 대한 지원과 관리 현황

출처: 김경희(2014). 대학평생교육원의 BSC 성과평가모형 개발. 동의대학교 대학원 박사학위논문.

표 9-11. 창원시 사회교육센터 평가지표

	평가항목	평가지표
기관평가	센터운영의 효과성	• 기관운영 목표의 적합성: 평생학습시설로서의 목표 유무 • 센터운영의 체계성: 연간 운영계획 및 실행의 일치성 • 이용자 만족정도: 이용자 만족도
	자원 구성 및 활용	• 시설활용의 적절성: 시설 및 기자재 활용 정도 • 조직구성의 합리성: 조직원의 관련 자격증 소지 및 경력 담당자 연수 참여정도, 운영위원회 구성 및 개최 정도 • 지역 인적자원 활용: 자원 봉사자 수 및 활용정도
	예·결산 집행의 합리성	• 예·결산 집행의 투명성: 예산계획 및 집행의 일치성 • 수익 및 후원금 활용: 재투자 및 환원 내역
	지역사회	• 지역 기관과의 연계, 지역 인적·물적 자원 활용, 유관기관과의 파트너십

	평가항목	평가지표
	기여	• 대주민 편의 제공: 정보제공, 시설 개방 및 대여 • 학습동아리 운영 및 지원
내용평가	평생교육 프로그램 운영	• 프로그램 운영 실적: 프로그램 수, 참여인원, 다양성 • 특성화 프로그램 운영 정도: 지역특성화 프로그램 운영 • 프로그램 운영의 체계성: 강사의 전문성, 프로그램 지속성, 요구 조사 및 운영 결과 평가 • 프로그램 홍보: 홍보 채널의 다각화
	마을 도서관 운영	• 마을도서관 운영 실적: 자료 회원 수, 자료대출 실적 • 자료 선정의 적절성: 자료 선정위원회 유무, 선정 방식의 다각화 • 자료 관리의 체계성: 자료 관리 현황, 신작 및 폐기자료 관리
	보조 서비스 제공	• 프로그램 운영 관련 보조 서비스 : 상담서비스 제공, 강사 외 학습도우미 활용 발표회 및 수강증서 제공 참여 촉진을 위한 학습축제 · 행사 특강 개최

출처: 박인종 외(2005). 창원시 평생학습시설 평가지표 및 위탁심사기준개발 연구. 한국교육개발원.

표 9-12. 평생교육기관의 사업성과 평가지표 및 내용

영역	평가지표	평가내용	평가자료
계획	1. 사업목적의 타당성	• 사업목적의 타당성 • 사업목표의 구체성, 현실성	사업계획서, 사업별 수집자료, 현장평가서, 자기기입평가서
	2. 사업계획의 적절성	• 사업계획수립의 충실성 • 사업목표와 내용의 일관성	사업계획서, 사업별 수집자료, 현장평가서, 자기기입평가서
	3. 프로그램 특성화	• 프로그램 내용의 특성화 • 프로그램 수행방법의 특성화	사업계획서, 사업별 수집자료, 현장평가서, 자기기입평가서
과정	4. 추진과정의 적절성	• 계획대비 단계별 추진정도 • 추진방법의 적절성	사업계획서, 사업별 수집자료, 현장평가서, 자기기입평가서, 설문조사내용, 면담조사내용
	5. 추진여건의 적절성	• 시설 공간의 적절성 • 설비 장비의 적절성	사업계획서, 사업별 수집자료, 현장평가서, 자기기입평가서, 설문조사내용, 면담조사내용

영역	평가지표	평가내용	평가자료
	6. 연계협력 및 홍보의 적정성	• 관련 기관과의 협력 • 지역사회 전문가 참여 및 활용 정도 • 홍보전략 수립 여부 • 홍보방법의 다양화	사업계획서, 사업별 수집자료 현장평가서, 자기기입평가서, 면담조사내용
	7. 지도자의 전문성	• 자격증 소지여부 • 프로그램 지도능력 • 수요자와의 상호작용능력	사업계획서, 사업별 수집자료, 현장평가서, 자기기입평가서, 설문조사내용, 면담조사내용
결과	8. 사업성과	• 계획대비 목표달성도 • 단위 프로그램 추진실적	사업계획서, 사업별 수집자료, 현장평가서, 자기기입평가서, 면담조사내용
	9. 예산집행의 적절성	• 투입예산 대비 효율성 정도 • 예산집행의 합리성 정도	사업계획서, 사업별 수집자료, 현장평가서, 자기기입평가서
	10. 수요자 만족도	• 수요자 만족도 • 수요자 참여도 • 수요자 인지도 및 호감도	사업계획서, 사업별 수집자료, 현장평가서, 자기기입평가서, 설문조사내용, 면담조사내용

출처: 김경화(2005). 평생교육기관의 사업성과 평가시스템 개발 및 운영방안 연구. 교육행정학연구, 23(4), 365-404.

표 9-13. 대전평생교육진흥원 경영평가지표

대분류지표	중분류지표	세부지표	성격	배점
경영전략체계 (10점)	경영전략(6점)	경영전략체계 수립	정성	6
	윤리경영(4점)	고객 및 윤리경영	정성	4
경영시스템 (20점)	경영의 효율화 (20점)	조직 및 인사관리	정성	10
		재무관리	정성	5
		경영정보관리	정성	5
경영성과 (70점)	주요사업 (53점)	시민대학 운영	혼합	16
		배달강좌 및 연합교양대학 운영	혼합	16
		연구조사사업 및 네트워크 운영	혼합	7
		평생교육 프로그램 운영	혼합	7
		평생교육정보사업 운영	혼합	7

대분류지표	중분류지표	세부지표	성격	배점
	경영효율성과 (7점)	시의 정책준수	정성	7
	고객만족성과 (10점)	고객 만족도	정량	10

출처: 대전시 출연기관 경영평가 및 기관장 성과평가 계획(2015). 내부자료.

표 9-14. 지방자치단체의 평생교육기관 평가모형

대영역	관점	중 영역
평생교육기관 경영 역량	기관 이해관계자	A 관련 기관 만족 제고
		B 지역사회 발전에 기여
	경영 프로세스	C 평생교육기관의 비전과 목표수립 및 달성
		D 조직경영 및 인사 성과관리
		E 평생학습 정보 시스템 구축
	인적자원	F 조직 전문성 확보
		G 조직구성원 만족 제고
	재정 및 물적자원	H 재정의 안정적 확보 및 효율적 운영
		I 시설구축 및 운영 합리성
평생교육 진흥 역량	교육 수요자	J 학습자 만족 제고
		K 잠재(신규) 및 소외계층 평생교육 기회제공
	진흥 프로세스	L 평생교육 프로그램 운영 및 정보 제공
		M 평생교육기관 간 연계체제 구축
		N 평생교육 진흥연구 및 활동
	인적자원	O 학습자 행정지원 강화
		P 교강사 전문성 강화
		Q 학습 동아리 활성화
		R 자원봉사자 학습매니저 확보 및 활용
	재정 및 물적자원	S 공모사업 및 지원금 확보
		T 기관 간 시설공유 활성화

출처: 강훈(2016). 지방자치단체의 평생교육기관 평가모형 개발연구. 충남대학교 대학원 석사학위논문.

Chapter 10

평생교육 프로그램 개발 및 평가

배울내용

1. 평생교육 프로그램의 개발
2. 평생교육 프로그램의 평가

학습목표

1. 프로그램 개발의 개념을 이해한다.
2. 프로그램 개발의 모형을 숙지한다.
3. 프로그램 개발 절차를 설명할 수 있다.
4. 프로그램 평가의 필요성을 인식하고 평가를 분류할 수 있다.
5. 프로그램 평가의 타당성과 신뢰성을 설명할 수 있다.
6. 프로그램 평가결과의 활용을 설명할 수 있다.

CHAPTER

10 평생교육 프로그램 개발 및 평가

1. 평생교육 프로그램의 개발

1) 프로그램 개발의 개념

평생교육 프로그램은 안드라고지(andragogy) 원리[1]에 근거하여 개인, 조직, 지역사회가 교육 경험을 통해 일정한 변화를 일으킬 수 있도록 교육내용, 교육방법, 교육활동, 교육과정, 학습자 참여를 하나로 통합하여 체계화시킨 교육의 실체를 의미한다. 구체적으로 거시적 관점에서 평생교육 프로그램은 평생교육기관에서 제공하는 모든 형태의 학습활동을 말하고, 미시적 관점에서의 프로그램은 특정 내용을 학습하기 위한 각각의 개별학습 과정의 설계를 말한다.

따라서 프로그램 개발은 교수·학습 경험을 선정하고 순서를 정해서 조직하며, 여러 가지 관련 요인(시간, 공간, 재료, 설비, 인적자원 등)과 교육환경을 구조화하여 학습자에

1) 성인의 학습을 돕는 기술과 과학(Arts and science of helping adults learn)을 안드라고지(andragogy)라고 함. 평생교육에 있어 성인은 아동 및 청소년과 다르며 교육의 실천에서도 그 상이한 특성이 반영되어야 한다는 인식에서 안드라고지 개념이 대두되었음. 안드라고지의 기본개념은 다음과 같음.

게 제공하고, 그 효과를 평가하여 프로그램을 개정하는 일련의 과정을 의미한다(김용현 외, 2019). 즉, 평생교육 프로그램 개발은 평생교육기관에서 학습 내용을 어떻게 선정하고 어떻게 순서를 정해서 방향을 세우고 학습자에게 효과적으로 기능을 발휘할 수 있는가를 구조화하는 과정이다.

프로그램 개발은 프로그램을 구성함에 있어서 그 과정 및 절차가 어떻게 진행되어야 하는가를 결정하는 과정과 관련된다. 즉, 누가 프로그램에 참여하는가?, 프로그램의 설계와 방향은 어떠한가?, 프로그램 구성에 어떤 절차가 사용될 것인가? 이러한 질문들은 프로그램 개발과정에 초점을 맞추고 있다. 프로그램 개발에서 고려해야 할 사항은 다음과 같다(심재한, 2010).

표 10-1. **프로그램 개발에서 고려해야 할 사항**

- 프로그램의 대상자를 고려해야 한다. 프로그램 대상자의 발달 특성을 정확하게 이해하고, 그들의 발달에 적합한 프로그램 내용과 방법 등을 고려해야 한다.
- 프로그램 대상자의 환경 및 요구에 적합해야 한다. 즉, 프로그램의 대상자의 문화와 인적 환경을 파악해야 한다. 따라서 프로그램의 인적 대상자의 인식, 요구, 직업, 학력, 관심도 등은 프로그램 개발

구분	내용
기본 가정	• 성인이 성숙해지면서 의존적인 특성은 점차 자기주도적이 된다. • 성인은 경험으로부터 학습을 위한 풍요로운 자원을 축적한다. • 성인의 학습준비도는 사회적 역할 및 발달과업과 밀접한 관련이 있다. • 성숙함에 따른 시간 관점의 변화에 따라 미래의 적응을 위한 지식을 추구하는 아동기와 달리 성인은 즉각적으로 활용가능한 지식을 추구한다. • 성인의 학습동기는 외적인 요인보다는 내적인 요인에 의하여 유발된다.
학습 분위기	• 교수자와 학습자 간의 바람직한 상호관계를 형성하기 위해, 신체적 · 심리적으로 성숙하고 수용적이며 서로 존중하고 지지하는 분위기의 조성이 필요하다.
주기 주도성	• 학습자들은 자신의 학습요구의 진단, 학습경험의 계획 및 시행, 평가에 참여할 수 있다.
안드라고지 모형(과정 모형)	• 상호 존중 · 비형식적 · 협동적 수업 분위기 • 교수자와 학습자의 상호 협동에 의한 교육 계획 · 욕구 진단 · 교육 목표의 설정 및 평가 • 집단 토의 · 역할극 · 현장 방문 연구 · 실험 · 시범 · 세미나 · 사례 연구 · 주요 사건 기법 등의 방법 활용 • 교수자의 역할은 지식의 전달자가 아닌 학습의 촉진자

의 중요한 요인이며, 이러한 정보는 프로그램 내용과 방법에 많은 영향을 미친다.

- 프로그램의 목적을 분명하게 해야 한다. 각 프로그램의 특성과 목적을 성취하기 위하여 각 프로그램의 독특성을 확보하고 신장시켜 나가는 것이 중요하다. 프로그램의 목적이 구체적으로 평가 가능할수록 프로그램 운영이 효율적이다. 프로그램 개발 목적은 개인적 차원, 학습자가 속해 있는 조직이나 기관적 차원, 지역사회적 차원에서 접근할 수 있다.
- 프로그램 개발은 계획–실행–평가에 관련되는 모든 요소를 체계적으로 분석하고 통합 · 수렴하는 종합적인 과정이어야 한다. 프로그램의 계획–실행–평가의 과정을 효율적이고 합리적으로 운영하기 위해 개발의 과정에는 통합적으로 분석하고 조직하며 운영해야 한다.
- 프로그램 개발은 현재 우리가 당면하고 있는 교육에 문제해결을 추구하여 미래에 보다 나은 교육을 위한 혁신의 과정이어야 한다. 예를 들어, 생태교육 프로그램, 반편견 프로그램 등 현재 프로그램에 대한 새로운 시도 및 관점을 교육 프로그램으로 다양화할 수 있다.
- 프로그램 개발은 참여하는 사람들 간의 합의와 협의를 거쳐 이루어져야 한다. 프로그램 개발은 국가–전문가–평생교육사–당사자 등 여러 분야의 전문가와 이해 관계자들의 협동적인 의사결정이 필요하다. 당사자의 요구도 조사, 당사자의 현재 발달 상태 및 개별적 특수성, 평생교육사의 요구도 조사, 전문가의 프로그램 개발을 위한 자문 등의 다양한 합의 및 협의가 이루어져야 한다.
- 지역사회의 특성을 반영해야 한다. 지역사회의 특성에 따라 프로그램 활동의 내용과 방법이 달라질 수 있다.

프로그램의 개발 유형〈그림 10-1〉으로는 프로그램의 개발 주체가 누구인가에 따라서 학습 목표나 내용, 대상 등 프로그램의 성격이 달라진다(김용현 외, 2019). 프로그램의 개발주체는 국가와 기관, 학습자 개인을 상정할 수 있으며, 프로그램의 구성 범위에 따른 유형으로는 단일 프로그램, 연속 프로그램, 통합 프로그램, 종합 프로그램 등으로 나눌 수 있고(김용현 외, 2019). 프로그램 개발은 개발 범위에 지금까지 없던 것을 새롭게 만들어 내는 것과 기존의 프로그램을 보완하고 다듬는 것으로 구분할 수 있다(김창엽, 성낙돈, 2010).

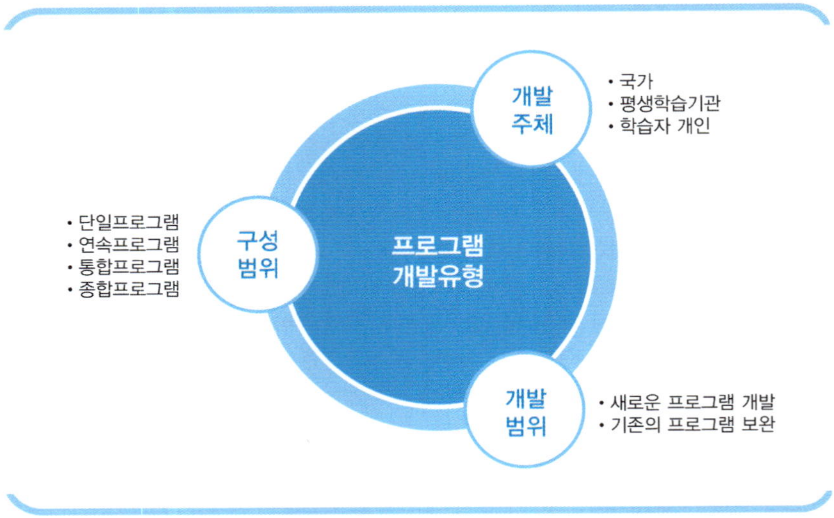

그림 10-1. 프로그램의 개발 유형

2) 프로그램 개발의 모형

평생교육 프로그램 개발은 어떤 목적으로 누구를 위해 무엇을 어떻게 가르칠 것인가에 대해 설계한 후 실행을 거쳐 목표에 따른 실행과 달성 여부를 살펴보는 것이다. 타일러(Tyler)는 프로그램의 개발과정 및 절차, 교육현장에 어떻게 적용되어야 하는가에 대하여 처음으로 종합적인 이론적 모형을 제시하였다. 타일러의 개발 모형은 〈표 10-2〉와 같이 네 가지 기본적 질문을 다루어야 한다고 제안하고 있다(신재한, 2010; 이신주 외, 2021).

표 10-2. 타일러의 개발모형의 기본적 질문

- 성취해야 할 교육목적은 무엇인가?
- 이러한 목적을 달성하는 데 유용한 학습경험을 어떻게 선정할 수 있는가?
- 효과적인 교수를 위해 학습경험은 어떻게 조직할 수 있는가?
- 학습경험의 효과성은 어떻게 평가할 수 있는가?

타일러는 학습자의 학습경험을 중요하게 생각하고 있으며, 학습경험을 선정–조직–평가하는 일련의 과정은 실용주의적 관점으로 해석할 수 있다. 타일러는 교육목표를 달성하기 위해서 교육목표를 체계화시켜 제시하고자 노력하였으며, 학생들의 흥미와 요구를 아는 것이 무엇보다도 중요하다고 하였다. 타일러는 학습자의 요구, 사회의 요구, 교과 및 교과 전문가의 요구나 견해에 따라 교육목표를 설정하고, 철학 및 학습심리적 요구에 의해 교육목표 설정–교육내용의 선정 및 조직–교육내용의 전개–학습결과의 평가로 프로그램을 운영해야 한다고 주장하였다〈그림 10-2〉.

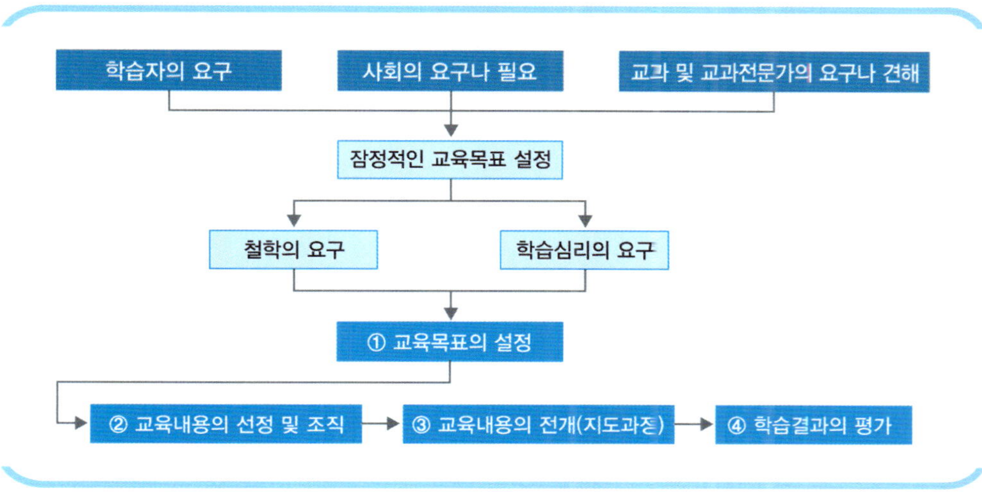

그림 10-2. **타일러의 교육과정 개발도형**

그리고 프린트(Print, 1993)는 프로그램 개발 절차를 어떠한 순서로 개발하느냐에 따라 모형을 구분하였다. 구체적으로 프로그램의 목표에 일관성 있는 학습경험을 선정하고 조직하여 평가하는 순서가 엄격하게 지켜지는 합리적 목표모형, 각 개발의 순서가 순환되어 평가의 내용에 근거하여 또 다른 목표가 설정될 수 있는 순환적 모형, 그리고 각 개발의 순서가 중간평가를 거치면서 역동적으로 융통성을 갖는 역동적 · 상호작용적 모형으로 구분하였다.

최근 프로그램 개발의 이론적 견해는 네 가지, 즉 합리적 목표모형, 순환적 개발모형, 역동적 상호작용모형, 비판적 실천모형이다(김용현 외, 2019).

(1) 합리적 목표모형

프로그램 개발자를 중시하는 전통적 관점에서는 학습목표를 설정하고, 이 목표를 달성하기 위한 학습경험의 선정과 조직을 거쳐, 프로그램을 실행하고, 평가는 학습목표를 얼마나 달성하였는지로 측정하게 된다. 교육의 효율성과 합리성을 증진시키기 위해서 학습목표, 학습경험, 학습경험의 조직, 학습경험의 평가로 이어지는 절차적인 과정을 강조하고 있다. 학교 교육 중심의 페다고지(Pedagogy) 교육[2]과정 개발에 관한 절차이다. 이 프로그램 개발 과정은 어디서나 적용되는 표준화된 절차와 불변의 원리

2) 어린이를 가르치는 기술과 과학(Arts and science of teaching children learn)을 페다고지(pedagogy)라고 함. 페다고지의 특성은 다음과 같음.

	페다고지
알고자 하는 욕구	진급이나 자격 취득 등을 위해 교수자가 전달하는 내용을 학습한다.
학습자의 자아개념	교수자는 학습자를 의존적인 존재로 인식하므로 학습자 역시 의존적인 자아개념을 갖게 된다.
학습자 경험의 역할	학습자의 경험은 학습자원으로서 인정받지 못한다.
학습준비도	학습자는 자신의 시험 및 자격 취득을 위해 교수자가 준비하고 제공하는 내용에 대해 학습할 준비가 되어 있어야 한다.
학습성향	교과 중심적인 학습을 선호하는 경향이 있다.
동기	학습자는 성적, 교수자의 칭찬이나 꾸중, 부모의 압력 등에 의해 학습동기가 유발된다.

를 강조하여 지나치게 단순화하였다. 즉, 프로그램 개발의 실제적 상황을 중요시하지 않아 유연성이 부족하다. 이 이론에 근거하여 프로그램을 개발할 때 논리적인 단계를 따르기보다는 이미 알고 있는 내용에서 시작하므로 적용에 한계가 있다. 타일러는 합리적 목표모형에 따른 프로그램 개발을 〈그림 10-3〉과 같이 제시하였다(민원순, 2020).

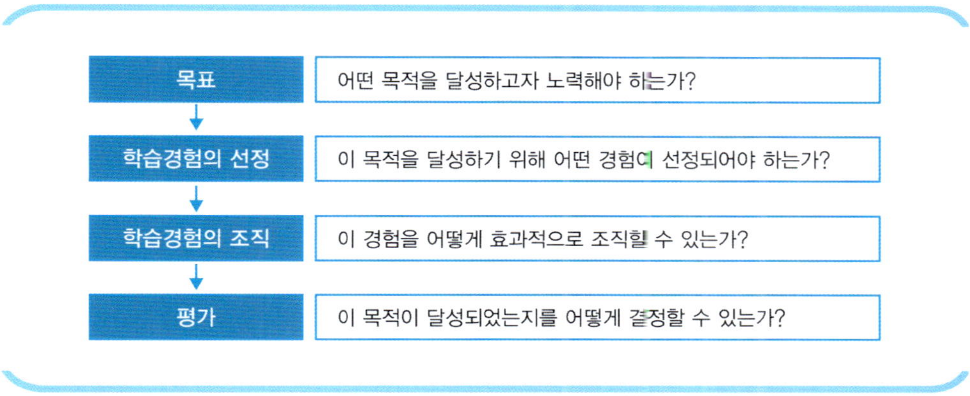

그림 10-3. **합리적 목표모형**

(2) 순환적 개발모형

순환적 개발모형은 합리적 목표모형과 역동적 상호작용모형을 절충한 형태로, 본질적으로는 논리적이고 계열적인 특성을 지니고 있지만, 교육과정 개발이나 프로그램 개발을 새로운 정보나 실제에 따라 항상 변화하는 지속적인 활동으로 본다〈그림 10-4〉. 따라서 필요에 따라 반응하고 이 필요는 계속 생겨나며 그에 따라 교육과정이 계속 수정되어 간다. 순환적 개발모형의 대표적 학자인 니콜스(Nicholls)는 상황분석을 강조하였다. 즉, 교육과정의 의사결정이 이루어지는 맥락이나 상황을 중시하였다. 상황이 변화됨에 따라 프로그램 개발에 필요한 요소들이 바뀌게 된다는 점에서 융통성을 지니고 있다. 그리고 프로그램 적용방법이 까다롭지 않아서 모든 상황에 적용하기에 유리하고 교수자들이 직접 프로그램을 개발할 때 매우 적절하다.

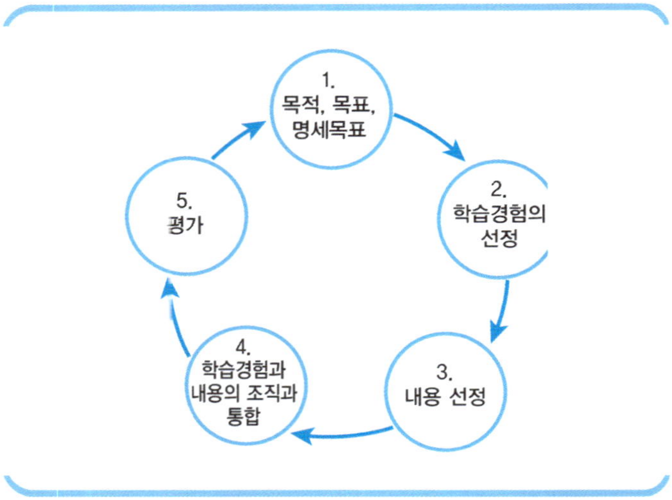

그림 10-4. 순환적 모형

(3) 역동적 상호작용모형

역동적 상호작용모형은 교육과정 개발이나 프로그램 개발이 실제로는 직선적인 절차나 단계를 따르지 않는다는 점에서 출발한다〈그림 10-5〉. 즉, 학습목표에서 학습내용이 결정되는 것이 아니라 반대로 학습내용에서 목표가 결정되어야 하며, 학습목표 설정보다 학습내용에 초점을 두고 있다. 역동적 상호작용모형은 프로그램 개발이 개발에 참여한 모든 사람들이 신중한 토론과 역동적인 상호작용을 통해서 순환적이고 합의적으로 개발되어야 한다고 주장한다. 즉, 프로그램 개발과정에서는 프로그램 개발자, 학습자, 조직 간의 합의가 필수적이며, 프로그램은 한 사람의 프로그램 개발로 인해 만들어지기보다는 오히려 서로 많은 영향을 미치고 다양한 이해관계를 가진 사람들에 의하여 만들어진다. 따라서 이 이론에서 프로그램을 개발할 때 강조하는 것이 유연성을 확보하는 것이다. 프로그램 개발에 있어서 학습목표는 반드시 행동적인 용어로 진술되어야 한다는 강박관념에서 벗어나야 하며, 프로그램을 개발하는 절차도 순서에 구애받지 않고 융통성 있게 진행되어야 한다고 주장한다.

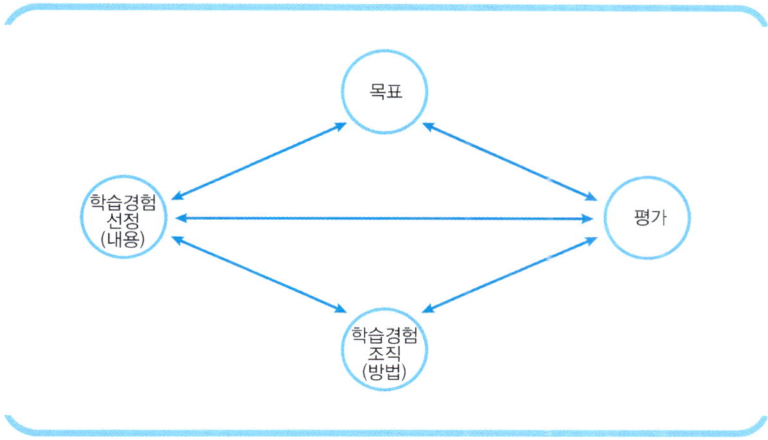

그림 10-5. **역동적 상호작용모형**

(4) 비판적 실천모형

비판적 실천모형은 프로그램 개발과정은 전형적인 절차나 단계가 있는 것이 아니라 교수자와 학습자가 대화를 통하여 상호작용하는 과정 자체를 프로그램 개발과정으로 규정하고 있다. 즉, 프로그램 개발은 학습활동을 위하여 미리 만들어진 사전적 조치가 아니라 교수자와 학습자의 상호작용 과정이며, 그 자체가 학습활동이고, 문화적인 행동임을 강조한다.

3) 프로그램 개발 절차

평생교육 프로그램 개발은 철학적, 사회문화적, 심리학적 기초에 따라 인적자원이 구성되면 요구분석, 교육목표 및 목표설정, 설계, 실행, 평가와 피드백 과정 절차를 통해 새로운 프로그램을 개발하게 된다. 프로그램 개발의 전반적인 절차는 〈그림 10-6〉과 같다(이신주 외, 2021).

그림 10-6. **프로그램 개발의 전반적인 절차**

(1) 철학적, 이론적 기초의 결정

평생교육 프로그램의 기본방향, 이론적 근거를 결정짓는 과정으로 철학적, 사회문화적, 심리학적 이론의 기초에 따라 평생교육 학습자의 존재나 심리학적 특성에 대한 이해가 달라질 수 있다. 이러한 기초는 프로그램의 목표설정이나 설계 실행, 평가 전반에 걸쳐 일관성 있게 유지되어야 한다. 따라서 평생교육 프로그램은 각 기관의 특성이나 지역과의 관계, 기관의 철학적, 사회문화적, 심리학적 배경을 고려하여 일관성 있는 내용과 교수방법을 개발해야 한다. 개발된 평생교육 프로그램은 수시로 실행에 대한 평가로 수정 · 보완 작업을 실시하며, 즉각적인 요구에 더한 수용이 가능해야 한다.

(2) 인적자원의 구성 및 조직

평생교육 프로그램 개발에서 우선적으로 고려되어야 할 요소는 개발을 담당하는 인적자원을 선정하고 조직하는 일이다. 인적자원 선정은 프로그램 개발에 주도적인 입장을 갖고 있는 사람이 프로그램의 필요성, 성격, 목표 등을 세심히 파악하고 이에 맞는 사람을 선정하는 것이다. 평생교육 프로그램에 참여하는 인적자원은 평생교육 전문가, 평생교육 행정가, 기관의 장, 평생교육사, 지역사회 주민 및 인사 등으로 구성되며, 서로 나은 역할을 협력적으로 담당하게 된다. 개발 담당 인적자원으로 구성된 사람들은 기관의 목적에 알맞은 양질의 프로그램을 위해 '계획－실행－평가'하는 과정에서 주도적인 역할을 한다.

(3) 요구분석

요구분석이란 프로그램의 수혜자가 될 대상의 요구를 알아보고 프로그램 구성에 반영하기 위한 과정이다. 평생교육 프로그램 개발에 있어서 요구란 평생교육 전문가, 평생교육 기관의 장, 평생교육사와 학습자들의 다양한 환경 및 현장 요구를 객관적이고 합리적인 방식으로 조사하여 프로그램 개발 시 반영하는 과정이다. 이들의 요구를 분석하기 위해서는 관찰, 면접, 설문조사 등의 방법을 활용하여 자료를 수집하고 이를 체계적으로 분석해 봄으로써 프로그램이 나아가야 할 방향을 설정하게 된다. 즉, 요구를 분석한다는 것은 요구를 바탕으로 실제 프로그램에서 어떤 것을 실행하고 가르쳐야 할 것인지에 관한 것을 분석하는 것이다. 요구분석 단계에서는 프로그램 수혜자의 요구와 그 요구를 바탕으로 한 가르칠 내용에 대해 분석하는 과정도 포함된다.

(4) 설계

설계는 요구분석 내용을 토대로 교육내용과 목표를 설정하여 이에 적합한 교수·학습 방법을 설계하는 과정이다. 평생교육 프로그램 설계 시 의미 있는 지식은 무엇인지, 이 지식을 어떻게 통합해 나가는 것이 바람직한지의 방향을 결정하게 된다.

① 프로그램 목적과 목표

목표는 목적을 보다 구체적으로 심화시킨 것이다. 목적이 교육의 방향 또는 중점을 지극히 일반적이고 포괄적으로 진술한 것이라면, 목표는 실제 프로그램에서 무엇을 다루어야 하고, 어떠한 것에 우선 순위를 두어야 하며, 어떠한 내용을 선정하고, 어떠한 학습경험을 강조하여 무엇을 성취해야 하는지에 대한 구체적인 행동 지침을 제시해 주는 것이다. 즉, 목적이 가치 규범적인 것이라면 목표는 구체적인 행동 형성을 위한 수단이며, 목표란 목적보다 성취해야 할 도달점을 보다 구체적으로 보여 주는 것으로 프로그램을 통해 기대하는 교육의 성과를 의미한다. 프로그램의 목표설정은 교육내용의 개관, 교수 절차의 개발, 평가의 기준이 되는 중요한 요소이므로 프로그램의 설계에서 가장 먼저 제시되어야 한다. 목적과 목표는 서로 연관성을 가져야 하며 목표설정의 원리는 〈표 10-3〉과 같다.

표 10-3. 목표설정의 원리

- 목표설정은 여러 가지 관련된 맥락에서 충분히 검토하여 많은 사람들이 합의하는 목표로 진술되어야 한다. 특히 그 목표를 읽는 모든 사람이 똑같은 의미로 이해하고 해석할 수 있어야 한다.
- 목표는 교육이념, 목적 등과 관계되어야 하며, 교수·학습 활동의 방향을 제시해 줄 수 있을 만큼 충분히 구체화되고 정확하고 포괄적으로 진술되어야 한다.
- 목표는 학습자들에게 현재의 삶에 있어서도 또 미래의 삶에도 가치 있는 필수적인 것으로 진술되어야 한다.
- 목표설정은 교수·학습 활동 이전에 사전 계획으로 설정되어야 하고, 교수·학습 활동 과정에서 생

성되는 새로운 목표들을 수용할 수 있을 만큼 융통성이 있어야 한다.
- 목표설정은 논리적으로 조직화된 응집성을 견지하여야 하며 주기적으로 재검토될 수 있어야 한다.
- 목표설정은 외현적 · 내현적 두 가지 측면 모두의 행동변화를 충분히 고려하여야 하며, 양적인 수준과 질적인 기준을 모두 포용하여야 한다.
- 목표설정은 교육활동 자체에 대한 절대적인 기준으로 작용할 수는 없다. 따라서 누가적, 잠재적, 표현적, 부차적, 장기적인 학습결과 또는 학업성취가 있음을 고려해야 한다.

② 내용선정 및 조직

내용선정 및 조직은 학습자의 연령과 발달적 특성을 이해한 후 교육내용을 선정하고 조직하는 것이다. 즉, 설정한 목표를 달성하기 위해서 내용 및 활동은 흥미 존중, 타당성, 학습 가능성, 중요성 등과 같은 원리를 고려하여 구성해야 한다. 평생교육 프로그램의 내용 및 활동을 언제, 어디서, 어떻게 전개할 것인가를 알기 쉽게 교수방법을 선정하고 조직하는 것이다. 평생교육 프로그램 내용 및 방법 구성 시 고려할 사항은 〈표 10-4〉와 같다(문연심, 2019).

표 10-4. 프로그램 내용 및 방법 구성 시 고려할 사항

구분	내용
기관의 교육과정 분석	평생교육기관의 교육목표 및 특색사업, 교육과정 편성 · 운영의 기본방향, 교육과정 편성 · 운영 지침, 영역별 교육중점, 지도내용, 지도방법, 평가방법 등을 고려해야 한다.
학습자들의 프로그램 요구 반영	학습자들의 흥미와 관심, 요구, 필요사항 조사, 지역실태 분석, 교사의 지도능력, 평생교육기관 및 학급의 자료, 교재 · 교구, 기본 시설 등 교육여건을 고려한다.
평생교육 프로그램의 기본방향 설정	평생교육기관의 목표 및 프로그램 운영방침, 영역별 구체적 목표설정 및 교육의 중점사항, 특색사업을 고려한다.
평생교육 프로그램의 평가영역 설정	평생교육 프로그램 평가항목 설정, 교수 · 학습 지도방법 평가, 내용 및 방법 설정, 평생교육 프로그램 운영 평가방법 설정, 교사의 자기평가 내용 및 방법 설정 등이다.

③ 개발과정에 대한 평가 및 피드백

개발과정에서 평가와 피드백을 하는 것은 개발자의 선정에서부터 프로그램의 내용 및 활동을 조직하는 데 이르기까지 개발과정들을 검토하여 수정할 부분들을 발견하면서 최종 선정 이전에 재구성하는 단계이다. 개발과정에 대한 평가는 개별 요소, 과정별 일관성, 연계성에 대한 평가도 이루어져야 한다. 이러한 가정을 거치는 것은 평생교육 프로그램의 실제 적용 이전에 개발 자체에 대한 평가과정으로 프로그램 개발의 융통성을 고려하기 위한 요소이다.

(5) 구성 및 실행

평생교육 프로그램에 대한 설계를 마치면 교재와 교구, 활동 계획안, 환경구성 방안 등을 개발해야 한다. 학습자들의 특성과 요구를 반영하고 프로그램 내용을 잘 전달할 수 있도록 개발된 교재교구와 환경은 교사나 학습자 모두 활동에 적극적으로 참여할 수 있는 요소가 된다. 프로그램 실행은 요구분석을 거쳐 개발한 프로그램을 평생교육 현장에서 실행하는 단계이다. 실행되는 교육활동은 개발된 프로그램의 목표를 구현하여야 하며, 개발된 내용이 설계된 방법에 따라 잘 전달되어 학습자의 흥미를 이끌 수 있어야 한다. 프로그램 실행자는 과정 중에 개발된 프로그램의 목표가 대상자의 요구를 잘 반영했는지, 내용과 활동 등이 적절한지 등에 대한 검토가 이루어져야 한다.

(6) 평가 및 피드백

프로그램 실행을 마치고 나면 프로그램의 효율성, 목표설정, 내용 및 방법의 적절성, 전달 방법의 문제, 기관 내 프로그램의 설계에 대한 협의, 프로그램 설계가 평생교육 현장의 이해와 실행에 적절하도록 조직화되었는지를 평가해야 한다. 이러한 평가 결과를 다시 목표설정과 내용 및 방법에 반영되어 프로그램 설계를 재구성하게 된다. 평가에서는 프로그램 개발과정에서 대상자와 개발자의 요구를 다각적으로 조사했는지, 이에 근거한 목적과 내용, 방법, 실행 등에서 얼마나 적절하고 효과적이었는지 확인할 필요가 있다. 이러한 내용을 토대로 전 단계의 내용을 수정하는 데 기초자료를 얻기 위한 절차가 평가 및 피드백이다(이영자 외, 2017).

2. 평생교육 프로그램의 평가

평생교육 프로그램은 각기 실행 주체, 목적, 상황에 따라 다른 의미를 가지고 있다. 그러므로 프로그램이란 용어를 사용하는 당사자 간에 명확한 의미의 동의와 합의가 이루어지지 않을 때 혼란을 가져오기도 한다. 프로그램은 크게는 '특정 조직에서 제공하는 모든 형태의 학습활동'에서부터 작게는 '특정 내용을 학습하기 위한 각각의 개별 학습과정'을 의미한다고 할 수 있다(성낙돈, 김창엽, 2010). 평생교육 현장에서 평생교육 프로그램을 새롭게 만들거나 보완하기 위한 프로그램 개발을 위해 프로그램 평가가 이루어져야 한다(원아연, 2018).

1) 프로그램 평가의 필요성

평생교육 프로그램은 산출되고 실행되는 데 있어 일정한 단계를 거치며, 그 자체가 일련의 진화과정을 거치는 생명주기를 갖는다. 즉, 평생교육 프로그램은 프로그램의 설정에서부터 프로그램 결정, 프로그램 집행, 프로그램 평가, 프로그램 수정에 이르기까지 일련의 복잡하고 동태적인 연속 순환 과정을 거친다(권기헌, 2009). 따라서 평생교육 프로그램의 평가는 평생교육 프로그램의 실행이 이루어지고 난 프로그램에 대하여 본래의 프로그램의 목표를 달성하는 프로그램 효과가 나타났는지에 대한 평가와 피드백을 말한다. 프로그램이 의도한 효과를 보이고 학습자들의 지지를 받는 경우에는 그 생명이 계속되겠지만, 그렇지 못한 경우 프로그램의 내용이 수정되거나 심지어 프로그램의 생명을 다하는 프로그램 종결을 맞게 된다.

따라서 평생교육 프로그램 평가란 프로그램이 추구하는 이념을 달성하기 위한 수단으로서의 프로그램의 당위성, 프로그램 집행의 영향과 효과, 설정하였던 목표의 성취 정도, 프로그램의 효율성을 검토하는 일련의 활동이라고 할 수 있다.

평생교육 프로그램의 평가는 그 프로그램을 중단할 것인지 아니면 수정할 것인지 또는 축소할 것인지, 확대할 것인지 등을 판단하기 위하여 필요하다. 이러한 평가의 필요성을 살펴보면 〈표 10-5〉와 같다(권기헌, 2009; 원아연, 2018).

표 10-5. 평생교육 프로그램 평가의 필요성

- 평생교육 프로그램의 비효과성에 대한 원인을 규명하기 위해서이다. 많은 프로그램들은 프로그램 결정자들이 의도했던 대로 집행되지 않으며, 프로그램 운영 과정에 불응이 생기거나 정책변화가 발생하거나 집행되지 않아 실패로 끝나는 사례가 적지 않다. 따라서 그 각각에 대한 원인 규명을 위해서는 프로그램 평가의 필요성이 대두되는데 평가결과를 통해서 문제점을 찾아 다음 프로그램 결정에 학습자료로 활용할 수 있다.
- 프로그램의 효과에 대한 체계적 분석을 해야 한다. 프로그램은 전 단계에 걸쳐 수 많은 개인과 집단들이 참여함에 따라 현대 프로그램 과정의 양상은 매우 복잡해졌다. 따라서 복잡한 프로그램 과정에 대한 이해를 증진시키고 정책의 효과를 체계적, 과학적으로 분석해 내기 위해서 프로그램 평가의 필요성이 증대되었다.
- 프로그램 활동의 효율성을 제고해야 한다. 여러 가지 제약 속에서 최대의 서비스를 제공해야만 하는 평생교육기관은 계획과 집행의 미숙성 때문에 엄청난 재정적, 시간적 노력과 자원의 낭비, 손실을 가져올 수 있다. 따라서 이를 효과적으로 관리하고 효율성을 높이기 위해 프로그램의 평가가 요구된다.
- 평생교육기관의 책임성을 확보해야 한다. 오늘날에는 프로그램을 결정하고 집행하는 책임은 단순한 회계책임을 넘어서, 프로그램 자체에 대한 책임, 관리책임 나아가서는 도덕적, 윤리적 책임으로까지

확대되고 있다. 따라서 평생교육 활동에 대한 책임성을 확보하여 평생교육기관의 사명을 높이기 위해 프로그램의 평가가 필요하다.

2) 프로그램 평가의 분류

평생교육 프로그램의 평가는 여러 가지 관점에 따라 분류할 수 있다. 일반적인 프로그램 평가 분류를 살펴보면 〈그림 10-7〉과 같다.

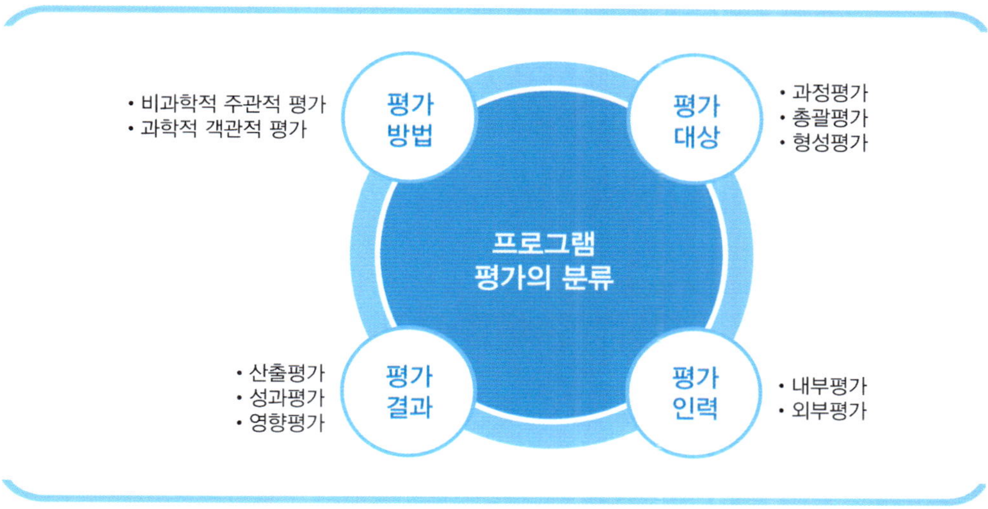

그림 10-7. **프로그램 평가의 분류**

첫째, 평가대상에 따른 분류이다. 평생교육 프로그램 평가를 대상에 따라서 분류하면 과정평가와 총괄평가, 형성평가로 나눌 수 있다. 구체적으로 과정평가는 집행과정을 대상으로 한 것이고, 총괄평가는 프로그램 결과를 대상으로 한 것이며, 형성평가는 프로그램 운영 과정에 이루어지는 것으로, 주로 과정평가와 유사한 개념으로 사용된다(권기헌, 2009).

둘째, 평가인력에 따른 분류이다. 평가를 누가 할 것인가에 따라서 평생교육 평가를 내부평가, 외부평가로 나눌 수 있다. 내부평가(inside evaluation)는 평생교육 기관 내부에서 운영 혹은 프로그램을 담당하고 있는 사람들이나 이들이 소속한 조직의 다른 구성원이 행하는 평가를 말한다. 평가에 전문성과 경험을 활용할 수 있고, 평가결과 활용과 비교 적용이 용이하지만 평가공정성의 유지가 곤란하다는 단점이 있다. 그리고 외부평가(outside evaluation)는 정책의 결정, 집행 담당기관이 아닌 제3자가 수행하는 평가를 말한다. 비교적 평가의 공정성이 유지되지만, 평가결과의 활용이 잘 이루어지지 않는다는 단점이 있다. 따라서 기관 내에서 평가를 수행할 수 있는 구성원을 평가자로 의뢰할 것인가 아니면 외부로부터 초청해 올 것인가 하는 것은 평가의 책임성과 활용성에 따라 결정될 사안이다. 내부평가와 외부평가의 장단점을 비교하면 〈표 10-6〉과 같다(원아연, 2018).

표 10-6. 내부평가와 외부평가의 장단점 비교

구분	내부평가	외부평가
장점	• 전문성과 경험 활용 • 평가결과 활용과 비교 및 적용 용이	• 평가공정성 유지
단점	• 평가공정성 유지 곤란	• 평가결과 활용 미흡

셋째, 평가결과에 따른 분류이다. 사업의 효과를 세분화하면, 산출(output), 결과(outcome), 영향(impact)로 나눌 수 있다. 이에 따라 산출평가, 성과평가, 영향평가로 구분할 수 있다. 즉, 산출평가는 특정한 투입에 대해 얼마나 유의미한 산출이 나오는지에 대한 평가이고, 성과평가는 기업의 목표달성 및 이익의 극대화를 위하여 조직의 구체적인 목표를 설정하고, 달성정도를 측정, 평가하고 결과를 피드백하는 것을 의미하고,

영향평가는 프로그램에 미치는 영향에 대해 평가를 하는 것이다.

넷째, 평가방법에 따른 분류이다. 보통 비과학적 · 주관적 평가와 과학적 · 객관적 평가로 분류한다. 비과학적 · 주관적 평가는 일반대중이나 평생교육 평가자들의 상식적, 개인적 느낌에 의한 프로그램 평가이다. 평생교육 대상자의 만족도 평가나 객관적 평가의 보완을 위해 전문가의 판단을 이용할 때 유용하다. 평생교육 평가자의 개인적 이해관계에 따라 사실과 다른 평가결과가 나올 수 있고, 평가자의 선입관, 신념 또는 막연한 느낌이나 불충분한 자료 때문에 엉뚱한 결론을 내릴 가능성이 있다. 그리고 과학적 · 객관적 평가는 과학적 방법이나 논리를 적용하여 수행하는 프로그램 평가이다. 과학적 조사방법을 동원하여 사실에 부합한 평가를 하려는 것을 의미한다. 객관적 정책평가의 방법에는 실험적 방법과 비실험적 방법이 있는데, 양자는 모두 통계적 처리에 의해 보완된다.

3) 프로그램 평가의 타당성과 신뢰성

프로그램 평가는 타당성 확보가 중요하다. 프로그램 평가의 타당성이란 프로그램 평가에 의하여 프로그램의 효과를 올바르게 판단하는 정도를 의미한다. 프로그램 평가의 타당성은 내적 타당성과 외적 타당성 및 구성 타당성으로 나누어진다(권기헌, 2009). 이러한 프로그램 평가의 타당성을 정리하면 〈그림 10-8〉과 같다(원아연, 2018).

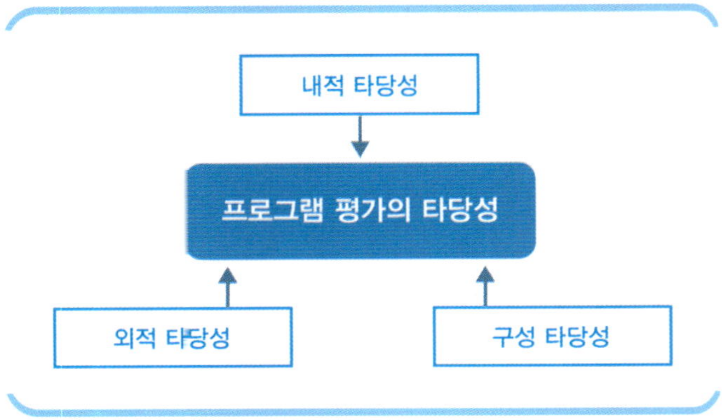

그림 10-8. **프로그램 평가의 타당성**

첫째, 내적 타당성(Internal Validity)은 프로그램이 집행된 이후에 일어나는 변화가 프로그램 때문인지 아니면 다른 요인 때문인지를 명백히 밝히는 것을 의미한다. 다시 말해 실제로 프로그램 효과가 있었을 때 명백하게 있다고 판단하고, 없었을 때 없다고 분명히 밝히면 그 평가는 내적 타당성이 있는 것이다. 프로그램 평가의 초점은 프로그램이 운영된 후에 프로그램 효과가 있었는지의 여부를 판단하는 데 있다. 이러한 목적은 내적 타당성이 있는 평가에 의해서만 달성될 수 있다. 그러므로 프로그램 평가를 위해 고찰된 모든 통계적 · 실험적 방법들은 내적 타당성을 제고하는 데 주요 목적을 두고 있다(정정길 외, 2005).

둘째, 외적 타당성(External Validity)은 어떤 상황에서 내적 타당성을 가진 프로그램 평가가 다른 상황에서도 적용될 수 있는 정도를 의미한다. 특정 상황하에서 타당한 평가가 다른 상황하에서는 과연 얼마만큼 타당할 것인가, 즉 일반화의 정도를 나타내는 것이 외적 타당성이다.

셋째, 구성 타당성(Constructure Validity)이 있다. 독립변수와 종속변수에 대한 추상적 개념은 관찰가능한 지표로서 조작적 정의(operalization)를 내리게 되는데, 이때 개념의 구성이 얼마나 정확하게 실체를 표현했는가의 정도를 의미한다. 개념에 대한 구성 타당성이 있어야 내적 타당성이 가능하다는 측면에서 구성 타당성은 내적 타당성의 전제 조건이다.

한편 프로그램 평가는 신뢰도가 담보되어야 한다. 프로그램 평가의 신뢰도는 평가 결과가 어느 정도 믿을 만한가를 의미하며, 이것은 그 프로그램을 측정하거나 평가한 도구가 그와 유사한 다른 현상을 되풀이해서 측정했을 때, 그 결과가 얼마나 일관성 있게 나타나는가의 정도를 통해서 측정된다. 그러므로 신뢰도란 동일한 측정도구를 반복해서 사용했을 때 동일한 결과를 얻을 확률을 나타내는 것이다.

프로그램 평가는 신뢰도가 높아야 한다. 아무리 정확한 자료와 연구설계를 이용하여 측정하고 평가하였다고 하더라도 신뢰도가 낮다고 판단되면, 누구의 관심도 받을 수 없는 무용지물이 되고 말 것이다. 따라서 신뢰도를 높이는 방법을 강구하고 그것을 떨어뜨리는 요인을 제거해 나가야 한다. 프로그램의 신뢰도를 떨어뜨리는 요인으로는 프로그램 평가 대상자의 과민한 반응, 실험관찰자의 영향, 상황적 요소, 측정도구의 문제, 측정 및 평가과정의 문제점 등을 들 수 있다.

4) 프로그램 평가결과의 활용

프로그램 평가의 결과는 프로그램의 집행상태를 점검하거나 집행전략을 수정 혹은 보완하기 위하여, 그리고 정책종결에 따른 환류 및 학습을 위해 활용된다. 프로그램 평가의 활용방식은 도구적 활용과 관념적 활용, 설득적 활용으로 구분하여 살펴볼 수 있다. 이러한 프로그램 평가 활용방식을 정리하면 〈그림 10-9〉와 같다.

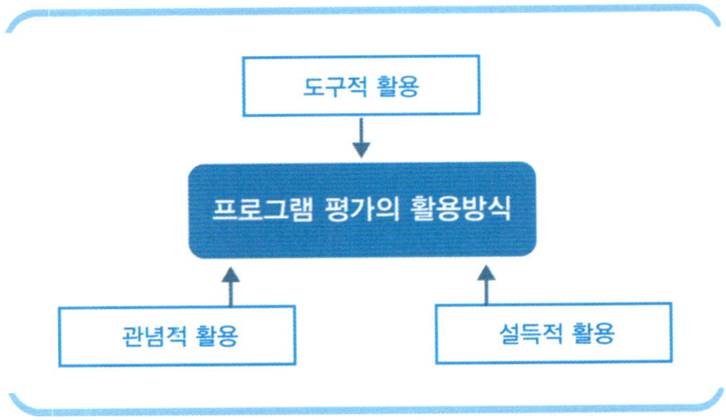

그림 10-9. 프로그램 평가의 활용방식

첫째, 도구적 활용(instrumental use)은 프로그램 평가의 결과가 프로그램의 결정이나 문제해결을 위해 도구적으로 활용되는 것을 말한다. 프로그램 평가의 결과, 프로그램이 효과가 없다고 판단되면 그 프로그램을 폐기할 수 있다. 둘째, 관념적 활용(conceptual use)은 프로그램 결정이나 집행에 직접 결과를 활용하는 것이 아니라, 어떤 문제에 대한 프로그램 결정자의 사고방식이나 관념에 변화를 일으켜서 간접적으로 영향을 미치게 하는 것을 말한다. 셋째, 설득적 활용(persuasive use)은 평가결과를 특정 정치적 입장을 지지하는 데 활용하는 경우이다.

참고문헌

강경애(2019). 평생교육기관의 동형화와 탈동형화 현상 분석 연구: 춘천시 소재 평생교육기관을 중심으로. 강원대학교 대학원 박사학위논문.

강은이(2018). 평생교육기관의 서비스마케팅에 의한 군집화와 특성 분석. 동의대학교 대학원 박사학위논문.

강훈(2016). 지방자치단체의 평생교육기관 평가모형 개발연구. 충남대학교 대학원 석사학위논문.

고용노동부(2020). 2020년 고용노동백서.

고용노동부(2020). 2020년 고용노동통계연감.

고용노동부(2020). 직업능력개발사업현황.

공영일, 이호, 김경규(2015). 미래 디지털 인재 정의에 관한 연구. 소프트웨어정책연구소.

교육부(2018). 제4차 평생교육진흥 기본계획(안)(2018~2022).

교육부(2020). 2019 평생교육백서(RM2020-11). 국가평생교육진흥원.

교육부(2020). 2020년 다문화교육 지원계획.

교육부(2020). 2020년 매치업(Match業) 운영 기본계획.

교육부(2020). 장애인 평생교육 활성화 방안(2020~2022).

교육부, 국가평생교육진흥원(2021). 2020 평생교육백서.

교육부, 한국교육개발원(2016-2020). 연도별 한국 성인의 평생학습 실태.

교육부, 한국교육개발원(2019). 한국 성인의 평생학습실태.

교육부, 한국교육개발원(2021). 한국 성인의 평생학습실태.

국가평생교육진흥원(2017). 2017년 성인문해능력조사.

국가평생교육진흥원(2020). 2020년 매치업(Match業) 사업 내부 자료.

국가평생교육진흥원(2020). 2020년 온라인 평생학습 지원체제 구축 사업 실행계획.

국가평생교육진흥원(2021). 2020 평생교육백서.

권기헌(2009). 정책학: 현대 정책이론의 창조적 탐색. 서울: 박영사.

권대봉(2001). 평생교육의 다섯마당. 서울: 학지사.

권두승, 최운실(2009). 평생교육경영론. 경기: 교육과학사.

권두승, 최운실(2014). 평생교육경영론. 경기: 교육과학사.

권상진, 최만기, 권정미(2003). 지식공유 촉진요인에 관한 실증연구. 한국인사조직학회, 한국인사

조직학회 2003년도 경영관련학회 통합학술대회 발표논문집, 24-53.
권오준(2008). 공공부문 BSC시스템 수용에 관한 실증연구. 단국대학교 대학원 박사학위논문.
권인탁(2009). 평생교육경영론. 서울: 학지사.
권인탁(2011). 평생교육경영론. 서울: 학지사.
권인탁, 임영희(2011). 평생교육경영론. 서울: 학지사.
권인탁, 임영희(2013). 평생교육경영론. 서울: 학지사.
김경화(2005). 평생교육기관의 사업성과 평가시스템 개발 및 운영방안 연구. 교육행정학연구, 23(4), 365-404.
김경희(2014). 대학평생교육원의 BSC 성과평가모형 개발. 동의대학교 대학원 박사학위논문.
김규태, 강유정, 강성복(2014). 교육행정 및 교육경영. 경기: 양서원.
김규태, 강유정, 권민석, 최경민(2016). 학습자지원을 위한 현장중심 교육행정 및 교육경영. 경기: 양성원.
김난경(2017). 교육훈련, 인재확보 방식이 연구개발 인력 직무수준과 기술 혁신에 미치는 영향. 서강대학교 기술경영전문대학원 석사학위논문.
김대홍, 염택선(1998). 한국기업의 지적자본 가치 측정과 제고 방안. 제1차 지식경영 학술 심포지엄 논문집, 173-176.
김동주(2007). 장애인직업재활시설의 경영성과평가에 관한 연구: 균형성과표(BSC)와 계층분석적(AHP) 접근을 중심으로. 대구대학교 대학원 박사학위논문.
김석우, 이대용(2012). CIPP 평가모형 적용을 통한 2009 개정 중학교 교육과정 평가지표 개발. 교육평가연구, 25(2), 145-166.
김성동(2018). 4차 산업혁명과 인간. 경기: 연암서가.
김영준, 라은종(2006). 교육행정부문의 BSC 적용에 관한 연구. 교육행정학연구, 24(1), 339-357.
김옥남(2006). 사범대학 교육과정 평가 영역 및 준거 개발 연구. 고려대학교 대학원 박사학위논문.
김용현, 김종표, 문종철, 이복희(2019). 평생교육 프로그램 개발론. 경기: 양서원.
김용현, 성낙돈, 윤여각, 이상오, 정기수, 강무섭, 송병국, 양병찬, 김진한, 김노마, 이정희, 심의보, 하광호, 정찬남(2011). 평생교육경영론. 경기: 양서원.
김은영(2011). 평생교육조직 특성과 네트워크 수준이 조직효과성에 미치는 영향. 대구대학교 대학원 박사학위논문.
김은영, 이우언, 김영아, 김영희, 김이영, 노미라, 이종화, 장현철(2021). 4차 산업혁명 시대 인성과 리더십. 경기: 양성원.
김점순(2008). 기혼남성의 직무스트레스와 대처방안이 결혼만족도에 미치는 영향. 영남대학교 대학원 석사학위논문.
김종일(2014). 직업재활시설의 경영전략이 경영성과에 미치는 영향. 우석대학교 대학원 석사학위논문.
김종진, 송민지(2014). 한국 사회 감정노동 실태와 개선방향 연구. 경제사회발전노사정위원회 연구보고서.
김지원(2017). 인공지능 시대의 새로운 교육패러다임에 대한 연구. 경북대학교 대학원 박사학위논문.
김진숙, 김규태, 서민호, 조정선(2018). **평생교육경영론**. 경기: 양성원.
김진영, 김남진(2009). 제주지역 노인의 여가활동 조사연구: 여가활동 유형 및 만족도를 중심으로. **탐라문화, 35**, 291-324.
김진화(2009). **평생교육 프로그램 분류체계 연구**. 서울: 평생교육진흥원.
김진화(2012). **평생교육 프로그램 개발론**. 경기: 교육과학사.
김진화, 고영화, 권재현, 정민주(2010). 한국 평생교육 프로그램 분류체제 개발 연구. **평생교육학연구, 16**(3), 211-236.
김창엽(2012). **평생교육경영**. 서울: 청목출판사.
김창엽(2014). **평생교육경영: 평생교육기관의 경영과 전략**. 서울: 청목출판사.
김창엽, 성낙돈(2009). 마케팅 관점에서 본 대학 평생교육 프로그램개발 방식의 특성과 시사점. **열린교육실행연구, 12**, 3-27.
김창엽, 성낙돈(2010). 평생교육프로그램의 시장성 평가방법에 대한 시론적 접근. **열린교육실행연구, 13**, 3-28.
김현우(2021). 대기업 건설사 재직자가 인식하는 조직인식틀과 무형식학습 및 직무몰입의 관계: Bolman & Deal의 조직이론을 중심으로. 연세대학교 교육대학원 석사학위논문.
김현철(2017). 4차 산업혁명에 대비한 SW 융합 인재 양성 방안. 국가과학기술자문회의.
김혜영(2007). 경기 · 강원지역 유아교사의 직무스트레스와 대처방안에 관한 연구. 경기대학교 교육대학원 석사학위논문.
남정걸(2007). **평생교육경영학**. 서울: 교육과학사.
노규성(2014). **비즈니스 혁신의 10대 경영도구**. 서울: 커뮤니케이션북스.
대전시 출연기관 경영평가 및 기관장 성과평가 계획(2015). 내부자료.
도명애(2009). 유아교육교사의 직무스트레스 및 대처방식. 대구대학교 대학원 박사학위논문.
류지성(2007). **정책학**. 서울: 대영문화사.
문연심(2019). **영유아프로그램 개발과 평가**. 경기: 공동체.
민원순(2020). 파킨슨 환자의 삶의 질 향상을 위한 평생교육 G.P 웃음치료 프로그램 개발 및 적용 효과 연구. 웨스트민스터신학대학원대학교 대학원 박사학위논문.
박봉희(2003). 유통경로에서의 관계마케팅행동이 관계의 질과 관계지속성에 미치는 영향에 관한 연구. 고려대학교 대학원 석사학위논문.
박선희(2020). 평생학습관의 교육프로그램 효율적 운영 방안. 중원대학교 대학원 박사학위논문.
박인종, 김경희, 이화정, 이세정, 윤지윤, 남춘화(2005). 창원시 평생학습시설(사회교육센터) 평가 지표 및 위탁심사기준개발 연구. 한국교육개발원.
박혜영(2009). 평생학습도시 교육사업의 통합적 성가평가모형. 고려대학교 대학원 박사학위논문.
배호순(2008). **교육프로그램 평가론**. 서울: 원미사.
사단법인 학력인정초중등고등학교전국연합회(2021). 내부자료.
서민원(2004). **교육평가용어사전**. 서울: 학지사.
서희정, 김경희(2013). 평생교육기관 성과평가를 위한 균형성과표(BSC)의 적용 가능성 탐색. **인간과 문화 연구**, 22, 5-27.
성낙돈, 김창엽(2010). **평생교육 프로그램 개발론**. 서울: 청목출판사.
성은숙(2009). **전략 BSC 성과혁신**. 서울: 시그마인사이트컴.
송성수(2017). 제4차 산업혁명 특별기획 ① 역사에서 배우는 산업혁명론. **STEP Insight**, 207, 1-39.
신다은(2018). 평생교육조직의 지적자본과 지식경영, 조직성과의 구조관계분석. 동의대학교 대학원 박사학위논문.
신재한(2010). **교육평가의 이해**. 경기: 양서원.
안옥순(2018). 평생교육 관련 학술논문과 법에 나타난 평생교육 개념의 비교 연구. 서강대학교 교육대학원 석사학위논문.
양은아(2019). 지역사회 평생교육 맥락에서 문화예술교육 프로그램 총 공급 및 참여 패턴 연구:10년간(2008-2017) 평생교육통계조사 자료를 중심으로. **예술교육연구**, 17(1), 107-137.
양은아, 한숭희, 김민수(2018). 인문교양 평생교육 프로그램 분석을 통한 시민인문교육복합체 형성의 실증적 탐구. **평생학습사회**, 14(3), 1-36.
양흥권(2017). **학습세기의 교육론 평생교육론**. 서울: 신정.
여용재, 최호규(2008). 내부마케팅이 직무만족, 조직몰입 및 고객지향성에 미치는 영향: 공공연구기관에 대한 탐색적 접근. 商業敎育硏究, 21, 365-392.
오석홍(2011). **조직이론**(제7판). 서울: 박영사.
오혁진(2002). 평생교육경영학의 지향점과 연구과제. **평생교육학연구**, 8(1), 162.
오혁진(2015). **평생교육경영학**. 서울: 학지사.
원아연(2018). 평생교육 프로그램 평가방법의 유효성에 대한 연구: 평가설문지를 중심으로. 서강대학교 교육대학원 석사학위논문.

유영만(1999). SK C & C 지식경영과 지식관리 시스템. 한국언론 자료 간행회.

유훈(1986). 정책학원론. 서울: 법문사.

윤옥한(2014). 평생교육프로그램 개발론. 경기: 양서원.

이경아(2008). 평생학습 참여의 사회적 자본 형성 효과에 관한 실증 연구. 평생교육학 연구, 14(2), 117-146.

이동원(2016). 직장 갈등 해결방법. https://brunch.co.kr/@ohthesv0nw/18.

이범홍, 한인구(1998). 지적자본의 가치평가 모형에 관한 연구. 제1차 지식경영 학술 심포지엄논문집, 107-129.

이상영(2013). 한국사회의 갈등 및 병리현상의 원인. 보건·복지 Issue & Focus, 219, 1-8.

이서경(2014). 평생교육기관 최고경영자의 가치경쟁리더십이 조직효과성에 미치는 영향: 필로워십 매개효과를 중심으로. 원광대학교 대학원 박사학위논문.

이승희, 김성길(2005). 대학평생교육원의 경제적 규모평가를 위한 지표개발 기초연구. Andragogy Today, 8(2), 1-34.

이승희, 최금진, 박은실(2005). 교육기관평가. 서울: 학지사.

이신주, 김대라, 김민경, 김태경, 이자현, 이정아(2021). 영유아프로그램 개발과 평가. 경기: 양성원.

이영자, 박미라, 정주원, 최경애, 오애순(2017). 영유아프로그램 개발과 평가. 경기: 양서원.

이용균, 하형태(2000). 병원에서의 지식경영 도입 방안. http://www.kha.or.kr/kihm/kihm-main.htm.

이재기(2004). 세계화·WTO·FTA 포커스. 서울: 한올출판사.

이재분, 김주아, 서예원, 정영옥, 강병직(2013). 국가수준의 영재교육기관 평가 방안 연구. 서울: 한국교육개발원.

이주영(2002). 인사관리 시스템이 접점직원의 성과에 미치는 영향: 은행 Direct Sales Representative를 중심으로. 홍익대학교 국제경영대학원 석사학위논문.

이참슬(2020). 4차 산업혁명 시대 인재상 논의에 대한 비판적 연구: 인간교육의 관점을 중심로. 상명대학교 대학원 박사학위논문.

이향란(2015). 평생교육경영론. 경기: 공동체.

이희수, 강대중, 김진화, 권인탁, 김현수, 양병찬, 임경수, 배현순, 한민서, 이효영(2017). 제4차 평생교육진흥 기본계획 수립을 위한 연구. 국가평생교육진흥원.

임봉순(2012). 목회자 평생교육 활성화를 위한 e-Learning 시스템 모형. 백석대학교 대학원 박사학위논문.

임영균(1995). 지각된 환경특성과 조직특성이 대학관리자의 의도된 마케팅전략의 선택에 미치는 영향. 마케팅연구, 10(2), 37-59.

장신근(2007). 공적실천신학과 세계화 시대의 기독교 교육. 서울: 장로회신학대학교 출판부.

장윤재(2016). 경제양극화 극복을 위한 화해의 선교. 대학과 선교, 31, 73-106.

정기한(2005). 내부마케팅과 조직동태성이 시장지향성에 미치는 영향. 기업경영연구, 12, 1-22.

정정길(2001). 정책학원론. 서울: 대명출판사.

정정길 외(2005). 정책학원론. 서울: 대명출판사.

조미영(2020). 세계화 시대의 포용적 평화교육 모형 연구. 연세대학교 연합신학대학원 박사학위논문.

조양숙, 이윤식(2015). CIPP 평가모형에 의한 학교컨설팅 평가 준거 개발. 교육행정학연구, 33(4), 277-301.

조인성(2009). 내부마케팅이 접점직원의 만족, 긍정적 행동 및 직무성과에 미치는 영향. 홍익대학교 경영대학원 석사학위논문.

차갑부(2004). 평생교육의 이해. 서울: 학지사.

차갑부(2014). 평생교육론. 경기: 교육과학사.

채경석, 김성윤, 류지성(1996). 정책학원론. 서울: 대왕출판사.

최은수(2006). 대학 평생교육기관의 재정구조 요소와 재정운영 기조 분석. Andragogy Today, 9(1), 67-84.

최은수(2006). 성인교육자 리더십과 리더십 개발 연구를 위한 이슈의 개념화와 이론적 틀. Andragogy Today, 9(3), 107-143.

최은수, 배석영(2018). 평생교육경영론(개정판). 경기: 양서원.

탁계관(2009). 대인관계 스트레스가 직무만족에 미치는 영향에 관한 연구. 한양대학교 산업경영디자인대학원 석사학위논문.

탁진국, 윤혜진(2002). 지방공무원의 직무스트레스원 척도 개발. 한국심리학회지: 건강, 7(2), 197-210.

통계청(2015). 인구주택총조사.

통계청(2017). 인구로 보는 대한민국.

통계청(2020). 2019년 출생 통계.

평생교육법 시행령. 제16조 2항 별표 1의 2.

한국교육개발원(2020). 2020년도 방송통신중학교 운영사업 결과보고서.

한국산업인력공단(2016). 대인관계능력 학습자용 워크북.

한국산업인력공단(2016). 의사소통능력 교수자용 매뉴얼.

한국정보통신기술협회(2019). 정보통신용어사전.

한국컴퓨터교육학회(2018). 4차 산업혁명 시대의 디지털 역량에 관한 고찰.

한석주(2015). 지역사회 연계를 통한 농촌 초등학교 방과 후 평생교육 활성화 방안 모색. 중앙신학대학교 대학원 박사학위논문.

한숭희, 조대연, 최지희(2007). 평생학습 지표개발 및 통계조사체계 수립연구. 한국교육개발원.

한준상(2001). 학습학. 서울: 학지사.

현영섭, 권대봉(2007). 평생교육기관 종사자 대상의 델파이 조사에 기초한 평생교육기관 경영의 변화 동향. 인력개발연구, 9(1), 1-26.

홍영란 외(1997). 학점은행제를 위한 사회교육기관 평가인정제 실시 방안 연구. 한국교육개발원.

홍영란, 현영섭(2009). 한국의 평생학습지도: KEDI평생교육통계를 중심으로. 한국교육개발원.

황선영(2015). 학습자의 참여지속과 확대에 영향을 미치는 평생교육기관의 마케팅 전략요인분석. 공주대학교 교육대학원 석사학위논문.

황운순(2001). 지식경영 핵심요인과 조직유효성과의 관계. 대구대학교 대학원 박사학위논문.

Ansoff(1965). *Strategic Decisions. Wiley Encyclopedia of Management.* Chandler Ad.

Beehr, T. A. & Newman, J. E. (1978) Job Stress, Employee Health and Organizational Effectiveness: A Facet Analysis, Model and Literature Review. *Personnel Psychology, 31*, 665-699.

Bolman, L., & Deal, T. (2013). *Reframing organizations*(5th. ed.). San Francisco: Jossey-Bass.

Booms, B. H., & Bitner, M. J. (1981). Marketing Strategies and Organizational Structures for Service Firms. in *Marketing of Services*, Eds. James H. Donnelly and William R. George, Chicago, IL: American Marketing Association, 47-51.

Boyle, B., & Dwyer, F. R. (1992). Influence strategies in marketing channels: Measures and use in different relation ship structures. *Journal of Marketing Research, 54*(3), 68-81.

Burgoyne, J. G. (1988). Management development for the individual and the organisation. *Personnel Management, 67*(6), 40-44.

Christopher, M., Payne, A., & Ballantyne, D. (1991). *Relationship Marketing: Bringing Quality, Customer Service, and Marketing Together.* London: Butterworth.

Dave, R. H. (1976). *Foundations of Lifelong Education.* New York: Pergamon Press.

Drucker, P. F. (1999). 21세기 지식경영. [Management challenges for the 21st century] (이재규 역). 서울: 한국경제신문사(원저출판: 1999).

Ellinger, A. D. (2004). Contextual factors and detractors shaping informal workplace learning: The case of Reinventing Itself Company. In *Proceedings of the Academy of Human Resource*

Development Conference, Austin, Texas(pp. 138-145).

Hackman, J. R., & Oldham, G. R. (1976). Motivation through the design of work: Test of a theory. *Organizational Behavior and Human Performance, 16,* 250-279.

Hatten, K. J., Schendel, D. E. & Cooper, A. C. (1978). Strategic Groups and Performance -the United-. States Insurance Industry, 1970-84. *Strategic Management Journal, 11*(3), 197-215.

Hoy, W. K., & Miskel, C. G. (2013). *Educational administration*(9th ed.). New York: McGraw-Hill.

Kaplan, R. S., & Norton, D. P. (1992). The Balanced Scorecard-Measures that Drive. *Harvard Business Review, 70*(1), 71-79.

Kaplan, R. S., & Norton, D. P. (1996a). Using the Balanced Scorecard asa Strategic Management System. *Harvard Business Review, 74*(1), 75-85.

Kaplan, R. S., & Norton, D. P. (1996b). *The Balanced Scorecard*. Boston: Harvard Business School Press.

Kaplan, R. S., & Norton, D. P. (1998). *The Balanced Scorecard.* Boston: Harvard Business School Press.

Kotler, P. (1980). *Marketing Management: Analysis, Planning and Control.* Englewood Cliffs: Prentice-Hall.

Lawler, E. E., & Hall, D. T. (1970). Relationship of job characteristics to job involvement, satisfaction, and intrinsic motivation. *Journal of Applied psychology, 54*(4), 305-312.

Lengrand, P. (1989). Lifelong Education: Growth of the Concept, in *Lifelong Education for Adults: An International Handbook*, ed. Colin J. Titmus. Oxford: Pergamon Press.

Miles, R. W. & Snow, C. C. (1978). *Organizational Strategy, Structure and Process.* New York: McGraw-Hill.

Mintzberg, H. & Quinn, J. (1991). The strategic process, In J.B. Quinn, H. Mintzberg, & R.M. James (Eds.) *The strategy process: Concepts, contexts and cases.* New York: Irwin.

Niven, P. R. (2005). 정부와 공공부문 BSC: 성과관리체계 구축 방법론. [Balanced scorecard step-by-step for government and nonprofit agencies] (삼일PwC컨설팅 역). 서울: 시그마인사이트컴(원저출판: 2003).

OECD(2006). Society at a glance: OECD social indicator.

OECD(2019). OECD Future of Education and Skills 2030 OECD Learning Compass 2030.

Parker, D. F. & DeCotiis, T. A. (1983). Organizational Determinants of Job Stress. *Organizational Behavior And Human Performance, 32*(2), 160-177.

Peter, M. E. (1980). *Competitive Strategy : Techniques for Analyzing Industries and Competitors*. New York: The Free Press.

Porter, M. E. (1985). *Competitive Advantage: Creating and Sustaining Superior Performance*. New York: The Free Press.

Quinn, R. E. (1988). *Beyond Rational Management: Mastering the paradoxes and competing demands of high performance*. San Francisco, CA: Jossey-Bass Inc. Publishers.

Rafig, M., & Ahmed, P. K. (2000). Advances in the Internal Marketing Concept: Definition, Synthesis and Extension. *Journal of Services Marketing, 14*(6), 379-396.

Schwab, K. (2015) "The Fourth Industrial Revolution: What It Means and How to Respond", Foreign Affairs, December 12, 2015.

Schwab, K. (2016). The fourth industrial revolution. Retrieved October, 8, 2017, from http://www.weforum.org/.

Schwab, K. (2016). **제4차 산업혁명**. [Fourth industrial revolution] (송경진 역). 서울: 새로운 현재 (원저출판: 2016).

Simerly, R. G., & Associates (1989). *Handbook of Marketing for Continuing Education*. San Francisco: Jossey-Bass.

Thurow, L. C. (1997). **자본주의의 미래**. [(The)future of capitalism] (유재훈 역). 서울: 고려원(원저 출판: 1996).

Toffler, A. (1989). **제3의 물결**. [The Third Wave] (이재규 역). 서울: 한국경제신문사(원저 출판: 1980).

Zeithaml, V. A., Bitner, M. J., & Gremler, D. D. (2013). **서비스마케팅**(6판). [Services marketing: integrating customer focus across the firm (6th ed.)] (전인수, 배일현 역). 서울: 청람(원저 출판: 2013).

국가평생교육진흥원 홈페이지(https://www.nile.or.kr/).

다음(https://search.daum.net/).

YouTube-세계경제포럼 회장 클라우스 슈밥 '제4차 산업혁명'의 시대를 선언하다! (https://www.youtube.com/watch?reload=9&v=T9nQUUvfFC8).

찾아보기

ㅎ

기타

저자 소개

■ 이기원

국제문화복지 사회교육학과 교육학석사 / 사회복지학박사(Ph.D.)
행복가정드림(심리상담)센터 대표
명지대학교 아동심리상담학과 겸임교수
숭실대학교 복지경영학과 겸임교수
국민대학교 사회복지학과 강사
현) 목포과학대학교 평생교육복지학과 교수
저서) 사회복지실천기술론, 사회복지와 문화다양성, 정신건강사회복지론, 노인복지론 외

■ 현영렬

연세대학교 사회사업학과 학사
동경도립대학교 대학원 사회복지학석사
서울시립대학교 대학원 사회복지학박사
현) 서정대학교 사회복지행정과 교수
저서) 사회복지실천기술론, 사회복지학개론, 평생교육방법론 외

■ 정예진

서울제일대학원대학교 평생교육학과 석사
성산효대학원대학교 효학(효문화 전공)박사
한국사회복지경영학회 이사
창의실용교육학회 이사
현) 국제사이버대학교 평생교육전공 실습지도교수
현) 성산효대학원대학교 효교육학과 교수
저서) 노인복지론, 사회복지와 문화다양성, 평생교육경영론 외

■ 김정숙

한성대학교 행정대학원 사회복지학과 노인복지 전공 석사
한성대학교 일반대학원 행정학대학원 정책학박사
현) 호원대학교 사회복지과 겸임교수
저서) 사회복지법제론과소송법론 외

■ 김미경

한성대학원 사회복지학 전공 석사
동방문화대학원 교육학 전공 박사 수료
현) 목포과학대학교 평생교육복지학 겸임교수

■ 황세연

연세대학교 정보산업공학과(산업정보경영 전공) 공학석사
동방대학원대학교 교육학 전공 교육학박사
현) 구로평생교육원 직업훈련 전임교수
현) 에듀업원격평생교육원 경영학(지식재산권) 운영교수

평생교육경영론

1판 1쇄 발행 — 2022년 6월 7일
1판 2쇄 발행 — 2024년 1월 25일

저 자 – 이기원 현영렬 정예진 김정숙 김미경 황세연
발 행 인 – 강철원
발 행 처 – 양성원
주 소 – 경기도 파주시 검산로 173번길 29-12
전 화 – 031-946-3861(代)
팩 스 – 031-946-3864
이 메 일 – tnwpub@naver.com
홈페이지 – tnwpub.co.kr
출판등록 – 2015년 8월 31일 제2015-000211호

ISBN 979-11-6126-464-6

정가 22,000원